Sabine Theadora Ruh

RÜCKBLICKE IN DIE

ZUKUNFT DER ARBEIT

Vom Fließband zur Smart Factory

Die Deutsche Nationalbibliothek verzeichnet diese Publikation in der Deutschen Nationalbibliografie; detaillierte bibliografische Daten sind im Internet über http://dnb.d-nb.de abrufbar.

wbg Academic ist ein Imprint der wbg.

Die Herausgabe des Werkes wurde durch die Vereinsmitglieder der wbg ermöglicht.
Layout, Satz und Prepress: Arnold & Domnick, Leipzig
Gedruckt auf säurefreiem und alterungsbeständigem Papier
Printed in the EU

Besuchen Sie uns im Internet: www.wbg-wissenverbindet.de

ISBN 978-3-534-27624-0

Elektronisch sind folgende Ausgaben erhältlich:
eBook (PDF): ISBN 978-3-534-27625-7

Sabine Theadora Ruh

RÜCKBLICKE IN DIE

ZUKUNFT DER ARBEIT

Vom Fließband zur Smart Factory

Herausgegeben von HESSENMETALL

wbg Academic

Dank

Liebe Leserin, lieber Leser!

Diese „Rückblicke in die Zukunft der Arbeit“ sind das Gemeinschaftswerk einer vernetzten Organisation im Modus Arbeit 4.0.

Wir danken ganz herzlich Dr. Sabine Theodora Ruh, die diesen Buchtext aus hunderten von Textteilen in Form und eine leicht lesbare elegante Sprache gebracht hat. Wir danken auch der Co-Autorin Maja Becker Mohr. Sie hat als freie Redakteurin für unsere Magazine und die Wirtschaftszeitung „aktiv“ das Gros dieser Textteile gestellt.

Zwei Bausteine zur Zukunft der Arbeit in Kapitel 4 stammen direkt aus der Feder von Prof. Dr. habil. Sascha Stowasser, dem Direktor unserer Denkfabrik Institut für angewandte Arbeitswissenschaft (ifaa). Wir danken ihm sehr.

Das Kapitel 2 über unseren Ursprung lebt ganz stark von dem Impulsvortrag von Dr. Hagen Lesch, dem Leiter des Kompetenzfelds Tarifpolitik in unserer Denkfabrik Institut der deutschen Wirtschaft (IW), Köln. Sein Thema „Tarifbindung und Tariforientierung“ gab Stoff für vertiefte Diskussionen in zwei Gremientreffen mit unserem Verhandlungsführer Oliver Barta und engagierten Mitgliedsunternehmen an.

Kapitel 5 nimmt den Aufbruch in Neuland in den Blick: Hanno Kempermann, Geschäftsführer IW Consult, legte eine neue Studie zur Automobilindustrie in Hessen vor und lieferte eine Steilvorlage für Diskussionen mit Vertretern der auch in Hessen beheimateten Autoindustrie.

Viele Inhalte verdanken wir den Impulsgebern bei jährlichen Spitzenevents von 2017 bis 2022. Unter ihnen auch viele engagierte Mitglieder unseres Vorstands. Wir danken dem Who is Who der hessischen Wirtschaft und Hochschulen: Uwe Bartmann von Siemens Deutschland, der Präsidentin der TU Darmstadt, Professorin Tanja Brühl, Prof. Peter Buxmann von der TU Darmstadt, Alix Chambris von Viessmann, Dr. Edgar Diedrich von Hexagon Manufacturing Intelligence und Dr. Elke Frank von Software AG. Wir danken dem Präsidenten der Frankfurt UAS Prof. Frank Dievernich, dem Kanzler der Universität Kassel Dr. Oliver Fromm, Tanja Gönner, heute BDI, Claus Lau, Prof. Frank Lehmann von Daimler Trucks, Jürgen Keller von Hyundai, Wolfram Kuhn von Herborner Pumpen, Andreas Marx von Opel und Dr. Jan Mrosik. Ebenso: Julia Reichert von der ROEM-HELD Group, Dr. Ariane Reinhart von Continental, Ralph Wangemann von Stellantis / Opel, Dr. Andreas Widl von Samson, Prof. Christian Überall von der TH Mittelhessen, Dr. Bettina Volkens, ehemals Lufthansa, Rainer Welzel von Siemens Frankfurt, dem Präsidenten der TH Mittelhessen, Prof. Mattias Willems, und dem Gesamtmetall-Präsidenten Dr. Stefan Wolf.

Natürlich haben viele Kolleginnen und Kollegen aus dem HESSENMETALL-Team durch ihre Inputs ganz wesentlich beigetragen. Ihnen allen gilt unser Dank. Wir danken ganz besonders den Hauptlieferanten, dem Tarif-Team von Peter Hampel, dem Bildungs-Team von Sebastian Kühnel sowie dem Leiter Arbeitswissenschaft, Nikolaus Schade.

Unser Jubiläumsbuch lebt stark von der Bebilderungg und der Vernetzung mit unserer Onlinewelt. Die passenden Bilder zu den Texten aus 75 Jahren zu finden war die gar nicht zu überschätzende Leistung von Isabell Brunner und Heike Krasemann aus dem Team Kommunikation. Ihnen ein herzliches Dankeschön.

Danken möchten wir auch der Arbeitsgruppe Geschichte: Michael Reitz und Jens Kampe sowie Achim Schnyder und Jens Nähler.

Und schließlich danken wir der Wissenschaftlichen Buchgesellschaft und der Lektorin Dr. Sandy Valerie Lunau. Dass ein solches Buch aus der unternehmerischen Praxis in einem eher geistes- und sozialwissenschaftlichen Verlag seinen Programmplatz findet, freut uns sehr.

Frankfurt am Main,
28. November 2022

Wolf Matthias Mang, Dirk Pollert,
Dr. Ulrich Kirsch

INHALT

KAPITEL 3 65

Changes: Erfahrungsaustausch-Plattform in Transformationsprozessen

KAPITEL 4 109

Die Zukunft der Arbeitswelt gestalten

I Warum „Rückblicke in die Zukunft der Arbeit"?

Ein Ausblick!

Für das 75-jährige Jubiläum hat HESSENMETALL einen janusköpfigen Ansatz gewählt: Wir richten den Blick voraus ins Jahr 2047, um die Jahre seit der (Wieder-)Gründung 1947 in einen zukunftsorientierten Blick zu nehmen. Dabei schaut Hessens Arbeitgeberverband für die Metall- und Elektro-Industrie besonders auf die schöpferisch-zerstörerischen Unternehmerpersönlichkeiten Schumpeters. Der österreichische Ökonom hat zu Beginn des 20. Jahrhunderts den Typus des „dynamischen Unternehmers" als treibende Kraft für Wirtschaftswachstum und gesellschaftlichen Wandel ins Rampenlicht gerückt. Denn diese Unternehmer schaffen die großen Innovationssprünge, aus denen neue Qualitätsniveaus und deshalb Optionen für höhere Preise und in der Folge auch Entgelterhöhungen entstehen, indem alte Strukturen immer wieder überdacht, verdrängt und gegebenenfalls zerstört werden, um Neuem Raum zu geben.

Als Serviceorganisation definiert HESSENMETALL sich über die Erfolge seiner Mitglieder und fokussiert sich damit auf die Kernkompetenz Arbeitsbeziehungen. Denn: Wer verbindliche (Tarif-) Verträge über Arbeitsbeziehungen mit dem Sozialpartner entwickelt,

Rückblick und Ausblick – mit menschlicher Intelligenz und ihrer verlängerten Werkbank: künstlicher Intelligenz verhandelt und abschließt, kann die Unternehmen dazu und zu Arbeitsrecht, Arbeitswissenschaft und Fachkräftesicherung grundsätzlich auch bestens beraten. Diese Kombination ist unser Alleinstellungsmerkmal im Vergleich zu Anwaltskanzleien, Unternehmensberatungen, Bildungsinstitutionen und Kommunikationsagenturen. Seit 2017 bietet HESSENMETALL zudem als Netzwerk Arbeit 4.0 Erfahrungsaustausche über Herangehensweisen an Innovation in Zeiten der großen Transformation – durch Erweiterung der M+E-Industrie um die IT-Industrie und die Öffnung für Startups. Die Einheit dieser drei Dimensionen fußt auf den im Leitbild niedergelegten und gelebten Werten.

Dieser etwas andere Blick auf die eigene Geschichte möchte die Leserinnen und Leser mitnehmen zu dem Experiment, die Zukunft der Verbändefamilie schon in der Vergangenheit zu entdecken. Um sich anhand der Richtungsentscheidungen der Vergangenheit immer wieder neu zu vergewissern, auf dem richtigen Weg zu sein. Der Versuch zielt darauf, Herkunft und Zukunft einer Gemeinschaft in Balance zu bringen, die gewohnt ist, Streit und Interessenkonflikte zwischen Arbeitgebern und Arbeitnehmern durch oftmals befristete Lösungen in geregelte Bahnen zu lenken. So können die Sozialpartner sich in den Zeiten der Friedenspflicht wieder ganz der Arbeit und Wertschöpfung widmen. Dieser regelmäßig wiederkehrende, aber immer geregelte Streit mit einem Kompromiss am Ende ist das spezielle Erfolgsmodell der deutschen Wirtschaft der Nachkriegszeit. Und seine stetige Weiterentwicklung ist Zukunftssicherung pur.

Janus statt Chronos

Janus war der römische Gott des Anfangs und des Endes – der Gott mit den zwei Gesichtern. Der Gott der Tore und Türen, der Ein- und Ausgänge. Janus symbolisiert die Dualität: Licht und Dunkelheit, Anfang und Ende oder Zukunft und Vergangenheit.
Mit dem römischen Gott Janus schaut HESSENMETALL zugleich in beide entgegengesetzte Richtungen: zunächst auf die Zukunft des Jahres 2047 und die möglichen Chancenfelder unserer Industrie und unseres Verbandes. Danach kehren wir zurück in unsere 75 Jahre währende Geschichte nach der Wiedergeburt 1947 – und das mit einem zukunftsorientierten Blick. Er richtet sich auf zwölf Meilensteine, bei denen es HESSENMETALL gelungen ist, Neuland zu beschreiten, wodurch Mitglieder unterstützt werden, sich für neue Geschäftsmodelle, Technologien und Arbeitsorganisationen stark zu machen. Dieser Blickwinkel lässt auch die Wachstumsoptionen für HESSENMETALL besser verstehen.

Dabei stehen die Rückblicke auf die Zukunft der Arbeit im Mittelpunkt unserer Betrachtungen – und damit Zeiten, in denen sich die Beziehungen zwischen Arbeitgebern und Arbeitnehmern jeweils deutlich verändert haben. Türen zu neuen Formen der Zusammenarbeit wurden dabei aufgestoßen.

Bezugsjahr 1947 – der Rückblick soll zeigen:
Das waren die Weichenstellungen, Lehren und Erweiterungen, die in den vergangenen Jahrzehnten wegweisend waren. HESSENMETALL stellt die Tore und Türen dar, die sich für Erweiterungen geöffnet haben. Ohne sie müsste die Zukunft mit erheblich verengten Spielräumen auskommen.

Bezugsjahr 2047 – der Ausblick soll zeigen: Das ist der Weg, auf dem HESSENMETALL als lernende Organisation inzwischen unterwegs ist. Dargestellt sind die Richtungsentscheidungen, die getroffen werden mussten und immer noch leitend sind, um bis zum Heute und in die Zukunft zu kommen.

Gestern, heute und morgen: den Unternehmerpersönlichkeiten verpflichtet

Unser Blick auf die Geschichte ist geprägt vom Vorbild der Unternehmerpersönlichkeiten Josef Schumpeters und ihrer schöpferischen Zerstörungen, die den Weg frei machen für grundlegende Innovationen. Getrieben von Ehrgeiz und Gestaltungslust beschreiten sie als provokative Ausprobierer neue Wege, vor denen andere ängstlich zurückweichen, und schaffen in der Folge des „ewigen Sturms der schöpferischen Zerstörung" Neues, moderne Güter und Leistungen, bereiten Wohlstand und sozialen Frieden.

In vielen Reden zieht Wolf Matthias Mang, Vorstandsvorsitzender von HESSENMETALL und Unternehmerpräsident Hessens, Parallelen zwischen dieser theoretischen Leitfigur und den hessischen Unternehmerinnen und Unternehmern: „Die Schumpeterschen Unternehmerinnen und Unternehmer finden sich hunderttausendfach unter den kleinen und

JOSEF SCHUMPETER: UNTERNEHMERGEIST SCHAFFT WACHSTUMSSPRÜNGE

Begriffe wie „Innovation", „schöpferische Zerstörung" oder „schumpetersche Unternehmer" gehen auf ihn zurück. Einer der bedeutendsten Ökonomen des 20. Jahrhunderts hatte ein bewegtes Leben: Der Österreicher studierte Jura in Wien und forschte in Berlin, Oxford und Cambridge. In Kairo arbeitete er am Internationalen Gerichtshof, später lehrte er in Österreich als Professor. Nach dem Ersten Weltkrieg arbeitete er als Banker, 1932 nahm er einen Ruf der Harvard University an. Schon ein Jahr später wurde er in die American Academy of Arts and Sciences gewählt.

Früh brachte er „den Unternehmer" ins Rampenlicht, der bis dahin von den klassischen Ökonomen schlicht vernachlässigt worden war, weil er nicht in die damals üblichen mathematischen Modelle der Volkswirtschaftslehre passte. Nach Schumpeters Betrachtung ist dieser Unternehmer die treibende Kraft, die eine Branche oder einen Markt gegen Widerstände durch Innovationen anstachelt und so den wirtschaftlichen Wandel provoziert. Für den Ökonomen ist es der Unternehmergeist, der Innovationen hervorbringt und damit Wirtschaftswachstum und sozialen Wandel vorantreibt. Auch die besondere Beachtung der Startup-Unternehmer geht auf Schumpeter zurück.

1942 veröffentlichte Schumpeter mit „Kapitalismus, Sozialismus und Demokratie" sein letztes Buch zu Lebzeiten. Es wurde sein bekanntestes, ein Klassiker der politischen Ökonomie und ein Bestseller, der sich noch heute in immer neuen Auflagen verkauft.

mittelständischen Firmen Deutschlands. Allen Widrigkeiten zum Trotz organisieren sie auf eigenes Risiko Arbeitsplätze und Ausbildungsplätze, erfinden sich Familienunternehmen über drei, vier oder fünf Generationen immer wieder neu und handeln unbeeindruckt von Krisen, Regierungswechseln und Katastrophen. Und manche Familienunternehmen werden sogar später Kapitalgesellschaften, die mutige Investoren und Kapitalgeber anziehen."

61 – viele Gründungsmitglieder sind heute Marktführer

Nach dem Zweiten Weltkrieg gelang vielen westdeutschen Betrieben bald ein Neustart, auch in der hessischen Metall- und Elektro-Industrie. Dort riefen die Unternehmen schon 1947 wieder ihre Interessenvertretung ins Leben: den Arbeitgeberverband, der – wie die Gewerkschaften – durch die Gründung der „Deutschen Arbeitsfront" im Mai 1933 von den Nationalsozialisten ausgeschaltet worden war.

Die Wiedergründung des Arbeitgeberverbands der hessischen Metallindustrie – heute kurz: HESSENMETALL – durch 61 Firmen datiert vom 29. Oktober 1947. Darunter waren renommierte Unternehmen wie Siemens in Frankfurt oder Leitz und Buderus in Wetzlar, aber auch weniger bekannte wie etwa der Stahlbauspezialist Lamparter in Kassel, Seybert & Rahier (heute sera) in Immenhausen oder Christian Berghöfer (heute Senior Flexonics) in Kassel. Im Jahr 2022 vereinigt HESSENMETALL über 680 Mitgliedsunternehmen in seinem Netzwerk.

Mitgliedsunternehmen

Unternehmen wandeln sich, die Wertschöpfung bleibt

Im Lauf der Jahrzehnte sind viele Namen von Gründungsunternehmen verschwunden. Das gehört zum normalen Gang des marktwirtschaftlichen Geschehens. Wobei die Betriebe selbst oft in anderer Form weiter bestehen. So wurde etwa mit dem Aufbau der Gießerei Georg Ch. C. Henschel schon 1810 der industrielle Grundstein für das Mercedes-Benz-Werk in Kassel gelegt. Es ist heute globales Kompetenzzentrum für Nutzfahrzeug-Achsen sowie elektrische Antriebssysteme von Daimler Truck. Oder: Der Frankfurter Bremstechnik-Spezialist Alfred Teves (heute Continental-Konzern) sorgt unter anderem für neue Entwicklungen

FUTURE TRAIL: BLICK AUS DER ZUKUNFT IN DIE VERGANGENHEIT

HESSENMETALL blickt aus der Zukunft auf die Wachstumsoptionen:

- Als Arbeitgeberverband gestartet
- Schrittweise zur Serviceorganisation weiterentwickelt
- Und auf dem Weg zu einem Netzwerk Arbeit 4.0.

Und aus dieser Zukunft 2047, wenn die Wirtschaft wahrscheinlich mit der nächsten industriellen Revolution beschäftigt sein wird, zurückkehrend, wirft HESSENMETALL einen konsequent wachstumsorientierten Blick auf die eigene Vergangenheit – darauf achtend, wo sich für uns Türen geöffnet haben ins Neuland. https.www.hessenmetall.de/rueckblicke-in-die-zukunft.html

RÜCKBLICKE IN DIE ZUKUNFT

im Bereich der aktiven und passiven Fahrsicherheitstechnik.

Aus dem Optikspezialisten Ernst Leitz wiederum entwickelten sich Leica Microsystems, Leica Camera und Leica Geosystems – und Hexagon Metrology, ein Spezialist für 3-D-Koordinatenmessgeräte.

Buderus, ehemals eine der größten Gießereien Europas, wurde 2003 von Robert Bosch übernommen. Heute ist Buderus Guss führend im Bereich Bremsscheiben. Die Heiztechnik-Sparte wurde unter dem Markennamen Buderus erhalten, gehört nun zu Bosch Thermotechnik und überzeugt mit digitalen Lösungen.

Unser Leitbild

75 JAHRE FORTSCHRITT AUS TRADITION

links: Wolf Matthias Mang, Vorstandsvorsitzender
rechts: Dirk Pollert, Hauptgeschäftsführer

Wir feiern 2022, dass wir aus einer vollständigen Auslöschung im Dritten Reich eine gelungene Wiedergründung geschafft haben und daraus unsere stetigen Veränderungsimpulse beziehen. 2021 haben wir die aktuelle Veränderung unserer M+E-Industrie in eine M+E+IT-Industrie und die Ergänzung unseres Angebots um die neue Dimension Netzwerk Arbeit 4.0 in einem neuen Leitbild formuliert, das den Weg zeigt, auf den wir uns gemacht haben.

DIE FÜHRUNG DES ARBEITGEBERVERBANDS SEIT 1947

Die Vorsitzenden	
Dr. Theo Gärtner	1947
Carl H. Jäger	1952
Horst Knapp	1963
Robert Lavis	1984
Josef I. Felder	1987
Prof. Dieter Weidemann	1993
Wolf Matthias Mang	2013

Die Hauptgeschäftsführer	
Max von Lützow	1947
Dr. Wolfgang Eichler	1949
Dr. Berthold Cuntz	1963
Dr. Friedrich Peppler	1973
Dr. Hubert Stadler	1984
Volker Fasbender	1995
Dirk Pollert	2017

Innovativ? Aber hallo!

Frankfurt. Nach dem Zweiten Weltkrieg gelang vielen westdeutschen Betrieben bald ein Neustart, auch in der hessischen Metall- und Elektro-Industrie. Dort riefen die Unternehmen schon 1947 auch wieder ihre Interessenvertretung ins Leben: den Arbeitgeberverband, der – wie die Gewerkschaften – durch die Gründung der „Deutschen Arbeitsfront" im Mai 1933 von den Nationalsozialisten ausgeschaltet worden war.

Nach dem Start von Bezirksgruppen in Kassel und Hanau erfolgte am 29. Oktober 1947 in Frankfurt die Wiedergründung des Arbeitgeberverbands der hessischen Metallindustrie – heute kurz: Hessenmetall – durch 61 Firmen. Darunter waren renommierte Unternehmen wie Siemens in Frankfurt oder Leitz und Buderus in Wetzlar, aber auch weniger bekannte wie etwa der Stahlbauspezialist Lamparter in Kassel, Seybert & Ra-

Standort In der Nachkriegszeit starteten hessische Metall- und Elektro-Unternehmen neu durch – und riefen vor 75 Jahren ihren Arbeitgeberverband ins Leben. Viele Gründungsmitglieder gehören heute zu den Marktführern, auch wegen ihrer Bereitschaft zu ständiger Erneuerung

Bosch Thermotechnik

Bosch Thermotechnik zählt zu den führenden Unternehmen für energiesparende Heizungs- und Klimalösungen – mit allem, was die Digitalisierung zu bieten hat. Ein Beispiel: Mit dem intelligenten Energiemanager der Heiztechnikmarke Buderus lässt sich selbst erzeugter Strom via App optimal nutzen.

Buderus Guss

Das Unternehmen ist der europäische Marktführer für Pkw-Bremsscheiben. Die innovative Bremsscheibe „iDisc" wurde wegen ihrer Feinstaub reduzierenden Eigenschaften bereits mehrfach ausgezeichnet und ist ein Meilenstein auf dem Weg von Buderus Guss, Innovationen für die Mobilität der Zukunft zu realisieren.

Continental

Das weltweit erste integrierte Sicherheitssystem ABS ging 1984 in Serie und war für Continental einer der ersten Schritte auf dem Weg zur „Vision Zero". Dank ständiger Innovationen etwa im Bereich Fahrerassistenzsysteme ist Conti hier weltweit führend – und die Vision vom „unfallfreien Fahren" wird immer realer.

Auszug aus Wirtschaftszeitung aktiv, Nr. 5, 7. Mai 2022, Seite 4 und 5.

hier (heute sera) in Immenhausen oder Christian Berghöfer (heute Senior Flexonics) in Kassel. In rascher Folge gründeten sich fünf weitere Bezirksgruppen für die Arbeit in der Fläche.

Stetiger Wandel ist Teil des Wirtschaftslebens

Im Lauf der Jahrzehnte sind viele Namen von Gründungsunternehmen verschwunden: Das gehört zum normalen Gang des marktwirtschaftlichen Geschehens. Wobei die Betriebe selbst oft in anderer Form weiter bestehen. So wurde etwa mit dem Aufbau der Gießerei Georg Ch. C. Henschel schon 1810 der industrielle Grundstein gelegt für das Mercedes-Benz-Werk in Kassel. Es ist heute globales Kompetenzzentrum für Nutzfahrzeug-Achsen sowie elektrische Antriebssysteme von Daimler Truck.

Der Frankfurter Bremstechnik-Spezialist Alfred Teves (heute Continental-Konzern) sorgt unter anderem für neue Entwicklungen im Bereich der aktiven und passiven Fahrsicherheitstechnik.

Aus dem Optikspezialisten Ernst Leitz wiederum entwickelten sich Leica Microsystems, Leica Camera und Leica Geosystems – und Hexagon Metrology, ein Spezialist für 3-D-Koordinatenmessgeräte (einen ***aktiv***-Bericht über die genaueste Messmaschine der Welt finden Sie unter aktiv-online.de/hexagon).

Buderus, ehemals eine der größten Gießereien Europas, wurde 2003 von Robert Bosch übernommen. Heute ist Buderus Guss führend im Bereich Bremsscheiben. Die Heiztechnik-Sparte wurde unter dem Markennamen Buderus erhalten, gehört nun zu Bosch Thermotechnik und überzeugt mit digitalen Lösungen. Oliver Barta, Leiter Personal von Bosch Thermotechnik, ist im Ehrenamt erster stellvertretender Vorsitzender des Arbeitgeberverbands und Verhandlungsführer in den Tarifrunden. Er betont: „Hessenmetall ist seit 75 Jahren am Puls der Zeit und trägt wesentlich dazu bei, dass die M+E-Industrie alle Herausforderungen meistert und sich immer wieder zukunftsfähig aufstellt."

In Frankfurt wird jetzt ein neues Kapitel aufgeschlagen

Wie innovativ die Unternehmer oft waren, zeigt auch das Beispiel von Schmidtsche Schack in Kassel. Gründer Wilhelm Schmidt hatte vor über 100 Jahren die Vision, Energie so effizient wie möglich zu nutzen. Also erfand er einen sogenannten Dampfüberhitzer, der die Leistung von Dampflokomotiven erhöhte – bei geringerem Kohleverbrauch.

Einen wohl unvergleichlichen Wandel schließlich hat in den vergangenen 75 Jahren Siemens erlebt. Heute ist der Konzern führend in Technologien für Industrie, Infrastruktur und Mobilität. Mit seinem Neubau am Frankfurter Flughafen gestaltet Siemens den Übergang ins digitale Zeitalter. „Wir schlagen ein neues Kapitel auf, das für die Zukunft in Frankfurt steht", erklärt Rainer Welzel dazu, Personalleiter Siemens Frankfurt und Stuttgart. „Und mit Hessenmetall haben wir einen starken Partner an unserer Seite, der uns auf unserem Weg in die Zukunft so wie in der Vergangenheit begleitet."

MAJA BECKER-MOHR

● **Zum 75-jährigen Jubiläum** schildert der Verband seine Geschichte auf der neuen interaktiven Webseite „Rückblicke in die Zukunft": hessenmetall.de/75jahre

Siemens

Das große Bild zeigt den Frankfurter Stadtteil „Gateway Gardens" in unmittelbarer Nähe zum Flughafen. Hier baut Siemens gerade seinen neuen Standort „The Move". Das intelligente Gebäude nutzt neueste Technologien und kann so zum Beispiel auf individuelle Raumtemperaturwünsche der Beschäftigten eingehen.

Mercedes-Benz

Das Mercedes-Benz-Werk in Kassel wandelte sich vom reinen Montagebetrieb für Lkws zum heutigen Kompetenzzentrum für Achsen. Vor Kurzem ging hier die erste elektrisch angetriebene Hinterachse in Serie: ein wichtiger Beitrag für nachhaltige Mobilität.

SCHMIDTSCHE SCHACK

Der Anlagenbauer SCHMIDTSCHE SCHACK ist ein weltweiter Innovations- und Marktführer, wenn es darum geht, Wärmeübertragungslösungen für höchste Temperaturen und Drücke zu entwickeln und zu produzieren – vor allem für die Herstellung von Ethylen, Wasserstoff, Methanol und Ammoniak.

sera

1948 erfand sera in Immenhausen eine innovative Dosierpumpe. Heute ist das Familienunternehmen weltweit führend in Umwelttechnologien rund ums Fördern und Dosieren von Flüssigkeiten und Gasen – und beherrscht auch das Thema Speicherung und Betankung von Wasserstoff als Energieträger.

GROSSES FOTO: GRUNDSTÜCKSGESELLSCHAFT GATEWAY GARDENS GMBH, DIE ANDEREN FOTOS AUF DIESER DOPPELSEITE WURDEN UNS VON DEN JEWEILS ERWÄHNTEN UNTERNEHMEN ZUR VERFÜGUNG GESTELLT.

MEILENSTEINE IN RICHTUNG NEULAND

1947	» **(Wieder-)Gründung:** Neuland aus Ruinen siehe S. 30
1951	» **1. Streik der Nachkriegszeit:** Neuland Tarifverträge siehe S. 32
1969	» **Gründung des Bildungswerks HESSENMETALL:** Neuland Bildungs-Service siehe S. 62
1984	» **Arbeitskampf um die 35-Stunden-Woche** siehe S. 63
1990	» **HESSENMETALL hilft beim Aufbau AGV Thüringen:** Neuland Wiedervereinigung siehe S. 106
1996	» **Neuland zusätzliche Mitgliedschaft ohne Tarifbindung:** siehe S. 107
2004	» **Pforzheim-Modell:** Neuland flexible Fenster im Tarifvertrag; Standortsicherung und **Entgelt-Rahmen-Abkommen ERA:** Neuland einheitliche Tarifwelt für Arbeiter und Angestellte siehe S. 107
2017	» **Netzwerkplattform:** Neuland Erfahrungsaustausche. HESSENMETALL wird auch Netzwerkplattform Arbeit 4.0 siehe S. 144
2018	» **Start Hochschulkooperationen:** Neuland Innovationsaustausch siehe S. 144
2021	» **Netzwerk Frauen in Führungspositionen:** Neuland Diversität siehe S. 145
2035	» **HESSENMETALL begrüßt sein 1 000. Mitglied** siehe S. 199
2047	» **Industrie 5.0:** Neuland nächste industrielle Revolution siehe S. 199

Unsere Tradition ist Fortschritt: die drei Dimensionen von HESSENMETALL

Gestartet als Arbeitgeberverband der hessischen Metall- und Elektro-Industrie …

„Ihr Erfolg. Unser Ziel. Gemeinsam im Netzwerk“ – mit dieser konsequenten Mitgliederfokussierung will der Arbeitgeberverband HESSENMETALL seine wachsende Anzahl von Mitgliedern gerade auch im Strukturwandel unterstützen. Er verfolgt konsequent die wirtschaftlichen und politischen Interessen der Mitgliedsunternehmen gegenüber Gewerkschaften, Arbeitnehmern und Politik, und fördert dadurch ihre Wettbewerbsstärke. HESSENMETALL hat sich auf den Unternehmenserfolg der Mitglieder verpflichtet und daran seine Existenzberechtigung geknüpft.

HESSENMETALL ist der Arbeitgeberverband, die Interessenvertretung der Arbeitgeber, von 680 Technologie-Unternehmen in Hessens größter und bedeutendster Industrie. Die Tarifpolitik ist das Fundament eines Arbeitgeberverbandes. In den Tarifrunden verhandeln die Sozialpartner der M+E-Industrie die Entgelte und andere Arbeitsbedingungen. Als Tarifpartei bekennt sich HESSENMETALL zur Stärkung der Tarifbindung durch Tarifverträge, die Arbeitgeber- und Arbeitnehmerinteressen in Einklang bringen, dabei aber immer die Wettbewerbsfähigkeit der Unternehmen im Fokus haben.

In der Metall- und Elektro-Industrie sind die Flächentarifverträge Leitbedingung. Sie erfassen bis heute – durch die vollständige Tarifbindung oder eine teilweise Orientierung – einen großen Teil der Unternehmen und ihrer Mitarbeiter. Gleichzeitig wissen wir um die Bedeutung der Mitgliedschaft in einem Arbeitgeberverband ohne einen Verbandstarifvertrag. Die Mitgliedschaft ohne Tarifbindung – OT-Mitgliedschaft – war Mitte der 90er-Jahre für einen Arbeitgeberverband ein absolutes Novum und wurde als Ergänzung für die gesetzlich reduzierte Verhandlungs- und Arbeitskampfparität zwischen Gewerkschaften und Arbeitgebern geschaffen. Sie ist Ausdruck der im Grundgesetz garantierten negativen Koalitionsfreiheit und heute

GEREGELTER STREIT

„… Wir haben viele gute Gründe. Der beste ist zweifellos, dass wir gelernt haben, Interessensgegensätze über die Beziehungen zwischen Arbeitnehmern und Arbeitgebern in einen geregelten Streit einzubinden. An seinem Ende steht eine befristete Friedenspflicht: Zeit, in der wieder gearbeitet werden kann. Bis zur nächsten Auseinandersetzung. Und dieser zivilisierte Wechsel ist ein tragender Grundpfeiler der erfolgreichen Wachstums- und Wohlstandsentwicklung unserer sozialen Marktwirtschaft.“

HESSENMETALL Geschäftsbericht 2021, S. 84

ein unverzichtbarer Teil des Tarifsystems in der M+E-Industrie. Sie trägt zu dessen Stabilität bei.

Die Mitglieder sind zukunftsorientierte Unternehmen mit hohem Internationalisierungsgrad und hervorragenden Arbeitsbedingungen. Sie schaffen Produkte und Dienstleistungen, die ihre weltweiten Kunden nutzen und diese voranbringen. Mit neun Branchen, global erfolgreichen Unternehmen und über 200 000 Beschäftigten ist die Metall- und Elektro-Industrie die größte Industrie in Hessen. Mit der IT-Industrie und ihren Softwareschmieden ist eine zehnte Branche hinzugekommen. Ihren Erfolg verdankt die M+E+IT-Industrie ihren Qualitätsprodukten „Made in Germany" und ihrer Wettbewerbs- und Exportstärke. Der einzigartige Wertschöpfungsverbund erstreckt sich von der Metallerzeugung über den Maschinen- und Anlagenbau bis zu den Endprodukten wie Autos, Züge, Schiffe und Flugzeuge, Geräte für Haushalt, Kommunikation und Unterhaltung sowie neuerdings auch E-Bikes und Sportgeräte.

… schrittweise erweitert zu einer Serviceorganisation rund um Arbeitsbeziehungen …

HESSENMETALL konzentriert sich auf seine Kernkompetenz: die Arbeitswelt. Unterstützt werden die Mitglieder bei der erfolgreichen Regelung der Arbeitsbeziehungen – sowohl Startups als auch klassische Produktionsunternehmen und Dienstleister.

In den letzten Jahrzehnten hat sich HESSENMETALL zur umfassenden Serviceorganisation rund um die Arbeitsbeziehungen weiterentwickelt. Zudem ist der Verband Dienstleister in der sich digitalisierenden Arbeitswelt zu den Themen Arbeitsrecht, Tarifpolitik, Arbeitswissenschaft, Fachkräftesicherung und Bildung, Digitale Transformation und Künstliche Intelligenz, Technologietransfer und Nachhaltigkeitsmanagement sowie Kommunikation.

Die Mitgliederberatung vervollständigt HESSENMETALL dabei durch eigene Verbandsingenieure und sie reicht bis in die Prozessgestaltung und -optimierung hinein.

Unser Kompetenz-Team aus Juristen, in der Regel Fachanwälten für Arbeitsrecht, Tarifexperten, Arbeitswissenschaftlern sowie Kommunikations- und Bildungsexperten, sichert die hohe Qualität unserer Services.

Alleinstellungsmerkmal: Kernkompetenz Arbeitsbeziehungen

Unsere neue Onlinewelt verbindet den öffentlichen Teil der Webseite mit einem exklusiven Serviceportal für die Mitglieder. Das Spektrum der klassischen Kernkompetenzen und der für die M+E-IT-Industrie besonders wichtigen Themen und Services umfasst:

Themen und Services von HESSENMETALL

www.hessenmetall.de

Mit dem digitalen Angebot bietet HESSENMETALL den Mitgliedern eine gezielte Ergänzung zum persönlichen Beratungsangebot vor Ort durch seine regionalen Bezirksgruppen – mit einem schnellen orts- und zeitungebundenen Zugriff. Neben aktuellen Informationen finden sich Veranstaltungshinweise und -rückblicke mit den entsprechenden Unterlagen, aber auch Studien sowie konkrete Arbeitshilfen und Leitfäden für die Unternehmenspraxis.

In der unterstützenden Fachkräfte- und Nachwuchssicherung erreicht HESSENMETALL über die langjährige und bundesweite Vernetzung mit den interaktiven M+E-InfoTrucks einzigartige Zugänge zu Schülerinnen und Schülern und mit der onlinegestützten Ausbildungsplatzbörse regelmäßig hohe Zugriffszahlen.

Durch die Systempartnerschaft mit der eigenen Gruppe Bildungswerke der Hessischen Wirtschaft ergänzt HESSENMETALL die Services eines Verbandes mit den Angeboten eines großen Bildungsanbieters. Er erbringt unter dem Motto „Bilden – Beraten – Integrieren – Vernetzen“ bedarfsorientierte Dienstleistungen: beispielsweise für junge Menschen am Übergang von der Schule zu Ausbildung, Studium und Beruf, für Professionals bei ihrer beruflichen Entwicklung und der Suche nach einem neuen Job, für Unternehmen aller Branchen und Größenklassen sowie deren Beschäftigte zuletzt vor allem in den erforderlichen Weiterbildungen zur Digitalisierung.

… auf dem Weg zur Netzwerk-Plattform Arbeit 4.0

HESSENMETALL ist das effektive Netzwerk der hessischen Metall-, Elektro- und IT-Unternehmen, die Hard- und Software, Produkte und Dienstleistungen entwickeln, menschliche und Künstliche Intelligenz in einer großen Transformation und einem sich im Takt der Industrie 4.0 wandelnden Markt verbinden.

Dazu gehört die Verschmelzung der klassischen M+E-Industrie mit der IT-Industrie zum Treiber der vierten industriellen Revolution, um durch qualitatives und nachhaltiges Wachstum zum Wohlstand in Hessen und Deutschland beizutragen. Mit anderen Worten: HESSENMETALL erweitert sich zu einer Netzwerk-Plattform für Arbeit 4.0.

Von besonderer Bedeutung ist die Entwicklung einer wechselseitigen Nutzengemeinschaft. Als Plattform für den digitalen Wandel hat es sich HESSENMETALL zur Aufgabe gemacht, produzierende Unternehmen und Startups

BESTNOTEN IN MITGLIEDERBEFRAGUNG 2020

HESSENMETALL freut sich über die überwiegenden Bestnoten in der Mitgliederbefragung 2020. Die Mitglieder haben die Gesamtzufriedenheit mit 86 und die Loyalität sogar mit 91 von 100 Punkten bewertet – und damit durchgängig um rund 10 Prozentpunkte besser als in der letzten Befragung von 2015 beurteilt.

Besonders erfreulich ist dabei die hohe Zufriedenheit in den Kernkompetenzen Arbeitsrecht mit 90 Punkten und den Tarifservices mit 85 Punkten. Extrem hoch ist der Wert für Freundlichkeit mit 97 Punkten. Diese Werte spiegeln sich in den Bereichen der einzelnen Bezirksgruppen letztlich hessenweit mit jeweils geringen Unterschieden wider. Neben den Bewertungen in Punkten kann HESSENMETALL besonders viel aus den freien Kommentaren zu den einzelnen Aspekten der Leistungsbereiche lernen.

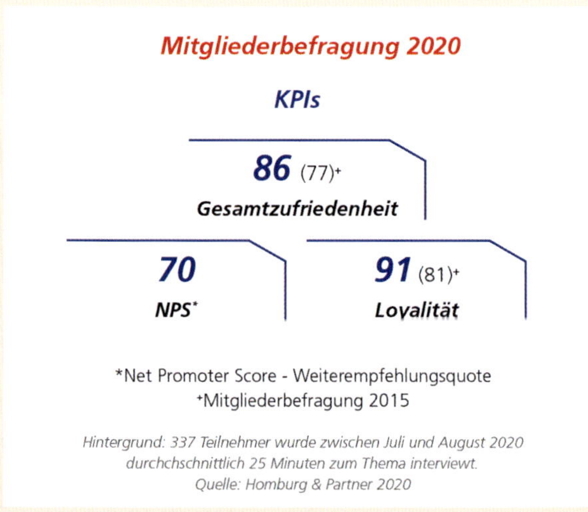

Startups@HESSEN-METALL

in den Bereichen ProductionTech und Geschäftsoptimierung, Human Resources, Verwaltung, Vertrieb, Qualitätssicherung und Logistik, miteinander zu vernetzen und dadurch Herstellerwissen mit Anwenderpraxis zu verbinden.

Dafür bietet HESSENMETALL ein Netzwerk für Erfahrungsaustausch und Nutzen-Sharing und stellt so das Wissen der Besten dieser Gemeinschaft zur Verfügung. HESSENMETALL vertritt konsequent die Mitgliederinteressen im Dialog mit Arbeitnehmern, Industriegewerkschaft Metall, Politik und Verwaltung.

Dabei ist unser Bestreben, das Netzwerk kontinuierlich durch weitere zukunftsorientierte, international ausgerichtete Unternehmen, auch Startups, zu verstärken und sie zusätzlich über Forschungskooperationen auch mit hessischen Hochschulen zu vernetzen. Eine Strategie, die aufgeht!

Win-Win-Gemeinschaft von IT-Nutzern und IT-Anbietern

Dieses Netzwerk schafft immer auf's Neue klassische Win-Win-Situationen: Die etablierte Industrie erhält als IT-Nutzer durch die innovativen Produkte und Dienstleistungen der jungen IT-Unternehmen wertvolle Impulse für die Digitalisierung. Im Gegenzug können sich Startups auf Fachveranstaltungen wie den HESSENMETALL-IT-Foren, dem Energieeffizienzkongress, bei Netzwerkveranstaltungen der Bezirksgruppen oder beim Hessenforum einem breiten Publikum aus der M+E-Industrie präsentieren.

Mit Blick auf die digitale Transformation bietet HESSENMETALL einen verstetigten Erfahrungsaustausch für die Metall-, Elektro- und IT-Unternehmen in Hessen an.

HESSENMETALL ist ein einzigartiges und zukunftsgewandtes Netzwerk von 680 Mitgliedsunternehmen aus Hessens größter und innovativster Industrie. Gemeinsam gestalten die Mitgliedsunternehmen, der Verband und seine Partner die sich im Takt der Industrie 4.0 erneuernde Arbeitswelt.

Motive aus unserer Mitgliederwerbung

HESSENMETALL setzt regelmäßig neue Impulse, treibt Innovationen voran und bringt die Mitgliedsunternehmen mit Veranstaltungen, neuen Formen des Wissenstransfers, Publikationen und maßgeschneiderten Services gezielt in einen ständigen Erfahrungsaustausch. Dadurch entsteht Teilhabe am gebündelten Wissen zu den zentralen Herausforderungen der Zukunft.

Der Erfolg gibt uns Recht: Wir sind mittlerweile als wachsende Organisation aufgestellt. In den letzten sechs Jahren sind wir um 130 Mitglieder gewachsen durch die Option einer OT-Mitgliedschaft und die Aufnahme von IT-Unternehmen und Startups.

Flächendeckend in Hessen vor Ort, vernetzt in Deutschland und Europa

Mit der Zentrale in Frankfurt und fünf Bezirksgruppen in Kassel, Wetzlar, Frankfurt, Offenbach und Darmstadt ist HESSENMETALL in Hessen flächendeckend vor Ort und nah bei seinen Mitgliedern.

Über die Dachverbände Gesamtmetall, BDA und BDI sichert HESSENMETALL die nationale Interessenvertretung, über die CEEMET und BusinessEurope die europäische. Diese Verbändefamilie öffnet den Mitgliedern auch die Zugänge zum Institut der deutschen Wirtschaft (IW) Köln, dem ifaa Institut für angewandte Arbeitswissenschaft und der Initiative Neue Soziale Marktwirtschaft (INSM).

Multiperspektivität leben

Die hessischen Unternehmen befinden sich auf dem Weg zu einer klimaneutralen Industrie und einer noch unbekannten Industrie 5.0. HESSENMETALL bietet dabei eine wertebasierte und starke Gemeinschaft, die das Wissen der Besten teilt. Denn Expertentum allein reicht heute und in Zukunft für den Erfolg nicht mehr aus.

Aktuelle Situation der hessischen Wirtschaft

Wirtschaftswachstum haben viele zuletzt als selbstverständlich hingenommen – so Wolf Matthias Mang bei seiner Rede auf dem Hessischen Unternehmertag im November 2021. Neben seiner Funktion als Vorstandsvorsitzender ist er auch der Präsident der Vereinigung der hessischen Unternehmerverbände (VhU) – und kann als Unternehmerpräsident auch für die gesamte hessische Wirtschaft über alle Branchen hinweg sprechen.

Gerade haben **die Hessen ein volles Jahrzehnt des Aufschwungs** erlebt. Die letzte Rezession 2009 war tief, aber kurz. Danach gab es nur 2012 einen leichten Einbruch, sonst wuchs das Bruttoinlandsprodukt, also die Summe der Produktion und der Dienstleistungen, Jahr für Jahr.

Auf die gleiche Weise wuchs auch die Beschäftigung. Hatte die Zahl der Erwerbstätigen in Hessen 2010 bei 3 178 800 gelegen, so waren es in 2020 genau 3 536 300. Die Arbeitslosigkeit als Geißel der Gesellschaft war in diesem Jahrzehnt verschwunden und tausende Zuwanderer wurden zudem in den Arbeitsmarkt integriert.

Rede Wolf Mang

MIT LEICHTEM GEPÄCK

Immer schwereres Gepäck bekommen Unternehmen durch die aktuell stetig weiter zunehmende Zahl unserer Herausforderungen.

Unternehmen müssen derzeit lange Wege gehen – beispielsweise durch Störungen in den Lieferketten.

Das HESSENFORUM 2022 bot Ideen, damit sich Mitglieder mit leichtem Gepäck beschwingt und mit einem individuell zugeschnittenen geistigen Rucksack inspiriert auf den Weg machen.

Wolf Matthias Mang mit Rucksack auf dem Hessenforum

Die Erfolge der Wirtschaft ließen auch die Steuereinnahmen steigen, allein die des Landes Hessen erhöhten sich von 2010 bis 2019 um 9,5 auf 24,4 Milliarden Euro. An die Kommunen in Hessen flossen 2010 6,5 Milliarden Euro, neun Jahre später waren es 10,4 Milliarden.

Es waren Jahre des weit verbreiteten Wohlstands, der als selbstverständlich hingenommen wurde. Denn erst diese immensen Beträge machten vieles möglich – so die immer ausgefeilteren Sozialleistungen.

Die Corona-Pandemie hatte erhebliche Auswirkungen auf die Weltwirtschaft. Auch weite Teile der **hessischen Metall- und Elektro-Industrie** leiden unter Auftragseinbrüchen, Kurzarbeit und Lieferengpässen. Die M+E-Industrie hatte schon ein Jahr Rezession hinter sich, als Corona aus einem Rückgang einen Einbruch ungeahnten Ausmaßes werden ließ. Die sich anbahnende Erholung mit erheblichen Schwierigkeiten angesichts gestörter Lieferketten und steigender Energiekosten wurde durch den russischen Angriffskrieg auf die Ukraine am 24. Februar 2022 wieder unterbrochen. Die bis dahin schon bestehenden Problemlagen haben sich dadurch noch einmal binnen weniger Wochen dramatisch verschärft. Davon sind Unternehmen und Beschäftigte gleichermaßen betroffen. Außerdem fallen diese Krisen in Serie mit dem Strukturwandel zusammen.

„Aber gemeinsam bewältigen wir auch diese neue zeitgleiche Anballung von Herausforderungen. Die Erfahrung zeigt: Bislang haben wir uns aus jeder Krise herausarbeiten können. Das wird uns auch diesmal gelingen. Zusammen anpacken und trotz schwerem Gepäck gemeinsam wieder an die Spitze" – so lautet das Motto, das Wolf Matthias Mang, Verhandlungsführer Oliver Barta, Hauptgeschäftsführer Dirk Pollert und der stellvertretende Hauptgeschäftsführer Peter Hampel den Mitgliedern für die Tarifrunde 2022 mit auf den Weg gegeben haben.

Im Umfeld der hessischen Wirtschaft ist die Metall- und Elektro-Industrie die größte

Industrie. Sie erzielte 2021 mit etwa 204 000 Beschäftigten einen Jahresumsatz von 70 Milliarden Euro und bildet 11 000 junge Menschen aus.

Aktuelle Wirtschaftssituation in Hessen

Das Wirtschaftswachstum machte möglicherweise nicht alle zufrieden – immerhin ist Kapitalismuskritik so alt wie Kapitalismus selbst –, allerdings kann ein Rückgang viele unglücklich machen.

Manches lässt sich aus der gegenwärtigen Krise lernen: Hätte es nicht seit 2010 einen lang andauernden Aufschwung gegeben und wäre Hessen mithin nicht von einem so hohen Niveau aus in die Krise gegangen, dann ginge es dem Bundesland jetzt noch schlechter, noch weitaus mehr Menschen hätten keinen Arbeitsplatz mehr.

Und hätte es nicht in den vergangenen Jahren ein solch großes Wachstum gegeben, dass sich damit auch die Sozialkassen füllen konnten, wäre es jetzt viel schwerer, die Folgen des wirtschaftlichen Einbruchs mit Sozialleistungen wie der Kurzarbeit abzufedern.

Das bedeutet: Nur mit Wachstum wird die Gesellschaft aus dieser Krise wieder herausfinden. Die Unternehmen müssen ihre Produktion wieder hochfahren, sie müssen Kurzarbeit beenden oder gar neue Mitarbeiter einstellen, sie müssen wieder Gewinne machen, von denen sie Steuern zahlen können.

Es ist und bleibt somit eine wachsende und soziale Marktwirtschaft, die Innovationen und Unternehmergeist antreibt. Die neue Aufgabe ist, Wachstum und CO_2-Ausstoß zu entkoppeln.

Bedeutend: Widerstandsfähigkeit

Was unsere Gesellschaft nun braucht, ist Resilienz als Fähigkeit, die aktuellen Krisen nicht nur zu meistern, sondern an ihnen zu wachsen. Für Wolf Matthias Mang ist dies ein wichtiger Zukunftsbaustein, stellte er bei seiner Rede auf dem Hessenforum vor 200 Entscheidern aus der Mitgliedschaft **im Mai 2022** klar. Diese Widerstandsfähigkeit ist erlernbar und muss darum in unserem Bildungssystem noch tiefer verankert werden.

Kultur der Fehlertoleranz

Es ist nicht einfach, denn Kunden erwarten immer eine 100-prozentige Qualität und damit eine Null-Fehler-Quote. Aber: Wenn heute ein Produkt neu auf den Markt gebracht wird, muss es zunächst die 100 Prozent nicht unbedingt erreichen. Durch nachgelieferte Updates erhalten informierte Kunden dennoch ein ausgereiftes Produkt.

Es kann eine Idee sein, manchmal einfach mutiger zu sein. Andere, gerade im Silicon Valley, machen es vor.

Grundsätzlich benötigt die Wirtschaft für den Strukturwandel der Metall- und Elektro-Industrie in Richtung Digi-

WOLF MANG ZU SINNSTIFTUNG: WIE STEIGERN WIR DIE MOTIVATION UNSERER BELEGSCHAFT?

Menschen sehnen sich nach der Anerkennung ihrer Arbeit, ihrer Leistung. Sie wollen den Sinn hinter ihrer Arbeit verstehen. Je jünger, desto mehr fragen sie nach der Sinnhaftigkeit ihres Tuns.

John F. Kennedy fragte bei einem Besuch der NASA einen Mann, der den Boden wischte, was er da tue. Dessen Antwort kam, wie Augenzeugen berichteten, spontan: „Ich bringe einen Mann auf den Mond!" Alles sauber und ordentlich zu halten war seine Aufgabe, sein ganz persönlicher Anteil an dem Projekt Mondfahrt und genau dieser Beitrag zu einem großartigen Projekt war ihm bewusst.

Deshalb: Wir müssen unseren Mitarbeiterinnen und Mitarbeitern immer wieder zeigen, dass wir sie mit ihrem Leistungsbeitrag zum Unternehmenserfolg sehen, aber auch, wie sie dabei zu etwas Größerem beitragen, nämlich das Leben und die Menschheit besser zu machen.

Führung ist also immer auch Sinnvermittlung.

Was wir für Sinnstiftung vor allem brauchen: die ganze Erzählung.

Arno Arnold produziert Schutzabdeckungen für den Maschinenbau. Sie schützen bewegliche Teile, damit diese nicht verschmutzt oder beschädigt werden aber auch, damit niemand dort hineingreifen und sich schwer verletzten kann. Das wissen unsere Mitarbeiterinnen und Mitarbeiter schon immer – und es verleiht ihrem Arbeitsbeitrag Sinn.

Aber inzwischen erzählen wir auch, was mit diesen Maschinen hergestellt wird: Autos und Motorräder, Herzklappen in unglaublicher Qualität oder künstliche Hüftgelenke, weil wir Abdeckungen in dem dafür notwendigen Reinheitsgrad herstellen können. Und dieser Beitrag zu einem übergeordneten sinnhaften Ganzen – ja zur Verbesserung menschlichen Lebens –, das macht uns stolz.

CEO-Interview mit Wolf Matthias Mang zum Hessenforum 2022

talisierung, Dekarbonisierung und Demografie einen Kulturwandel. Das bedeutet: weniger Perfektionismus, mehr Mut zu Versuch und Irrtum, durchaus schrittweise Optimierung, aber eine sehr viel größere Aufgeschlossenheit gegenüber dem ganz anderen Neuen und ein eher fähigkeitsbasiertes als hierarchisches Miteinander.

Heute geht es nicht mehr nur um Technologieführerschaft. Es genügt nicht mehr, in mehrjährigen Zyklen ein neues Modell zu entwickeln, das erst dann auf die Straße darf, wenn jedes Spaltmaß passt und alle Teile perfekt harmonieren.

Heute geht es um den Mut, neue Geschäftsmodelle auszuprobieren.

Unternehmer dieses neuen Typus gehen experimentell vor:

Durch ständiges Optimieren bekommen Kunden stets das aktuell beste Produkt – und nicht eines, das vor fünf oder sieben Jahren so oder so erdacht wurde.

Der deutschen Wirtschaft muss es gelingen, den seit dem Wirtschaftswunder antrainierten Perfektionismus zu ergänzen: um das angelsächsische „Trial and Error"-Prinzip.

Für die digitale Transformation unserer Wirtschaft brauchen wir deshalb auch

- einen Kulturwandel, damit Fehler als natürlicher Prozess gesehen werden,
- eine neue Aufgeschlossenheit gegenüber dem besseren Neuen,
- praktische Umsetzungen, nicht nur Patentanmeldungen – darin sind wir Deutschen Vizeweltmeister,
- ein verändertes Miteinander, bei dem es um Fähigkeiten, nicht um Hierarchien geht.

Diesen Geist eines spielerischeren Besserwerdens, das sich stetig entwickelt, brauchen wir.

HESSENMETALL in Zahlen

Technologien, die hessische Unternehmen schon nutzen

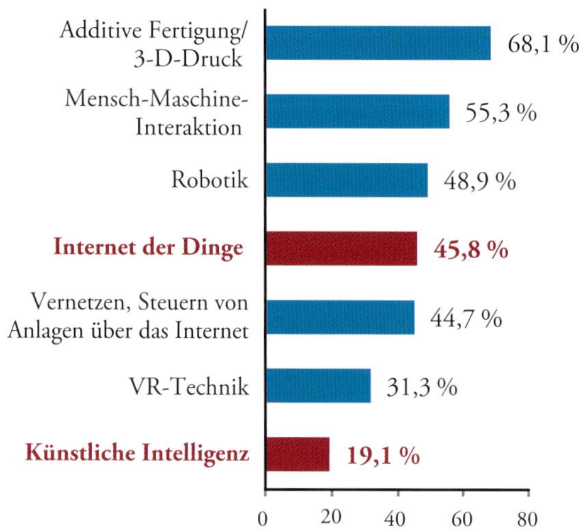

Stand: Dezember 2020

Technologien, die sie künftig für entscheidend halten

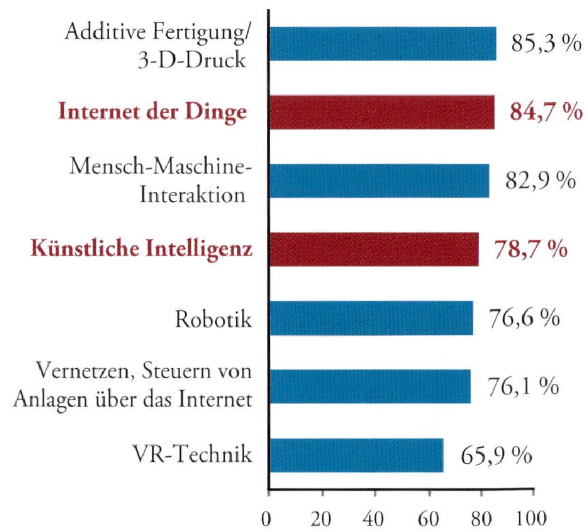

Stand: Dezember 2020

Beschäftigungsentwicklung M+E-Industrie Hessen in Mrd. Euro

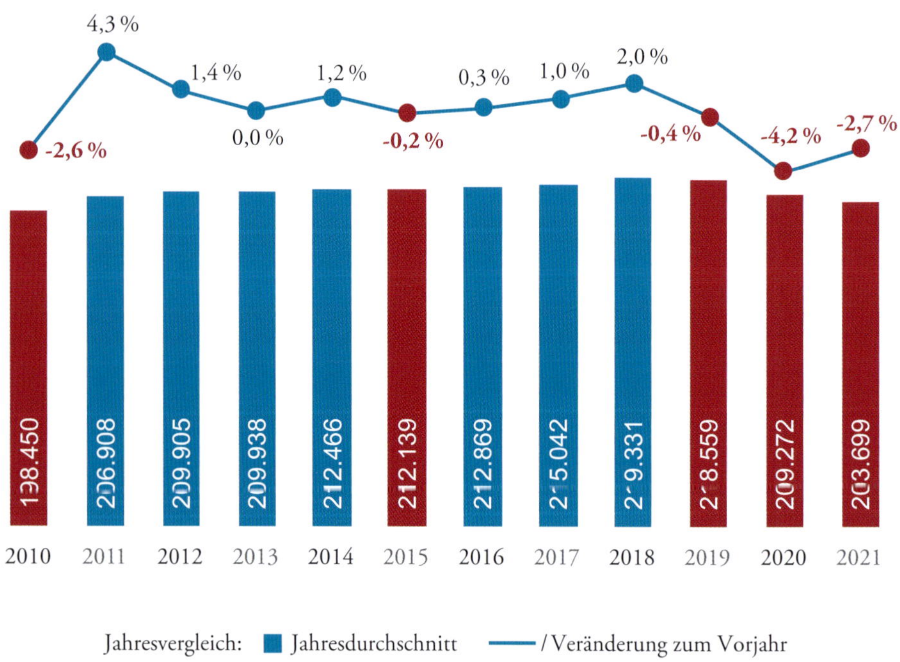

Quelle der Abbildungen
oben: HESSENMETALL
unten: Hessisches Statistisches Landesamt – eigene Berechnungen

Umsatzentwicklung in der hessischen M+E-Industrie

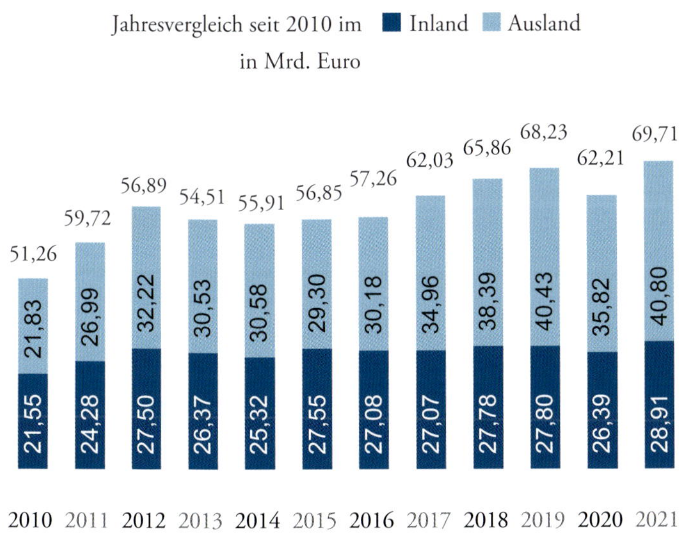

Volumenindex des Auftragseingangs

ab 2015: Neues Basisjahr und veränderte Grundgesamtheit

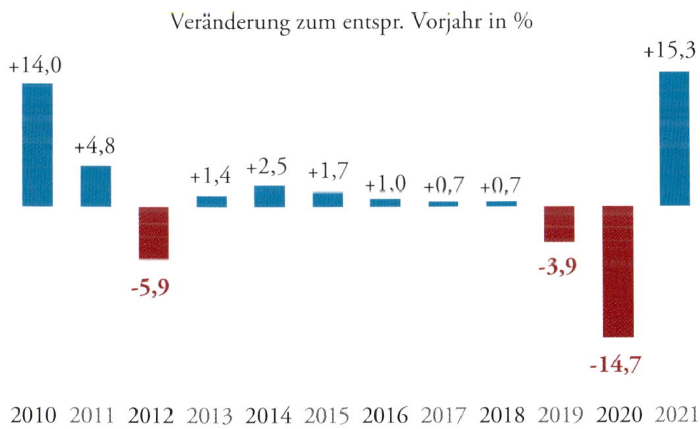

Quelle alle Abbildungen dieser Seite: Hessisches Statistisches Landesamt – eigene Berechnungen

M+E-Branchen – Anteile nach Beschäftigung im Jahr 2021

203600 Beschäftigte insgesamt

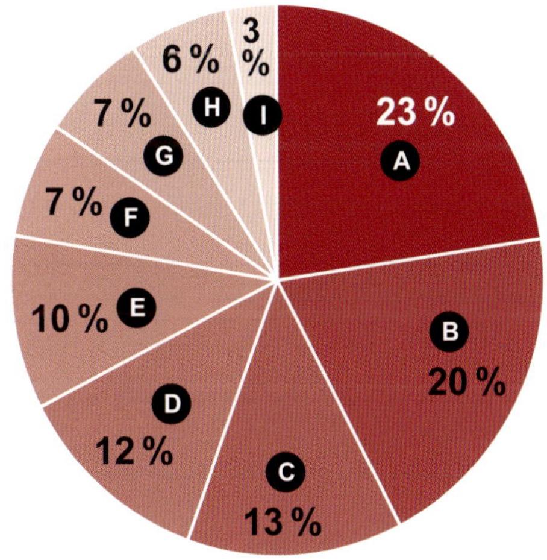

- **A** Herstellung von Kraftwagen & Kraftwagenteilen
- **B** Maschinenbau
- **C** Herstellung von Metallerzeugnissen
- **D** Herstellung von elektrischen Ausrüstungen
- **E** Herstellung von DV-Geräten, elektronischen und optischen Erzeugnissen
- **F** Herstellung von sonstigen Waren
- **G** Metallerzeugung und -bearbeitung
- **H** Reparatur und Installation von Maschinen und Ausrüstungen
- **I** Sonstiger Fahrzeugbau

M+E-Branchen – Anteile nach Umsatz im Jahr 2021

Gesamtumsatz 2021: 70 Mrd. Euro

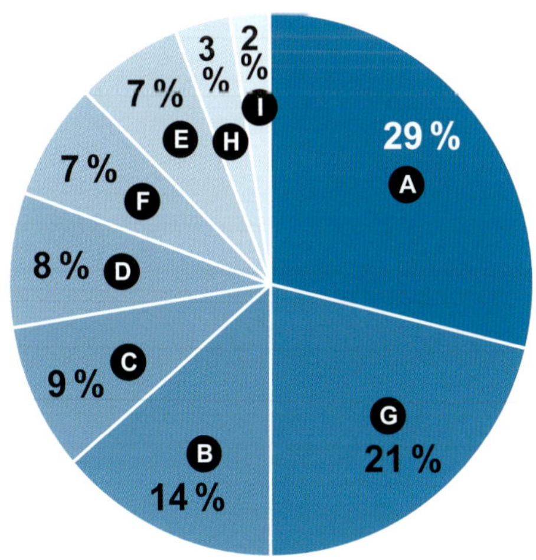

Klimaneutralität: M+E-Industrie ist Teil der Lösung, nicht Teil des Problems

Die hessische und deutsche Industrie kann als Lieferant von Lösungen für Klimafreundlichkeit für die globale Herausforderung und Perspektive wertvoll wirken. Dr. Stefan Wolf, Präsident von Gesamtmetall, sprach auf dem Hessenforum im September 2021 Klartext: Deutscher Export kann durch vorbildlich umweltfreundliche Produkte und Prozesse dem Klima helfen. Denn die Welt braucht neue, Ressourcen schonende Technologien. Die deutsche Industrie kann diese in die Welt liefern.

So kann es gelingen, nicht nur den CO_2-Ausstoß in Deutschland, sondern auch in Ländern wie China, USA oder Indien zu verringern. Wenn es zum Beispiel gelingt, in Indien jedes zweite Auto mit einer Brennstoffzelle auszurüsten, ist viel mehr erreicht, als wenn hier von der Politik immer weiter an viel zu kleinen Schrauben gedreht wird: Negativ-Beispiele dafür sind die finanzielle Förderung von Lastenfahrrädern oder das Verteilen aller Pakete mit E-Autos, während China in den nächsten zehn Jahren 260 Flughäfen baut.

Deutschland verfügt über ein gut funktionierendes System, trotz Wachstum immer weniger Emissionen zu verursachen durch den Jahr für Jahr sinkenden CO_2-Deckel plus dem Zertifikate-Handel in Industrie und Stromerzeugung.

Studie ifaa: Produktivitätsstrategien im Wandel

Eine der wichtigsten Managementaufgaben ist die Steigerung der Produktivität. Bis zum Jahr 2027 wird laut unserer Denkfabrik, dem Institut für angewandte Arbeitswissenschaft, durch Digitalisierung ein Produktivitätszuwachs in Höhe von durchschnittlich 38 Prozent erwartet.

Die Digitalisierung spielt also im Produktivitätsmanagement eine wesentliche Rolle mit den Ausprägungen Informationsverfügbarkeit zu steigern, Handhabungen zu vereinfachen und Produktivitätsstrategien zu verändern.

HESSENMETALL: auf dem Weg ins Jahr 2047

Nach 75 Jahren ist festzustellen: HESSENMETALL erlebte keine lineare Entwicklung. Über die Jahrzehnte haben sich durch neue Herausforderungen und Problemstellungen – aber auch durch große Anstrengungen – immer wieder neue Tore und Türen und damit Perspektiven geöffnet. So konnte der ursprüngliche Arbeitgeberverband mit der Tarifpolitik als Kerngeschäft Multiperspektivität erschaffen und neue Dimensionen entfalten.

Zu entdecken im FutureTrail, den Meilensteinen und den folgenden vier Kapiteln.

Kapitel 2 – Ursprung: Tarifpartei Arbeitgeberverband

Der Arbeitgeberverband HESSENMETALL sorgt als Tarifpartei mit Flächentarifvertrag und innovativen Angeboten zur Orientierung für Betriebsfrieden und Wettbewerbsfähigkeit der Mitgliedsunternehmen. Tarifpolitische Stationen zeigen das Ringen um mehr Flexibilität und betriebliche Gestaltungsmöglichkeiten. Die Tarifpartei Arbeitgeberverband sorgt auch für unternehmerische Freiheit und Entscheidungsoptionen.

Kapitel 3 – Changes: Plattform für Entscheider

HESSENMETALL unterstützt die M+E+IT-Industrie im Strukturwandel und in Technologie-Transformationsprozessen mit Wissenszuwachs und Erfahrungsaustausch: auf dem Weg zu Smart Factories, beim Einsatz von Künstlicher Intelligenz als verlängerter Werkbank der

Future Trail – Rückblicke in die Zukunft

menschlichen Intelligenz und bei der Entwicklung von Nachhaltigkeits-Management-Systemen zur klimaneutralen Industrie mit reduziertem Materialeinsatz und geringerem Energieverbrauch.

Kapitel 4 – Zukunft der Arbeit

Neue Ansätze und Denkweisen bestimmen aktuell die Arbeitswelt. Alte Verhaltensmuster und Wahrheiten werden infrage gestellt. Die Arbeitswelt der Zukunft wird anders. Dabei ist klar: Nur erfolgreiche Arbeit ist gute Arbeit. Zudem entscheidet die Balance zwischen Produktivitätsfortschritt und Humanisierung über erfolgreiche Spitzenpositionen im internationalen Wettbewerb.

Kapitel 5 – Neuland erschließen

Der Transfer von Know-how ist Basis für den Erfolg von morgen. Aber nicht als Einbahnstraße: HESSENMETALL sorgt für den Innovationsaustausch durch geteiltes Wissen mit seinen Hochschulkooperationen, für den stetigen Erfahrungsaustausch zwischen pfiffigen Startup-Gründern und etablierten Unternehmensoptimierern und die Erweiterung der Wissensbasis durch praxisorientierte Studien. Der permanente Dialog von IT-Nutzern der klassischen M+E-Industrie und den IT-Anbietern, der neuen Zielgruppe für eine Mitgliedschaft, sorgt für permanente Win-Win-Situationen.

WERTE, DIE WIR LEBEN

Wir bekennen uns zur Sozialen Marktwirtschaft als Erfolgsmodell für **Wachstum und Wohlstand**. In dieser ordoliberalen Arbeitsteilung setzt der Staat den Rahmen, innerhalb dessen die Akteure sich frei bewegen können, und verzichtet darauf, selbst Akteur zu werden. Sie hat uns in Deutschland seit Jahrzehnten wirtschaftliche und soziale Stabilität gegeben.

Wir bekennen uns zum Konzept „Erfolgreiche Arbeit". Gute Arbeit gibt es nur als erfolgreiche Arbeit, die im Wettbewerb ihre Käufer findet. Wir wissen, dass sie nur mit **starken Belegschaften** gelingen kann. Die Blickwinkel der Arbeitnehmer und Arbeitgeber unterscheiden sich, sind aber miteinander kompatibel.

Wir bekennen uns zur Verantwortung für Umwelt und Klima. Wir wollen, dass Mensch und Natur sich gut auf diesem Planeten entwickeln und unsere Mitgliedsunternehmen auch in Zukunft wertvolle Beiträge zu einer **nachhaltigen Entwicklung** erbringen. Klimaschutz funktioniert am besten marktwirtschaftlich, indem CO_2 begrenzt, nicht verteuert wird. Das gelingt mit sinkenden CO_2-Deckeln, Marktwirtschaft und Technologieoffenheit.

Wir bekennen uns zu einem fairen Generationenvertrag. Wir müssen eine Umverteilung zugunsten der Älteren **verhindern**, welche die Lebensmöglichkeiten der jüngeren Generationen einschränkt. Aus Solidarität mit unseren Kindern und Enkeln dürfen wir den bereits breit ausgedehnten Sozialstaat, der jetzt schon ein Drittel des Erwirtschafteten beansprucht, nicht über die Grenzen der Leistungsfähigkeit von Beitrags- und Steuerzahlern ausweiten.

Wir leben diese Werte im alltäglichen Umgang mit unseren Mitgliedsunternehmen, Partnern und gegenüber Arbeitnehmern, der Industriegewerkschaft Metall, Politik, Justiz und Verwaltung.

Und natürlich im Umgang mit uns selbst. Unsere gut aus- und ständig weitergebildeten Kolleginnen und Kollegen in unserem Verbände-Netzwerk arbeiten zuverlässig, lösungsorientiert und effektiv zusammen, um Mehrwert für unsere Mitglieder zu schaffen.

Teamgeist ist Trumpf, unsere Arbeitsweise interdisziplinär und nachhaltig. Wir helfen uns gegenseitig und stellen Informationen aufrichtig und vollständig zu Verfügung. Wir ergreifen **Initiative** zur Zusammenarbeit und zum Informations- und Erfahrungsaustausch. Und wir setzen Ressourcen schonend ein, um finanzielle Spielräume für Innovationen zu schaffen.

MEILENSTEINE 1890 BIS 1947

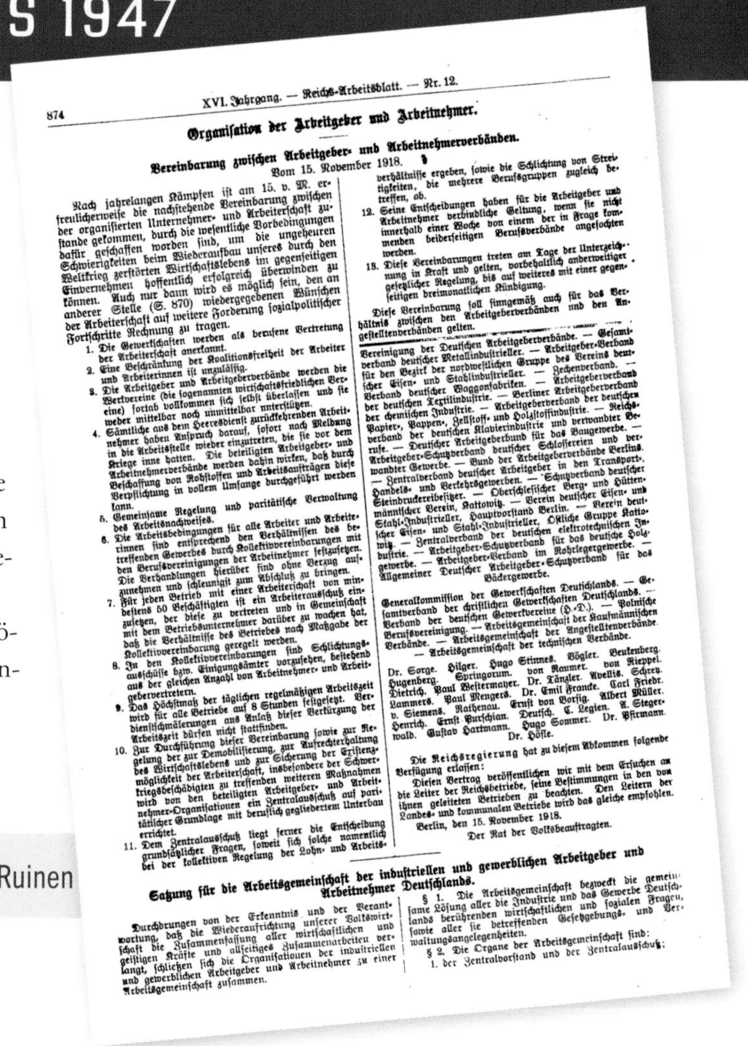

874 XVI. Jahrgang. — Reichs-Arbeitsblatt. — Nr. 12.

Organisation der Arbeitgeber und Arbeitnehmer.

Vereinbarung zwischen Arbeitgeber- und Arbeitnehmerverbänden.

Vom 15. November 1918.

Nach jahrelangen Kämpfen ist am 15. v. M. erfreulicherweise die nachstehende Vereinbarung zwischen der organisierten Unternehmer- und Arbeiterschaft zustande gekommen, durch die wesentliche Vorbedingungen dafür geschaffen worden sind, um die ungeheuren Schwierigkeiten beim Wiederaufbau unseres durch den Weltkrieg zerstörten Wirtschaftslebens im gegenseitigen Einvernehmen hoffentlich erfolgreich überwinden zu können. Auch nur dann wird es möglich sein, den an anderer Stelle (S. 870) wiedergegebenen Wünschen der Arbeiterschaft auf weitere Forderung sozialpolitischer Fortschritte Rechnung zu tragen.

1. Die Gewerkschaften werden als berufene Vertretung der Arbeiterschaft anerkannt.
2. Eine Beschränkung der Koalitionsfreiheit der Arbeiter und Arbeiterinnen ist unzulässig.
3. Die Arbeitgeber und Arbeitgeberverbände werden die Werkvereine (die sogenannten wirtschaftsfriedlichen Vereine) fortab vollkommen sich selbst überlassen und sie weder mittelbar noch unmittelbar unterstützen.
4. Sämtliche aus dem Heeresdienst zurückkehrenden Arbeitnehmer haben Anspruch darauf, sofort nach Meldung in die Arbeitsstelle wieder einzutreten, die sie vor dem Kriege inne hatten. Die beteiligten Arbeitgeber- und Arbeitnehmerverbände werden dahin wirken, daß durch Beschaffung von Rohstoffen und Arbeitsaufträgen diese Verpflichtung in vollem Umfange durchgeführt werden kann.
5. Gemeinsame Regelung und paritätische Verwaltung des Arbeitsnachweises.
6. Die Arbeitsbedingungen für alle Arbeiter und Arbeiterinnen sind entsprechend den Verhältnissen des betreffenden Gewerbes durch Kollektivvereinbarungen mit den Berufsvereinigungen der Arbeitnehmer festzusetzen. Die Verhandlungen hierüber sind ohne Verzug aufzunehmen und schleunigst zum Abschluß zu bringen.
7. Für jeden Betrieb mit einer Arbeiterschaft von mindestens 50 Beschäftigten ist ein Arbeiterausschuß einzusetzen, der diese zu vertreten und in Gemeinschaft mit dem Betriebsunternehmer darüber zu wachen hat, daß die Verhältnisse des Betriebes nach Maßgabe der Kollektivvereinbarung geregelt werden.
8. In den Kollektivvereinbarungen sind Schlichtungsausschüsse bzw. Einigungsämter vorzusehen, bestehend aus der gleichen Anzahl von Arbeitnehmer- und Arbeitgebervertretern.
9. Das Höchstmaß der täglichen regelmäßigen Arbeitszeit wird für alle Betriebe auf 8 Stunden festgesetzt. Verdienstschmälerungen aus Anlaß dieser Verkürzung der Arbeitszeit dürfen nicht stattfinden.
10. Zur Durchführung dieser Vereinbarung sowie zur Regelung der zur Demobilisierung, zur Aufrechterhaltung des Wirtschaftslebens und zur Sicherung der Existenzmöglichkeit der Arbeiterschaft, insbesondere der Schwerkriegsbeschädigten zu treffenden weiteren Maßnahmen wird von den beteiligten Arbeitgeber- und Arbeitnehmer-Organisationen ein Zentralausschuß auf paritätischer Grundlage mit beruflich gegliedertem Unterbau errichtet.
11. Dem Zentralausschuß liegt ferner die Entscheidung grundsätzlicher Fragen, soweit sich solche namentlich bei der kollektiven Regelung der Lohn- und Arbeitsverhältnisse ergeben, sowie die Schlichtung von Streitigkeiten, die mehrere Berufsgruppen zugleich betreffen, ob.
12. Seine Entscheidungen haben für die Arbeitgeber und Arbeitnehmer verbindliche Geltung, wenn sie nicht innerhalb einer Woche von einem der in Frage kommenden beiderseitigen Berufsverbände angefochten werden.
13. Diese Vereinbarungen treten am Tage der Unterzeichnung in Kraft und gelten, vorbehaltlich anderweitiger gesetzlicher Regelung, bis auf weiteres mit einer gegenseitigen dreimonatlichen Kündigung.

Diese Vereinbarung soll sinngemäß auch für das Verhältnis zwischen den Arbeitgeberverbänden und den Angestelltenverbänden gelten.

Vereinigung der Deutschen Arbeitgeberverbände. — Gesamtverband deutscher Metallindustrieller. — Arbeitgeber-Verband für den Bezirk der nordwestlichen Gruppe des Vereins deutscher Eisen- und Stahlindustrieller. — Zechenverband. — Verband deutscher Waggonfabriken. — Arbeitgeberverband der deutschen Textilindustrie. — Berliner Arbeitgeberverband der chemischen Industrie. — Arbeitgeberverband der deutschen Papier-, Pappen-, Zellstoff- und Holzstoffindustrie. — Reichsverband der deutschen Klavierindustrie und verwandter Berufe. — Deutscher Arbeitgeberbund für das Baugewerbe. — Arbeitgeber-Schutzverband deutscher Schlossereien und verwandter Gewerbe. — Bund der Arbeitgeberverbände Berlins. — Zentralverband deutscher Arbeitgeber in den Transport-, Handels- und Verkehrsgewerben. — Schutzverband deutscher Steindruckereibesitzer. — Oberschlesischer Berg- und Hüttenmännischer Verein, Kattowitz. — Verein deutscher Eisen- und Stahl-Industrieller, Hauptvorstand Berlin. — Verein deutscher Eisen- und Stahl-Industrieller, Östliche Gruppe Kattowitz. — Zentralverband der deutschen elektrotechnischen Industrie. — Arbeitgeber-Schutzverband für das deutsche Holzgewerbe. — Arbeitgeber-Verband im Rohrlegergewerbe. — Allgemeiner Deutscher Arbeitgeber-Schutzverband für das Bäckergewerbe.

Generalkommission der Gewerkschaften Deutschlands. — Gesamtverband der christlichen Gewerkschaften Deutschlands. — Verband der deutschen Gewerkvereine (H.-D.). — Polnische Berufsvereinigung. — Arbeitsgemeinschaft der Kaufmännischen Verbände. — Arbeitsgemeinschaft der Angestelltenverbände. — Arbeitsgemeinschaft der technischen Verbände.

Dr. Sorge. Hilger. Hugo Stinnes. Vögler. Beukenberg. Hugenberg. Springorum. von Raumer. von Rieppel. Dietrich. Paul Westermayer. Dr. Tänzler. Avellis. Schreve. Lammers. Paul Mengers. Dr. Emil Francke. Carl Friedr. v. Siemens. Rathenau. Ernst von Borsig. Albert Müller. Henrich. Ernst Purschian. Deutsch. C. Legien. A. Stegerwald. Gustav Hartmann. Hugo Sommer. Dr. Pfirmann. Dr. Hösle.

Die Reichsregierung hat zu diesem Abkommen folgende Verfügung erlassen:

Diesen Vertrag veröffentlichen wir mit dem Ersuchen an die Leiter der Reichsbetriebe, seine Bestimmungen in den von ihnen geleiteten Betrieben zu beachten. Den Leitern der Landes- und kommunalen Betriebe wird das gleiche empfohlen.

Berlin, den 15. November 1918.

Der Rat der Volksbeauftragten.

Satzung für die Arbeitsgemeinschaft der industriellen und gewerblichen Arbeitgeber und Arbeitnehmer Deutschlands.

Durchdrungen von der Erkenntnis und der Verantwortung, daß die Wiederaufrichtung unserer Volkswirtschaft die Zusammenfassung aller wirtschaftlichen und geistigen Kräfte und allseitiges Zusammenarbeiten verlangt, schließen sich die Organisationen der industriellen und gewerblichen Arbeitgeber und Arbeitnehmer zu einer Arbeitsgemeinschaft zusammen.

§ 1. Die Arbeitsgemeinschaft bezweckt die gemeinsame Lösung aller die Industrie und das Gewerbe Deutschlands berührenden wirtschaftlichen und sozialen Fragen, sowie aller sie betreffenden Gesetzgebungs- und Verwaltungsangelegenheiten.

§ 2. Die Organe der Arbeitsgemeinschaft sind:
1. der Zentralvorstand und der Zentralausschuß;

» Zukunft beginnt mit Geschichte

9. Juni 1890 Gründung: Gesamtverband Deutscher Metallindustrieller – Zusammenschluss von 10 Verbänden mit 80 000 Beschäftigten aus Frankfurt, Offenbach, Berlin, Mannheim, Hamburg, Hannover, Braunschweig, Magdeburg, Halle und Leipzig.

15. November 1918 Stinnes-Legien-Abkommen: Die erste Kollektivvereinbarung zwischen 21 gewerblichen und industriellen Arbeitgeberverbänden und sieben Gewerkschaften.
1933 kam es zur Gleichschaltung – faktisch eine Auslöschung – der Gewerkschaften und der Arbeitgeberverbände durch Gründung der Deutschen Arbeitsfront.

1947 » (Wieder-) Gründung: Neuland aus Ruinen

Hätten die Amerikaner 1947 kein Veto gegen die Sozialrechtliche Landesarbeitsgemeinschaft eingelegt, gäbe es den Arbeitgeberverband HESSENMETALL nicht – sondern eine zentralistische Version der BDA, also einen alle Wirtschaftszweige umfassenden Tarif- und Sozialpartner.

21. Mai 1947: Gründungs- und erste Mitgliederversammlung der Sozialrechtlichen Landesarbeitsgemeinschaft in der Frankfurter Börse von acht sozialrechtlichen Fachgemeinschaften: Chemie, Kreditinstitute, Holzindustrie, **Metall** (gegründet am 27. Januar 1947), Nahrungs- und Genussmittelindustrie, Steine und Erden, Textilindustrie und Verkehrsgewerbe.

Oktober 1947: Auflösung, da nicht erwünscht. Vermutlich wollten die Amerikaner keine neue, zentrale Arbeitgebermacht entstehen lassen. Im Gegenzug erlaubten sie Arbeitgeberverbände – für jede Branche.

Neugründung von HESSENMETALL aufgrund der Entscheidung für Branchen-Arbeitgeberverbände

29. Oktober 1947: Wiedergründung des Arbeitgeberverbandes der hessischen Metallindustrie durch 61 Gründungsfirmen.

MEILENSTEINE 1890 BIS 1947

Der Verband startet in einem kleinen Büro mit zweieinhalb Zimmern in der Börse Frankfurt. Erster Hauptgeschäftsführer ist Max von Lützow, ab 1949 übernimmt Wolfgang Eichler. Vorstandsvorsitzender wird Theo Gaertner. Im Juni 1949 erfolgt die Übersiedlung des Arbeitgeberverbandes in das Haus „Englischer Hof" am Frankfurter Hauptbahnhof.

In rascher Folge bildeten die Metallarbeitgeber von 1947 bis 1950 regionale Organisationen – „Bezirksgruppen".

Anfang in beengten Verhältnissen
Das „Büro Lützow", in Frankfurt a. M.

6. Mai 1947: Gründung der Bezirksgruppe Kassel

7. Juni 1947: Gründung der Bezirksgruppe Hanau (kam später zu Offenbach und Osthessen)

29. Oktober 1947: Wiedergründung des Arbeitgeberverbandes der hessischen Metallindustrie

22. Januar 1948: Gründung der Bezirksgruppe Offenbach

31. Juli 1948: Gründung der Bezirksgruppe Darmstadt und Südhessen

10. März 1950: Gründung der Bezirksgruppen Mittelhessen

29. März 1950: Gründung der Bezirksgruppe Wiesbaden (kam später zu Rhein-Main-Taunus)

30. März 1950: Gründung der Bezirksgruppe Frankfurt

» Tarifautonomie – Dauerbrenner bis heute

1951 — **» Der erste Streik der Nachkriegszeit:** Neuland Wiedererschließung Tarifverträge

Zur Aufklärung!

An alle hessischen Metallarbeiter!

Warum sind die Lohnverhandlungen bisher ergebnislos verlaufen?

Weil den Arbeitgebern unnachgiebig erklärt worden ist, daß nur eine Lohnerhöhung von 20 Pfg. pro Stunde die Grundlage der Verhandlungen bilden könne. Nach einem ersten Angebot der Arbeitgeber, die Verdienste der gewerblichen Arbeiter um 2–3 Pfg. pro Stunde zu erhöhen, war eine Fortsetzung der Verhandlungen unmöglich, weil die Gewerkschaft auf ihrer Forderung von 20 Pfg. bestand. Auch die Zusage der Arbeitgeber, eine Verteuerung der Lebenshaltung nicht auf dem Rücken der Arbeitnehmer austragen zu lassen, vermochte eine Annäherung nicht herbeizuführen.

Die Gewerkschaft lehnte auch den Arbeitgebervorschlag ab, zur Erhaltung des sozialen Friedens vor einer neutralen Schiedsinstanz weiter zu verhandeln.

Warum konnten die Arbeitgeber eine Lohnforderung von 20 Pfg. nicht erfüllen?

20 Pfg. Lohnerhöhung muß die Preise unter den gegebenen Verhältnissen auf der ganzen Linie in die Höhe treiben. In wenigen Wochen wird der Arbeiter für den erhöhten Lohn nicht mehr bekommen als für seinen heutigen.

Was ist richtiger?

Sprunghaft die Löhne zu erhöhen, ohne mehr dafür kaufen zu können?

Oder mit tragbaren Lohnzulagen Arbeitsplätze und Preise zu erhalten?

Letzteres Ziel erstrebt die Arbeitgeberschaft und fühlt sich damit gegenüber der Allgemeinheit verantwortlich.

Was nun? Streik?

Für den bestreikten Betrieb und seine Arbeiter werden schwerwiegende Folgen entstehen. Dem Betrieb gehen wertvolle Aufträge verloren. Die Konkurrenzfähigkeit im Export wird in großem Maße gefährdet. Gütererzeugung und Beschäftigung müssen zurückgehen. Die Verringerung der Produktion wird die Preise weiter in die Höhe treiben.

Was soll geschehen?

Streik?

Oder eine neue Lohnvereinbarung auf einer Grundlage, die für beide Teile tragbar ist?

Die Arbeitgeber sind bereit, Lohnerhöhungen durchzuführen, die der Teuerung der Lebenshaltung und der Wirtschaftslage der Metallindustrie Rechnung tragen, ohne die Produktion zu gefährden.

Arbeitgeberverband
der hessischen Metallindustrie e. V.

Arbeitskampf in der hessischen Metallindustrie 1951

1951 gab es den ersten Streik in Hessen und damit auch in der Bundesrepublik. Die IG Metall forderte 8 Pfennig Lohnerhöhung, was blankes Entsetzen auslöste. Der IG Metall-Bezirkschef Hans Eick tönte damals im Hessischen Rundfunk: „Erinnern Sie sich noch der vollen Läden anlässlich der Währungsreform? Erinnern Sie sich auch noch jener Umwertung aller geldlichen Dinge, die Sie am 20. Juni zum armen Menschen gemacht hat, die die Sparer und Rentner enterbte, die Invaliden, Flüchtlinge in den Kreis der Ärmsten zurückwarf? Wirkt es nicht wie bitterer Hohn, wenn angesichts solcher Ausgangsstellung, in der alle einmal arm waren, der einseitig gebildete Reichtum seine ironische Fratze zeigt?“ So die Erinnerung von Dr. Wolfgang Eichler. Die Arbeitgeber waren sich einig, nicht mehr als 2 Pfennig mehr anzubieten.

Daraufhin stand Streik vor der Tür.

August/September 1951: Vierwöchiger Streik in Hessen mit ca. 80 000 Arbeitnehmern. **Trotz einer Intervention des hessischen Ministerpräsidenten Zinn bestehen die hessischen Arbeitgeber auf ihrer verfassungsmäßigen Tarifautonomie.**

Unser tatkräftiges und dynamisches Ehrenamt: Der HESSENMETALL-Vorstand

Ines **Weyand** – Instron GmbH, Darmstadt

Oliver **Barta** – Bosch Thermotechnik GmbH, Wetzlar
VERHANDLUNGSFÜHRER

Uwe **Bartmann** – Siemens AG, Frankfurt am Main

Dr. Ariane Reinhart, Continental AG, Hannover

Wolf Matthias **Mang** – Arno Arnold GmbH, Obertshausen
VORSTANDSVORSITZENDER

Hauptgeschäftsführer Dirk **Pollert** – HESSENMETALL, Frankfurt am Main

Rainer **Welzel** – Siemens AG, Frankfurt

Carsten **Rahier** – sera group, Immenhausen

Nico **Schmäling** – John Crane GmbH, Fulda

Ralph **Wangemann** – Opel Automobile GmbH, Rüsselsheim

FESTE JOBS IN 2 JAHREN
Gemeinsam Kurs halten
ME2012
Starke Betriebe · Gute Jobs · Faire Chancen
+9%
LOHN SEIT 2008 TROTZ KRISE
+200.000
70.000
AZUBIS PRO JAHR – OFT ÜBER BEDARF

ICH WILL!

2 DER URSPRUNG:

Tarifpartei Arbeitgeberverband

Die Tarifautonomie ist eine tragende Säule der sozialen Marktwirtschaft in Deutschland. Durch sie gestalten Tarifvertragsparteien nach Artikel 9 Abs. 3 des Grundgesetzes die Arbeits- und Wirtschaftsbedingungen ohne staatliche Einmischung. Das Ziel der Tarifautonomie ist nicht die hundertprozentige Tarifbindung. Diese hat es in der Geschichte der Tarifautonomie auch nie gegeben. Tarifbindung ist freiwillig. Eine Zwangstarifbindung widerspricht dieser Freiwilligkeit.

Der Tarifvertrag setzt Leitbedingungen

Für die Metall- und Elektro-Industrie hat der Flächentarifvertrag immer noch eine sehr große Bedeutung. Als Tarifvertragspartei wollen wir die Tarifbindung erhalten und stärken: durch Tarifverträge, die die Wettbewerbsfähigkeit der Unternehmen fördern. Aber dazu brauchen wir – bei aller Verschiedenheit der Interessen von Arbeitgebern und Arbeitnehmern – den grundsätzlichen Willen und die Bereitschaft des Tarifpartners IG Metall, den Tarifvertrag weiterzuentwickeln.

Arbeitsbeziehungen und Tarifpolitik

In der Metall- und Elektro-Industrie sind die Flächentarifverträge nach wie vor Leitbedingungen. Die Tarifbindung sinkt zwar auch in der M+E-Industrie – ebenso wie die Zahl der Gewerkschaftsmitglieder –, aber noch immer arbeitet fast die Hälfte aller Beschäftigten bei flächentarifgebundenen Unternehmen. Haustarifverträge erhöhen die Tarifbindung deutlich. Zudem orientieren sich zahlreiche nicht-tarifgebundene Unternehmen an den Regelungen des Flächentarifvertrags.

Tarifbindung und Tariforientierung stützen diese Säule nachhaltig.

Eine Mitgliedschaft ohne Tarifbindung (OT) ist nicht tariffern

Gleichzeitig wissen wir um die Bedeutung der Mitgliedschaft in einem Arbeitgeberverband ohne die Bindung an einen Tarifvertrag. Die OT-Mitgliedschaft wurde in den 90er-Jahren als Ausgleich für die fehlende Verhandlungs- und Arbeitskampfparität zwischen Gewerkschaften und Arbeitgebern geschaffen. Sie ist Ausdruck der im Grundgesetz garantierten negativen Koalitionsfreiheit und heute ein unverzichtbarer Teil des Tarifsystems in der M+E-Industrie. Sie trägt zu dessen Stabilität bei.

OT-Mitgliedschaft bedeutet nicht „Tarifferne". Viele OT-Unternehmen orientieren sich am Flächentarifvertrag oder haben einen eigenen Haustarifvertrag. OT ermöglicht es den Unternehmen, die Regelungen des Flächentarifvertrags je nach Unternehmenssituation anzupassen. Diese Möglichkeit hätten sie innerhalb des Flächentarifvertrags nicht im gleichen Umfang.

Perspektive Tarifvertrag: Heimat für alle Unternehmen

Durch Strukturanpassungen werden künftige Wettbewerbsfähigkeit und Beschäftigung aufgebaut und gesichert. Der Strukturwandel aufgrund von Digitalisierung, Dekarbonisierung und Demografie fordert erhebliche Veränderungen und Investitionen der Unternehmen in einem kurzen Zeitraum. Nur gemeinsam kann Wohlstand erhalten bleiben: Industrie 4.0 braucht Arbeit 4.0.

Als Arbeitgeberverband ist es unser Ziel, den Flächentarifvertrag wieder so attraktiv zu gestalten, dass er eine Heimat für alle Unternehmen der M+E-Industrie sein kann.

Es gilt, den Flächentarifvertrag an unterschiedliche Bedingungen in den Unternehmen – sei es aufgrund ihrer Branche, ihres örtlichen Umfelds oder ihrer Größe – anzupassen. Dazu wird er, je weiter der Strukturwandel voranschreitet, immer mehr die Heterogenität abbilden müssen.

Die Veränderungen in Technologie und Arbeitsabläufen erfordern bewegliche Rahmenbedingungen. Die Tarifparteien können sie gestalten.

2004 – ein Jahr der tarifpolitischen Weichenstellungen

Im Jahr 2004 wurden gleich zwei wegweisende Tarifverträge verhandelt und in Kraft gesetzt.

Der „Pforzheimer Abschluss" hat Modellcharakter und bringt die Öffnung für zahlreiche betriebliche Gestaltungsmöglichkeiten und Tarifvertrag-Abweichungen zur Zukunftssicherung von Betrieben.

Das Entgeltrahmenabkommen ERA machte aus den bisher zwei in den Betrieben existieren-

Martin Kannegiesser, der Architekt des „Pforzheimer Modells" mit seinen Öffnungsklauseln im Tarifvertrag den Tarifwelten, die für Arbeiter Lohnklassen und für Angestellte Gehaltsklassen definierten, eine einheitliche Tarifwelt, die Entgeltklassen einführte. ERA umfasst zahlreiche neue Möglichkeiten durch Öffnungs- oder Kleinbetriebsklauseln sowie für Leistungsentgelte mit Zielvereinbarung.

Diese beiden Tarifverträge aus dem Jahr 2004 zeigen die Anpassungsfähigkeit des Flächentarifvertrags, wenn beide Tarifparteien den gemeinsamen Willen zu einer größeren Reform haben und den mühsamen Weg zur Kompromissfindung bis zum Ende durchhalten.

Am 6. Juli 2004 war es soweit: IG Metall und M+E Arbeitgeber Mitte verabschiedeten das „Jahrhundertwerk" Entgelt-Rahmen-Abkommen (ERA).

ERA
EntgeltRahmenAbkommen

Heinrich A. Fischer (Bild links 2. v. r.), Verhandlungsführer von M+E MITTE: „Das neue Entgeltsystem macht die Bezahlung gerechter und orientiert sich stärker an Leistung. Dadurch wird die Branche wettbewerbsfähiger."

Entgeltrahmenabkommen M+E MITTE 2004: Der besiegelnde Handschlag mit Dr. Klaus Mehrens, IG Metall Mitte

Tarifpolitische Stationen seit 1984

Auf dem Weg zu mehr Flexibilität und betrieblichen Gestaltungsmöglichkeiten

Seit 1984/85 sind Flexibilisierungs- und Differenzierungselemente in den Flächentarifverträgen verankert. Dabei begannen die 80er-Jahre mit Stagnation und steigender Arbeitslosigkeit. Als Rezept setzte die IG Metall auf Arbeitszeitverkürzung, diesmal nicht zur Wohlstandsmehrung, sondern zur Beschäftigungsverteilung.

Sieben Wochen Streik

Im Frühjahr/Sommer 1984 gab es einen siebenwöchigen Streik um die 35-Stunden-Woche in Hessen – mit zehntausenden Beschäftigten der Metall- und Elektro-Industrie. Grund war die Forderung der IG Metall nach einer Reduktion der Wochenarbeitszeit von 40 auf 35 Stunden. Die Verhandlungspartner einigten sich auf eine stufenweise Reduktion der seitdem individuellen Wochenarbeitszeit auf durchschnittlich 38,5 Stunden und in der Folge auf weitere Absenkungsschritte.

1995 hatte die IG Metall dann das Ziel der 35-Stunden-Woche im Tarifvertrag als Grundsatz erreicht. Im Gegenzug wurde vereinbart,

für einen bestimmten Anteil der tariflichen Beschäftigten weiterhin an Wochenarbeitszeiten von bis zu 40 Stunden festzuhalten. Auch wurden Öffnungsklauseln zur betrieblichen Regelung einer ungleichmäßigen Verteilung der wöchentlichen Arbeitszeit vereinbart, damit die Unternehmen flexibel auf unterschiedliche konjunkturelle Auslastungen reagieren können.

Zusätzliche Option: Mitgliedschaft ohne Tarifbindung

Als Reaktion auf die abgeschlossene Einführung der 35-Stunden-Woche und auf von den Arbeitgebern als unbefriedigend empfundene Tarifabschlüsse führten M+E-Arbeitgeberverbände ab 1995 die Mitgliedschaft ohne Tarifbindung ein. Sie ist die am weitesten gehende Form der Flexibilisierung, um damit auch Unternehmen, die die tariflichen Bedingungen nicht oder nicht mehr ganz oder teilweise stemmen können, eine Interessenvertretung und verbandliche Heimat zu geben.

Die Einführung dieser Form der Mitgliedschaft war letztlich auch Ergebnis der sich durch Rechtsprechung und sich wandelndes Verständnis der Arbeitgeber-Arbeitnehmer-Beziehungen beständig deutlich zu Ungunsten der Arbeitgeberseite verschiebenden Risikoverteilung beim Arbeitskampf.

Tarifverträge mit Flexi- und Differenzierungs-Elementen

Die sich im weiteren Verlauf zunehmend herausstellende unterschiedliche wirtschaftliche Entwicklung einzelner Branchen der M+E-Industrie und selbst einzelner Unternehmen innerhalb dieser Branchen zur gleichen Zeit ist wesentlicher Grund für das beständige Bestreben der Arbeitgeberseite in den Verhandlungen, Flexibilisierungsinstrumente und Differenzierungselemente in den Tarifverträgen zu verankern. Ziel ist es, dass die Unternehmen in Abhängigkeit von ihrer jeweiligen spezifischen Situation passgenaue Regelungen finden.

» 1984

Es gilt nun eine individuelle wöchentliche Arbeitszeit, ohne einheitliche Vollzeit. Im Betriebsdurchschnitt sind es nur noch 38,5 Stunden. Die Arbeitszeit des einzelnen Arbeitnehmers kann zwischen 37 und 40 Wochenstunden betragen. Durch die Differenzierung kann die Arbeitszeit ungleichmäßig verteilt werden. Per Flexibilisierung sind ein Verteilungszeitraum von zwei Monaten oder die Einführung von Freischichten möglich.

» 1987

Eine breitere Differenzierung lässt den Verteilungszeitraum auf sechs Monate steigen. Die Einführung des Monatslohns ist nur fakultativ – mit betrieblicher Abweichungsmöglichkeit.

» 1990

Ausgehandelt wurde die 40er-Regelung, durch die bis zu 13 Prozent der Tarifarbeitnehmer 40 Stunden arbeiten können – eine weitere Flexibilisierung.

» 1993

Die Härtefallklausel Ost besagt, dass bei wirtschaftlichen Schwierigkeiten die tariflichen Mindestnormen durch die Tarifparteien für einzelne Betriebe herabgesetzt werden können.

» 1994

Die verbesserte 40er-Regelung bringt einen auf zwölf Monate erweiterten Ausgleichszeitraum. Zudem ist die kollektive Absenkung der Arbeitszeit ohne bzw. mit Teillohnausgleich möglich.

» 1996/97

Der Teillohnausgleich entfällt. Machbar sind betriebsindividuelle Regelungen von Sonderzahlungen in Abhängigkeit von Fehlzeiten. Die IG Metall bekennt sich zu betrieblichen Sonderregelungen bei wirtschaftlichen Schwierigkeiten.

» 1997

Der Altersteilzeittarifvertrag bringt eine grundsätzliche Freiwilligkeit und weitgehende Abweichungsmöglichkeiten für Betriebe.

» 2001

Im Tarifvertrag wird die Entgeltumwandlung mit freier Wahl des Arbeitgebers hinsichtlich des Durchführungsweges und freier Wahl des Arbeitnehmers auch über das „Ob“ festgeschrieben. Das gemeinsame Versorgungswerk „MetallRente“ wird gegründet.

» 2004

Der „Pforzheimer Abschluss“ bringt die Öffnung für zahlreiche betriebliche Gestaltungsmöglichkeiten und tarifvertragliche Abweichungsmöglichkeiten zur Zukunftssicherung von Betrieben.

Das Entgeltrahmenabkommen ERA umfasst zahlreiche neue Möglichkeiten durch Öffnungs- oder Kleinbetriebsklauseln sowie für Leistungsentgelte mit Zielvereinbarung.

» 2006

An die Stelle der „Vermögenswirksamen Leistungen“ treten durch den Tarifvertrag „Altersvorsorgewirksame Leistungen“ mit Öffnung hin zur arbeitgeberfinanzierten betrieblichen Altersvorsorge. Entgelterhöhungen sind differenzierbar. Einmalzahlungen können zwischen 0 und 620 Euro liegen.

» 2007

Es gilt nun die Verschiebbarkeit der zweiten Stufe der Tariferhöhung sowie die Differenzierung des Konjunkturbonus von 0,7 Prozent.

» 2008

Die Krise beantworten die Tarifpartner mit einem Tarifabschluss, der den Unternehmen angemessene Reaktionsmöglichkeiten bietet. Die zweite Tariferhöhungsstufe ist um maximal sieben Monate verschiebbar. Ausgehandelt wurde eine ratierliche Kürzung des Einmalbetrages um 122 Euro. Der neue „Tarifvertrag zum flexiblen Übergang in die Rente" (TV FlexÜ) bringt modifizierte Altersteilzeit und betrieblich auswählbare Demografie-Elemente. Qualifizierungsmaßnahmen in der Kurzarbeit werden tariflich flankiert.

» 2010

Der Tarifvertrag „Zukunft in Arbeit" (TV ZiA) beinhaltet neue Instrumente zur Beschäftigungssicherung, so die Verschiebbarkeit der Tariferhöhung ab 1. April 2011 um zwei Monate nach vorne oder nach hinten.

» 2012

Ab dem 1. Mai 2012 erhöhen sich die Tariftabellen um 4,3 Prozent. Die Gesamtlaufzeit beträgt 13 Monate vom 1. April 2012 bis zum 30. April 2013. Die Kostenbelastung beträgt 3,43 Prozent für das Kalenderjahr 2012 oder 4,0 Prozent für die Gesamtlaufzeit von 13 Monaten.

Zudem wird die Pflicht zur Übernahme von Auszubildenden neu geregelt:

Arbeitgeber und Betriebsrat können zu Beginn der Ausbildung eine freiwillige Betriebsvereinbarung abschließen, in der der voraussichtliche Bedarf an Auszubildenden, die unbefristet übernommen werden, festgelegt wird. Für die darüber hinaus gehende Zahl an Auszubildenden besteht keine Übernahmepflicht. Kommt die freiwillige Betriebsvereinbarung nicht zustande, legt der Arbeitgeber – nach Beratung des Bedarfs mit dem Betriebsrat – spätestens sechs Monate vor Ausbildungsende fest, wie viele Auszubildende er nach bestandener Abschlussprüfung unbefristet übernimmt; die übrigen Auszubildenden haben einen Anspruch auf eine Übernahme von zwölf Monaten.

Es gilt zudem ein Tarifvertrag zum Einsatz von Zeitarbeitnehmern: Der Einsatzbetrieb muss nach dem 18. Monat der Überlassung prüfen, ob eine Übernahme des Zeitarbeitnehmers möglich ist. Mit Ablauf des 24. Monats der Überlassung muss der Einsatzbetrieb dem Zeitarbeitnehmer ein Übernahmeangebot machen. Diese Verpflichtungen bestehen nicht, wenn im Betrieb eine freiwillige Betriebsvereinbarung die Zeitarbeit regelt, wobei der Tarifvertrag keine wesentlichen Vorgaben zu den möglichen Inhalten der Betriebsvereinbarung macht.

» 2015

Zum 1. April 2015 erhalten die Beschäftigten der Metall- und Elektro-Industrie um 3,4 Prozent erhöhte Tabellenentgelte. Der Tarifabschluss hat eine Gesamtlaufzeit von 15 Monaten – vom 1. Januar 2015 bis zum 31. März 2016. Dabei sind die ersten beiden Monate des Tarifabschlusses, also Januar und Februar 2015, sogenannte Nullmonate. Im März 2015 wird eine Einmalzahlung in Höhe von 150 Euro geleistet. Auszubildende erhalten 55 Euro.

Der „Tarifvertrag zum flexiblen Übergang in die Rente" (TV FlexÜ) tritt am 1. April 2015 in Kraft und läuft bis zum 31. Dezember 2021. Zur Entlastung der Unternehmen und um die betriebliche Umsetzung der tarifvertraglichen Regelungen zu gewährleisten, gilt der TV FlexÜ erst ab dem 1. Januar 2016 – also nach Ablauf einer Übergangsfrist – zwingend. Die Finanzierung der Altersteilzeit wird zukünftig in einem neuen „Tarifvertrag Anspruchsvoraussetzungen (TV AVo)“ geregelt.

Im Bereich der Weiterbildung gab es vor der Tarifrunde teilweise regional unterschiedliche Regelungen. Dieser Sondersituation wurde mit dem aktuellen Tarifabschluss Rechnung getragen. Dennoch konnte für die meisten Regionen eine einheitliche Lösung gefunden werden. Es ist gelungen, die bisher bestehenden und von der Gewerkschaft aufgekündigten Regelungen zur betrieblich notwendigen Weiterbildung in allen Regionen nahezu unverändert wieder in Kraft zu setzen.

» 2016

Bei Betrieben in einer schwierigen wirtschaftlichen Lage können die Tarifparteien vor Ort die für Juni 2016 verabredete Einmalzahlung als „Wettbewerbskomponente“ verschieben oder auf null reduzieren und die Tariferhöhungen der zweiten Stufe um drei Monate verschieben.

» 2018

Eine dauerhafte Sonderzahlung TZUG (A) von 27,5 Prozent eines Monatsentgelts wird eingeführt. Für bestimmte Beschäftigtengruppen ist sie umwandelbar in freie Tage (Wahloption Geld oder Zeit). TZUG (B) von 12,3 Prozent der E 5 ist mit Zustimmung der Tarifparteien differenzierbar. Beide neuen Einmalzahlungen erhöhen das Volumen, das in ergänzenden Tarifverträgen dafür vorgesehen ist, können aber bei wirtschaftlichen Schwierigkeiten zeitlich befristet entfallen.

Mehr Flexibilität beim Arbeitszeitvolumen entsteht für die Betriebe durch höhere Quoten und Volumenmodelle sowie Auszahlungsmöglichkeiten. Es gelten Rahmenbedingungen für freiwillige Betriebsvereinbarungen zum mobilen Arbeiten.

» 2020

Neue tarifliche Instrumente betreffen die Abfederung sozialer Härtefälle bei Kurzarbeit, die

„Der Wert der Tarifautonomie und des Flächentarifvertrags wurde von Politik, Gewerkschaften und Arbeitgeberverbänden 2018 im Rahmen des 100-jährigen Jubiläums des Stinnes-Legien-Abkommens erneut bekräftigt.“

Höptner, Lesch u. a., Tarifautonomie und Tarifgeltung, Berlin 2021, S. 398

Tarif-Geschäftsführer Peter Hampel empfängt in den Tarifrunden regelmäßig Besuch der IG Metall Frankfurt im Haus der Wirtschaft Hessen

Bewältigung von Engpässen in der Kinderbetreuung wegen Schul- und Kita-Schließungen und den Umgang mit Beschäftigungsausfällen im Solidartarifvertrag. Der auf freiwilliger betrieblicher Basis umsetzbare Tarifvertrag ZiA (Zukunft in Arbeit) aus dem Krisenjahr 2010 wird modifiziert wieder in Kraft gesetzt.

» 2021

Die Sonderzahlung „Transformationsgeld" umfasst 18,4 Prozent des Monatsentgelts im Februar 2022 und 27,6 Prozent des Monatsentgelts jährlich ab Februar 2023. So können monatliche Entgeltausfälle bei einer kollektiven Arbeitszeitabsenkung kompensiert werden. TZUG (B) wird im Oktober fällig und kann in Abhängigkeit vom Unternehmensergebnis vom Arbeitgeber um fünf Monate verschoben werden und unter bestimmten Voraussetzungen auch ganz entfallen. Damit wurde mit der Gewerkschaft erstmals ein automatisch wirksamer Entlastungsmechanismus für krisenbetroffene Betriebe vereinbart.

» 2022

Die Tarifparteien vereinbaren den Tarifvertrag Fahrradleasing und öffnen damit den Weg für ein modernes Instrument der Mitarbeiterbindung. Damit können Beschäftigte tarifliches Entgelt für die Nutzung eines vom Arbeitgeber zur Verfügung gestellten Fahrrades umwandeln.

Tarifbindung und Tariforientierung – die Optionen für Unternehmen

Mitte der 90er-Jahre führten die Arbeitgeberverbände die Mitgliedschaft ohne Tarifbindung ein. Ein Paradigmenwechsel als Antwort unter anderem auf die abgeschlossene Einführung der 35-Stunden-Woche im Oktober 1995. Grund war und ist, dass damit auch sogenannte OT-Unternehmen, die die tariflichen Bedingungen nicht oder nicht mehr ganz oder teilweise stemmen können, über eine Interessenvertretung und verbandliche Heimat verfügen – und gleichwohl die Leitbedingungen des Flächentarifvertrags wenigstens kennen und als Orientierung nutzen können.

Für die Arbeitgeberseite stellt die OT-Mitgliedschaft die am weitesten gehende Form der Flexibilisierung dar. Diese spezielle Mit-

DIE ANFÄNGE: 1918

Das Stinnes Legien Abkommen vom 15. November 1918 war die erste Kollektivvereinbarung zwischen 21 gewerkschaftlichen und industriellen Arbeitgeberverbänden und sieben Gewerkschaften – benannt nach den Verhandlungsführern, dem Industriellen Hugo Stinnes und dem Gewerkschaftsvorsitzenden Carl Legien. Mit dem Abkommen gaben sich die Tarifvertragsparteien einen autonomen Status, der anschließend durch den Staat bestätigt wurde.

Die Erfinder des Flächentarifvertrages: links: Hugo Stinnes; rechts: Carl Legien

gliedschaft ist letztlich auch die Reaktion auf die durch Rechtsprechung und veränderte Arbeitgeber-Arbeitnehmer-Beziehungen entkräftete Position der Arbeitgeberseite bei Tarifentscheidungen. Dennoch zeigen Flächentarifverträge und Branchentarife Wirkung – die Orientierung an diesen jeweils kompetent und aufwendig ausgehandelten Ergebnissen der Tarifparteien ist unumstritten. Diese strahlen auch auf viele nicht tarifgebundene Unternehmen aus.

Dies ist das Ergebnis der Untersuchung „Tarifautonomie und Tarifgeltung: Die Legitimation und Legitimität der Tarifautonomie im Wandel der Zeit" von Clemens Höpfner, Hagen Lesch und anderen im Auftrag von Gesamtmetall 2022.

Die zentrale Position der Autoren: Es gibt nicht nur eine Form der Tarifbindung, sondern mehrere: neben dem Branchen- resp. Flächentarifvertrag auch Haustarifverträge und unterschiedliche Formen der Tariforientierung, etwa die Orientierung an einzelnen Teilen des Tarifvertrags, zum Beispiel am Entgelt.

Die Ergebnisse haben der Tarifpolitische Ausschuss und der Mitgliederrat von HESSENMETALL in ihrer Sitzung vom 29. Februar 2022 mit **Dr. Hagen Lesch, Leiter des Kompetenzfelds Tarifpolitik und Arbeitsbeziehungen beim Institut der deutschen Wirtschaft Köln**, in Frankfurt eingehend diskutiert. Am 14. Juni 2022 haben der Tarifpolitische Ausschuss und der Mitgliederrat von HESSENMETALL Mittelhessen beim Mitgliedsunternehmen Hexagon Manufacturing Intelligence, Wetzlar, die Erfahrungen der Praktiker aus dem Unternehmen mit Hagen Lesch geteilt und in einer Podiumsdiskussion vertieft.

Branchentarifvertrag verliert

Im Jahr 2020 waren 43 Prozent aller Beschäftigten in den Betrieben an einen Branchentarifvertrag gebunden und weitere 9 Prozent an einen Haustarif. 23 Prozent orientierten sich an einem Tarifvertrag. Immerhin ein Viertel aller Unternehmen waren 2021 weder an einen Tarifvertrag gebunden noch orientierten sie sich daran.

Während der Anteil der Haustarifverträge leicht und der Anteil der Tariforientierung deutlich wachsen, sinkt der Anteil der Branchentarifverträge doch erheblich. Grundsätzlich bleibt festzuhalten: Für 75 Prozent der Beschäftigten in den Unternehmen entfaltet der Tarifvertrag seine teilweise oder vollständige standardisierende Wirkung.

Dieselbe Tendenz, aber natürlich auf niedrigerem Niveau, zeichnet sich ab, wenn man auf die Betriebe, nicht auf die Beschäftigten schaut.

Grund dafür ist, dass die Tarifbindung bei größeren Unternehmen ausgeprägter ist als bei kleineren.

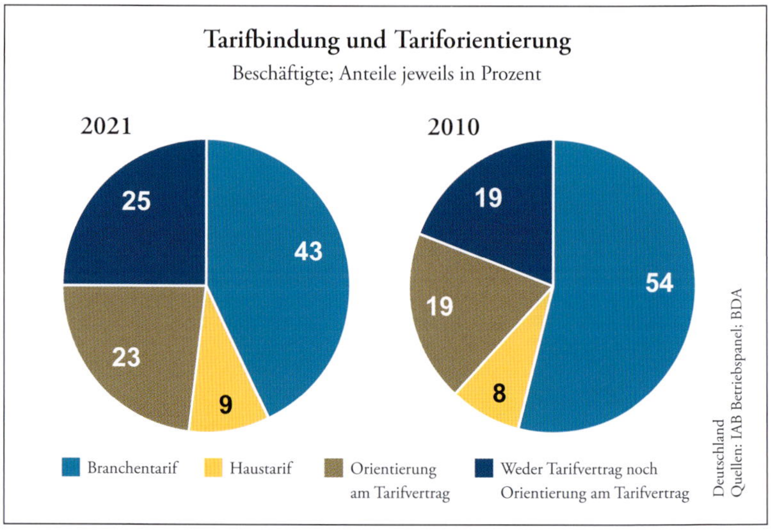

Ost und West: ähnliche Ansätze

Größere Betriebe sind grundsätzlich häufiger tarifgebunden als kleinere – dies gilt für die Tarifbindungspräferenzen in West und Ost. Im Durchschnitt lag die Tarifbindung bei den Betrieben im Jahr 2020 im Westen bei 28 und im Osten bei 19 Prozent. Es fällt auf, dass im Westen nicht nur die Tarifbindung insgesamt mit der Betriebsgröße zunimmt, sondern auch die Branchen- und Firmentarifbindung. Im Osten ist dieser Zusammenhang bis auf wenige Ausnahmen auch zu finden – allerdings auf einem niedrigeren Niveau.

Die größte Gruppe der Betriebe, die sich am Tarifvertrag orientieren, übernimmt das Tarifentgelt.

In Westdeutschland orientieren sich immerhin noch 23 Prozent weitgehend am Tarifvertrag, in Ostdeutschland sind es aber nur 13 Prozent.

Als wichtigste Gründe für die Tarifbindung nannten die teilnehmenden Unternehmen Tradition sowie das gesicherte Funktionieren der Wertschöpfung durch die Friedenspflicht. Wichtig war zwei Dritteln der Befragten aber auch, dass sie in der Solidarität der Verhandlungsgemeinschaft weniger erpressbar sind und die Kosten der Verhandlungen deutlich gerin-

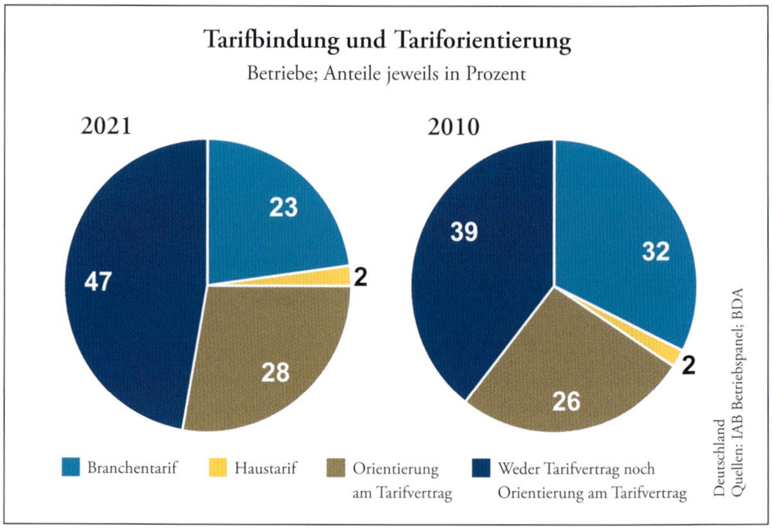

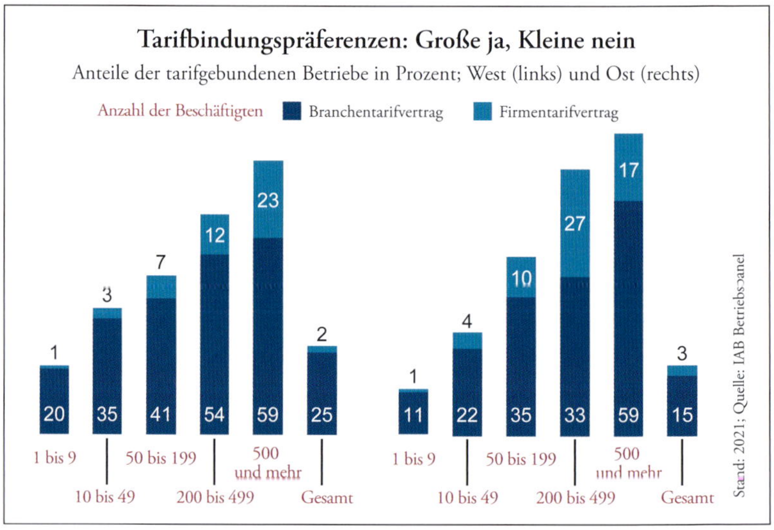

Abbildungen S. 44: Aus den Präsentationen von Dr. Hagen Lesch, IW Köln, am 14. Juni 2022

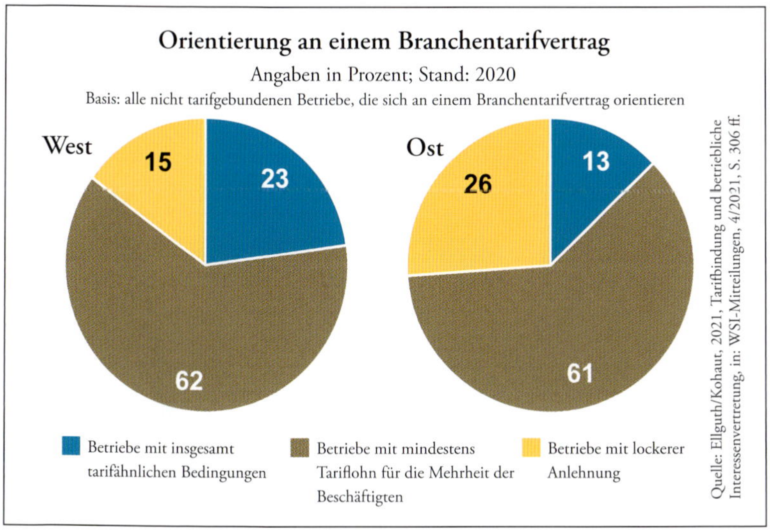

Abbildungen S. 45: Aus den Präsentationen von Dr. Hagen Lesch, IW Köln, am 14. Juni 2022

ger sind, als wenn Einzelverhandlungen mit den Arbeitnehmern zu führen wären, und dass sie eine sichere Planungsgrundlage haben.

Es gibt drei unterschiedliche Formen der Tarifbindung – und die weitgehende oder teilweise Orientierung am Tarifvertrag gehört dazu.

Durch OT-Mitglieder: Zahl der Beschäftigten erhöht

Die Arbeitgeberverbände der M+E-Industrie konnten durch die Einführung der OT-Mitgliedschaft ihre Mitgliederzahlen weitgehend stabil halten – bei der Zahl der Beschäftigten in den T- und OT-Mitgliedsunternehmen sogar deutlich steigern. HESSENMETALL organisiert die T- und OT-Mitgliedsunternehmen in ein und demselben Verband.

Es zeigt sich, dass seit 2005 mehr Betriebe in die OT-Verbände eintraten als Betriebe aus den Tarifverbänden austraten. Dadurch entstand nicht nur ein positiver Saldo – inzwischen hat die Mitgliederzahl in den OT-Verbänden die Mitgliederzahl in den Tarifträgerverbänden sogar übertroffen. Der bis zum Jahr 2010 anhaltende Trend einer rückläufigen Beschäftigtenzahl kehrte sich sogar um. Im Jahr 2010 beschäftigten die in den Tarifträgerverbänden organisierten Mitgliedsfirmen insgesamt 1,69 Millionen Arbeitnehmer – 2019 waren es 1,91 Millionen.

2019 gab es in den OT-Verbänden knapp 605 000 Beschäftigte. Coronabedingt gingen die Zahlen in 2020 leicht zurück. Die OT-Mitgliedschaft in Arbeitgeberverbänden zeigt, dass die Verbandsmitgliedschaft als solche für viele Arbeitgeber ungebrochen attraktiv ist. Zu berücksichtigen ist schließlich, dass OT-Mitgliedschaften auch einen wichtigen Beitrag zur Stabilisierung der Tarifautonomie leisten.[1]

Fazit: Ausstrahlung funktioniert

Grundsätzlich ist festzuhalten: Branchentarifverträge verlieren an Bindungs- und Normierungskraft. Es findet ein Rückzug aus der Tarifbindung statt – die klassischen Vorteile der Mitgliedschaft in einer Arbeitgebervereinigung verlieren an Bedeutung. Dagegen ermöglichen Öffnungsklauseln mehr Flexibilität und sind nah an gelebter Praxis.

Dennoch strahlen Branchentarifverträge über die formale Tarifbindung hinaus, denn ein gutes Viertel aller tariffreien Betriebe orientiert sich am Branchentarifvertrag. Davon halten sich gut 20 Prozent eng daran, weitere 60 Prozent lehnen sich stark am Tarifvertrag an.

Tarifbindung ist heterogen. Der Blick allein auf die statistisch gemessene Tarifbindung ist nicht ausreichend und übersieht die Orientierungsfunktion der ausgehandelten Tarifentscheidungen.[2, 3]

Was erfolgreiche Tarifverträge zukünftig bieten müssen

„Wie muss sich der Tarifvertrag verändern, um künftig wieder mehr Unternehmen in die Tarifbindung zu holen?"

Eine Diskussion in Wetzlar

Im Juni 2022 fand in den Räumen der Firma Hexagon Manufacturing Intelligence in Wetzlar eine muntere Diskussion mit dem Mitgliederrat und dem Tarifpolitischen Ausschuss der Bezirksgruppe Mittelhessen von HESSENMETALL statt, die zu den Befunden des IW die praktische Frage zu beantworten versuchte „Wie muss sich der Tarifvertrag verändern, um künftig wieder mehr Unternehmen in die Tarifbindung zu holen?"

Teilnehmer waren Oliver Barta, Personalleiter von Bosch Thermotechnik in Wetzlar und Verhandlungsführer HESSENMETALL, Moderator Peter Hampel, stellvertretender HESSENMETALL Hauptgeschäftsführer, Dr. Hagen Lesch vom Institut der deutschen Wirtschaft (IW), und Dr. Torsten Müller-Kramp, Geschäftsführer Abicor Binzel. Grundlage des Gesprächs waren der Impulsvortrag von Dr. Lesch: Mitgliedschaft ohne Tarifbindung – eine interessante Option für Unternehmen.

Der Moderator: Peter Hampel

Peter Hampel: Wir haben einen sehr guten Überblick über die statistische Entwicklung der Tarifbindung in den vergangenen Jahren erhalten. Ist es richtig angesichts dieser Zahlen von einer Tarifflucht zu sprechen?

Dr. Hagen Lesch: Ich würde nicht unbedingt den Begriff „Flucht" verwenden, aber tatsächlich ist die Entwicklung der letzten Jahre markant. Auch wenn inzwischen die klassi-

„Eine kluge und vorrausschauende Tarifpolitik, die mit Öffnungsklauseln, Modularität und Entgeltkorridoren hinreichend Raum für betriebliche Lösungen lässt, kann für die (Voll-)Mitgliedschaft von Arbeitgebern werben."

Höpfner u. a., S. 399

Dr. Torsten Müller-Kramp

schen tarifgebundenen Unternehmen im Flächentarif von einer Vielzahl anderer Betriebe flankiert werden, die sich an den tariflichen Regelungen orientieren, sinkt die Tarifbindung insgesamt. Wir müssen entgegensetzen, dass diese Entwicklung deutlich und in gleichem Maße auf der Arbeitnehmerseite zu erkennen ist, denn auch dort ist der konstante Schwund an Gewerkschaftsmitgliedern offensichtlich.

Peter Hampel: Insgesamt gibt es ein gewaltiges Spannungsfeld zwischen der dem Tarifvertrag zugeschriebenen gesamtpolitischen Verantwortung und den individuellen Bedürfnissen in den Betrieben: Ist das für die Tarifautonomie eine große Bürde?

Oliver Barta: Die Tradition des Tarifvertrages und die politische Bedeutung sind für die Unternehmen nur nebensächliche Argumente. Denn auch wir Arbeitgeber sehen den Wert von tariflichen Regelungen klar bei der Sozialpolitik. Einfach gesagt: Ein gutes und funktionierendes Betriebsklima ist wichtig und dabei spielen Beschäftigungsbedingungen vor Ort in den Firmen eine zentrale Rolle.

Dr. Torsten Müller-Kramp: Wir müssen darüber nachdenken, welche Folgen es hat, wenn sich immer weniger Unternehmen an Flächentarifverträgen beteiligen: Das System würde irgendwann verschwinden. Die Gründe, aus denen wir weiter tarifgebunden arbeiten wollen, sind offensichtlich: Der Tarif gibt uns bei den Verhandlungen mit unserem Betriebsrat immer Rückendeckung. Ohne eine solche Basis, welche die Rahmenbedingungen für beide Seiten definiert, ist eine Lösungsfindung zwischen Arbeitgebern und Arbeitnehmern oft schwierig. Und natürlich hilft gerade in Zeiten des Fachkräftemangels die Anwendung des Tarifvertrags bei der Werbung neuer Mitarbeiterinnen und Mitarbeiter.

Der Verhandlungsführer: Oliver Barta

Komplexität führt zu Unverständnis

Peter Hampel: Dem Tarifvertrag wird häufig nachgesagt, er sei zu teuer. Inzwischen hören wir auch immer wieder, dass das Vertragswerk zu komplex sei. Aber wird das gesamte Leben nicht komplexer und der Tarifvertrag

POLITIK: ZWANG IST KONTRAPRODUKTIV

Die Politik hat wiederholt vergeblich versucht, den Abwärtstrend bei der Tarifbindung aufzuhalten. So hat die damalige Bundesregierung mit dem Tarifautonomiestärkungsgesetz von 2014 nicht nur den allgemeinen gesetzlichen Mindestlohn eingeführt, sondern auch geregelt, dass Tarifverträge in einer Branche schon dann für allgemeinverbindlich erklärt werden können, wenn ein „konkretisiertes öffentliches Interesse" besteht. Das Problem ist, dass die gewählten Instrumente nicht an der eigentlichen Ursache der rückläufigen Tarifbindung ansetzen: der Fähigkeit der Tarifvertragsparteien, ihre Mitgliederbasis zu stärken.

Die amtierende Bundesregierung setzt erneut darauf, in die Kompetenzen der Tarifvertragsparteien einzugreifen. Der Koalitionsvertrag sieht vor, die öffentliche Auftragsvergabe des Bundes an die Einhaltung eines repräsentativen Tarifvertrags zu binden. Doch wenn der Staat die Tarifgeltung auf diese Weise ausweitet, beschleunigt er die Erosion der Tarifautonomie, weil dadurch für die vom Tarifvertrag erfassten Arbeitnehmer jeglicher Anreiz entfällt, in eine Gewerkschaft einzutreten.

Die Politik sollte sich stattdessen darauf beschränken, negative Anreize für die Mitgliedschaft in einer Gewerkschaft oder einem Arbeitgeberverband zu beseitigen. So wäre es sinnvoll, wenn Gewerkschafter ihre Mitgliedsbeiträge leichter von der Einkommensteuer absetzen könnten. Alternativ könnte der Staat für Beschäftigte, die nicht Mitglied einer Gewerkschaft sind, aber von einem Tarifvertrag profitieren, Solidaritätsbeiträge einführen.

Um die Bereitschaft der Betriebe zu einer Tarifbindung zu erhöhen, sollte die im Tarifvertragsgesetz vorgeschriebene Nachbindung entfallen. Sie legt fest, dass laufende Tarifverträge in einem Unternehmen selbst dann noch gelten, wenn es aus einem Arbeitgeberverband austritt. Das wirkt vor allem bei Manteltarifverträgen, in denen Arbeitszeiten, Zuschläge oder Sonderzahlungen geregelt werden, wie eine Fessel und führt dazu, dass sich insbesondere neu gegründete Firmen von vornherein nicht tariflich binden wollen.

vollzieht diese Entwicklung nur nach? Anders formuliert: Ist der Tarifvertrag ein Opfer gesellschaftlicher Entwicklungen?

Oliver Barta: Ganz ehrlich? Der Tarifvertrag wird regelmäßig schlechter gemacht, als er bei Anwendung wirklich ist. Schließlich reden wir von einem Werk, an dem wir immer wieder arbeiten und feilen. Leider führt das – wie in unserem Fall – nicht immer dazu, dass es auch tatsächlich besser wird. Allerdings versuchen wir als Verband aktuell, die so wichtige Balance zwischen den Zielgruppen Großkonzernen und KMU im Blick zu behalten und gleichzeitig den Tarif wieder einmal grundsätzlich aufzuräumen und besser verständlich zu machen. Bei den letzten Verhandlungsrunden war die Umsetzung am Ende dann leider für zu viele Unternehmen zu schwierig, zumal auch in den Personalabteilungen häufig aufgrund des Fachkräftemangels Kapazitäten fehlen. Komplexität wollen aber weder wir Arbeitgeber noch die Arbeitnehmer. Hier müssen wir einfach erfolgreicher sein, dann sind die Unternehmen auch mit dem Tarifvertrag wieder zufriedener.

Dr. Torsten Müller-Kramp: Ich sehe das ähnlich. Wir hatten in der Vergangenheit Schwierigkeiten, den eigenen Mitarbeiterinnen und Mitarbeitern nachvollziehbar zu erklären, was sie tatsächlich individuell verdienen. Das System aus Grundentgelt, Zulagen, TZUG A und B und Sonderzahlungen ist einfach zu komplex. Der Tarif wird daher von manchen alleine deswegen schon nicht mehr so wertgeschätzt, weil ihnen das Verständnis für die Regelungen fehlt.

Peter Hampel: Die Schwächen einzelner Instrumente, wie beispielsweise dem TZUG A, haben wir inzwischen umfassend analysiert und unsere Lehren aus den Rückmeldungen der Betriebe gezogen. Doch wie ist die Einschätzung der Regelungen, die eigentlich den Arbeitgebern helfen sollten, beispielsweise die Möglichkeiten bei den 40-Stündlern?

Dr. Torsten Müller-Kramp: Ich persönlich habe das Gefühl, dass seit den letzten tariflichen Regelungen bei dem Thema relativ viel Ruhe eingekehrt ist. Wir haben bei uns im Betrieb vernünftige Regelungen gefunden und arrangieren uns mit dem Betriebsrat.

Dr. Hagen Lesch

Innovativ in die T-Zukunft

Peter Hampel: Welche Änderungen könnten den Tarifvertrag wieder vermehrt auch für die OT-Unternehmen attraktiv machen?

Oliver Barta: Ich denke, wir müssen stetig innovativer werden. Denn heutzutage können Tarifverträge nicht mehr nur starre Langzeitvereinbarungen zu Entgelt oder Arbeitszeit sein. Bei jedem Tarifabschluss bedarf es der Berücksichtigung der Wettbewerbsfähigkeit unserer Industrie. Hierfür müssen wir besonders Themencluster wie Flexibilität und Differenzierbarkeit in den Blick nehmen. Denn wenn wir ehrlich sind, benötigen wir alle einen modernen Tarifvertrag, der auf unsere reale Arbeitswelt anwendbar ist. Dabei muss es egal sein, ob ein Betrieb 5 oder 500 Angestellte hat. Und uns sollte klar sein, dass sich auch in Zukunft viele Unternehmen an unseren Verträgen orientieren, aber eben nicht in die Tarifbindung wechseln wollen. So bleibt dann leider auch eine größere aktive Mitarbeit an den Inhalten der Verträge auf der Strecke.

Dr. Hagen Lesch: Die Kritik an Tarifverträgen, die dazu führt, dass sich OT-Unternehmen nicht vertraglich verpflichten, sondern nur an den Regelungen orientieren, scheint zunächst auf der Hand zu liegen. Jedoch übersehen viele, dass die Konsequenz eines solchen Handelns irgendwann der Eingriff durch den Gesetzgeber sein wird. Dieser wird sich bei der Unterschreitung eines gewissen Niveaus bei der Tarifbindung berufen fühlen, den dann gültigen M+E-Tarifvertrag für allgemeinverbindlich zu erklären. Dies mag zwar im Moment noch

Die Teilnehmer der Podiumsdiskussion in der neuen Smart Factory von Hexagon Manufacturing Intelligence

kein Thema sein, aber vielleicht in 15 Jahren? Ab diesem Zeitpunkt würde also der verbliebene Rest an T-Unternehmen die Bedingungen für alle Firmen aushandeln müssen und die Flexibilität der OT- oder Nicht-Mitgliedschaft wäre dauerhaft dahin.

Peter Hampel: Dazu wird es hoffentlich nicht kommen. Es wird also in der kommenden Tarifrunde wieder unsere Aufgabe sein, hilfreiche Optionen zu entwickeln, welche die Unternehmen dann auch tatsächlich nutzen und ausschöpfen können. Und wenn es uns auch zukünftig gelingen wird, Abweichungsmöglichkeiten und Differenzierungsoptionen mit der Gewerkschaft hinzubekommen, haben wir einen weiteren wichtigen Baustein geschaffen, der Arbeitgeber weiterhin für eine Tarifbindung begeistern kann.

Wiedervereinigung der Tarifpolitik 1989–1991

„Ich war der ständige Vertreter in Thüringen …"

VOLKER FASBENDER

war von 1986 bis 1995 Geschäftsführer der Tarifabteilung und Koordinator HESSENMETALL. Von Ende 1989 bis Mitte 1995 wirkte er beim „Aufbau im Osten" mit der Gründung und dem Aufbau des Schwesternverbandes in Thüringen und in der Tarifpolitik in den neuen Bundesländern mit.

1993 war er zunächst stellvertretender, von 1995 bis 2016 Hauptgeschäftsführer des Verbandes der Metall- und Elektro-Unternehmen Hessen e. V. (HESSENMETALL) und der Vereinigung der hessischen Unternehmerverbände (VhU), der hessischen Dachorganisation aller Arbeitgeber- und Wirtschaftsverbände.

Volker Fasbender erinnert sich.

Nichts in der Nachkriegsgeschichte Deutschlands war so sensationell, so revolutionär und emotional aufgeladen, wie die Wiedervereinigung. Kein epochales Ereignis in der deutschen Geschichte verlief, wie die Wende, völlig ohne Gewalt und Blutvergießen. Arbeitgeberverbände waren der DDR wesensfremd; sie bildeten sich während der Wende wie ein gesellschaftliches Experiment, spontan, völlig neu oder mithilfe vorhandener Verbände der alten Bundesrepublik.

Die zwölf regionalen Verbände der Metall- und Elektroindustrie im damaligen Westdeutschland sowie ihr Dachverband, Gesamtmetall, unterstützten in unterschiedlicher Weise den Aufbau entsprechender Verbände in Ostdeutschland und schufen damit die Grundlage für eine einheitliche Tarifpolitik in der Bundesrepublik. Führungskräfte von HESSENMETALL – allen voran Volker Fasbender, der damalige Tarifchef und spätere Hauptgeschäftsführer – halfen im benachbarten Thüringen beim Aufbau.

Parallel zum staatlichen Prozess der Wiedervereinigung vollzog sich auch der Prozess der Vereinigung der Arbeitgeberverbände der Metall- und Elektroindustrie. Und was für das ganze Land galt, galt auch für Gesamtmetall: Zeitdruck bestimmt das Handeln.[4]

» 9. November 1989

Günter Schabowski verkündet auf einer Pressekonferenz am Abend die sofortige Öffnung der Grenze. In den späten Abendstunden bricht daraufhin die Mauer. Die Grenzsoldaten der DDR sind dem Ansturm nicht gewachsen und öffnen die Grenze nach West-Berlin. Hunderttausende Berliner feiern auf den Straßen das Ende der 40-jährigen Teilung ihrer Stadt.

» 22. Dezember 1989

Öffnung des Brandenburger Tors in Ost-Berlin. Begeistert feiern mehr als 100 000 Menschen die Öffnung 28 Jahre nach dem Bau der Berliner Mauer.

» 15. Januar 1990

Beim Aufbau marktwirtschaftlicher Strukturen in der DDR unter der Regierung Modrow kommt es zur Gründung eines ersten Unternehmensverbandes der DDR in der Kongresshalle in Ost-Berlin. Ziel ist die Gewerbefreiheit.

» 27. Februar 1990

Kündigung des DDR-Rahmenkollektivvertrages Maschinenbau/Elektrotechnik/Elektronik durch den Zentralvorstand der IG Metall (Ost) zum 30. Juni 1990. Als wesentliches Motiv für die Forderung nach „völlig neuen Tarifverträgen" nennt das Kündigungsschreiben die „sich vollziehende Wirtschaftsreform". Das Ministerium für Maschinenbau wird vom Zentralvorstand aufgefordert, die neuen Tarifverträge auszuarbeiten. Eine irrige Auffassung von Tarifautonomie.

» 1. März 1990

Gründung der Treuhandanstalt zur Umwandlung von Kombinaten und volkseigenen Betrieben in Kapitalgesellschaften. Das Eigentum an Staatsbetrieben wird privatisiert und bleibt doch staatlich. Den Belegschaften wird ein Mitspracherecht durch Vertretung in den Aufsichtsräten gesichert.

» 2. März 1990

Bildung einer staatlichen Verhandlungskommission im Auftrag des Ministers für Maschinenbau der DDR, die allerdings nie die Verhandlungen mit der IG Metall (Ost) aufnimmt.

Nach der dritten Sitzung am 12. April 1990 löst sie sich auf, weil sich parallel die Arbeitgeberverbände der Metall- und Elektroindustrie in der DDR nach westdeutschem Vorbild gründen. Diese neuen, mit westdeutscher Unterstützung gegründeten Verbände sollen frei von staatlicher Einflussnahme die Verhandlungen mit der IG Metall (Ost) aufnehmen.

» 16. März 1990

Bildung des Gründungskomitees für die Verbände der Metallindustrie in der DDR in Leipzig. Auch in Thüringen wird ein Verband gegründet: am 6./21. April 1990 mit Vorsitzendem und Hauptgeschäftsführer. Bereits Anfang April 1990 sind ca. 600 M+E-Unternehmen auf dem Gebiet der damaligen DDR mit ca. 850 000 Beschäftigten in den neuen Arbeitgeberverbänden organisiert.

» 18. März 1990

In der DDR finden die ersten freien Wahlen statt. Zum klaren Sieger wird die konservative Koalition aus CDU, DSU und DA. Die Volkskammer bereitet sich auf die Auflösung der DDR vor.

» 30. März 1990

Zweite Sitzung der Verhandlungskommission: In Hennigsdorf bei Berlin wird beim VEB Lokomotivbau – Elektrotechnische Werke der Kooperationsvertrag zwischen Gesamtmetall und den Sprechern der regionalen Gründungskomitees für die Ost-Verbände vereinbart. Der Vertrag sieht vor, dass die Vertragspartner ein gemeinsames Büro in Ost-Berlin einrichten, von dem aus die Vollmitgliedschaft der Ostverbände vorbereitet und die gemeinsamen Belange der Metallindustrie gegenüber der Regierung der DDR vertreten werden sollen.

» 2. April 1990

Beschluss des Vorstandes von Gesamtmetall in einer gemeinsamen Sitzung des Vorstandes und des Verhandlungskreises: Der Vorstand stimmt zu, dass die in der DDR zu gründenden Landesverbände der Metall- und Elektroindustrie zunächst die Gastmitgliedschaft bei Gesamtmetall erwerben, nach Maßgabe der noch zu beschließenden Rechte und Pflichten der beitragsfreien Gastmitglieder. Die Satzung von Gesamtmetall ist im Hinblick auf den vorgesehenen Beitritt der vorgenannten Landesverbände als Vollmitglieder zu überarbeiten.

VOLKER FASBENDER ERINNERT SICH

Im März 1990 trafen sich Betriebs- und Generaldirektoren der volkseigenen Betriebe und Kombinate der M+E-Industrie der DDR auf Betreiben des Maschinenbauministeriums. Man beschloss, „Gesamtmetall Ost" zu gründen und in allen fünf voraussichtlich zu bildenden Ländern jeweils eigene Verbände einzurichten. Es war dies der harte Kern der SED-Wirtschaftsführer, die durch frühe Übernahme einiger Organisationsstrukturen des Westens Einfluss behalten wollten.

Der stellvertretende Maschinenbauminister, Norbert Wede, zeigte in dieser Phase dem Hauptgeschäftsführer von Gesamtmetall, Dr. Dieter Kirchner, einen Organisationsplan von „Gesamtmetall Ost" mit 800 Mitarbeitern. Gesamtmetall in Köln hatte dagegen nur 28 Beschäftigte. Wede hat praktisch sein Ministerium in Form von „Gesamtmetall Ost" weiterführen wollen.

» 6. April bis 2. Mai 1990

Die neuen Landesverbände gründen sich zwischen dem 6. April und 2. Mai 1990 in kurzer zeitlicher Folge.

» 12. April 1990

Dritte Sitzung der Verhandlungskommission (Ost) unter Teilnahme von Vertretern von Gesamtmetall sowie der Partnerverbände aus Bayern, Hessen, Niedersachsen, Hamburg,

VOLKER FASBENDER ERINNERT SICH

Als die Mauer fiel, bin ich losgezogen und habe auch tatsächlich Privatunternehmen gefunden, die alle ziemlich klein waren. Die mussten auch klein sein, sonst hätte der Staat sie nicht toleriert. Alle waren offiziell Handwerksbetriebe, in Wirklichkeit aber auch industrielle Fertiger. Ein entscheidender Unterstützer dabei war Dr. Friedrich Hagans. Er hatte sich in seinem Unternehmen vor allem mit Kunststoffverarbeitung befasst und zahlreiche Patente entwickelt. Als ich ihn kennenlernte, lebte er in einer großen, alten Villa in Erfurt mit seiner Frau, die gut Russisch sprach und exzellente Beziehungen zu den Russen unterhielt. Der Mann war eine Fundgrube, weil er einfach alles wusste: über die gesamte Entwicklung vor dem Krieg und in der Nachkriegszeit. Und er half, wo er nur konnte. Dr. Friedrich Hagans war also ganz wesentlich für das Zustandekommen des Verbandes.

Während ich noch bei dem Versuch war, mit Privatunternehmern einen Verband zu gründen, hörte ich, dass andere Kräfte da bei waren, Strukturen der Bundesrepublik Deutschland ganz schnell auf die DDR zu übertragen. Wir bemerkten auch, dass Kräfte aus dem Maschinenbau-Ministerium heraus versuchten, Verbände zu schaffen, um ein Pendant zur IG Metall herzustellen. Die Gewerkschaften versuchten Fakten zu schaffen, die dann von der DDR wieder zu uns in den Westen zurückgekommen wären.

Obwohl es rechtlich eigentlich unmöglich war: Wir haben Verbände geschaffen mit den volkseigenen Betrieben, den VEB. Diese waren alle in einer Übergangssituation: Sie wollten privatwirtschaftliche Unternehmen werden, waren es aber noch nicht. Und deshalb musste ich mein privatwirtschaftlich angelegtes Konzept ändern.

Parallel gab es Bestrebungen aus dem Maschinenbau-Ministerium, Gesamtmetall Ost zu gründen. Die Funktionen hatte man schon verteilt. Das wollten wir verhindern. Deswegen habe ich den designierten Leiter für Thüringen kontaktiert. Ich schlug vor, einen Verband zu gründen und zunächst nur einen Sprecherausschuss zu wählen. Zwei Wochen später sollte die erste Mitgliederversammlung stattfinden. Dann würden schon sehr viele dabei sein und die endgültigen Gremien könnten gewählt werden. Er war froh, in mir jemanden gefunden zu haben, der sich mit dem Thema Verbandsgründung auskannte. Ich entwarf eine Satzung und am 6. April 1990 gründeten wir in Erfurt den VMET mit einem Sprecherausschuss an der Spitze. Bei der eigentlichen Vorstandswahl am 21. April unterlag er in einer Kampfkandidatur einem anderen früheren Betriebsdirektor.

Das erste Büro war in der Bahnhofstraße. Als Hauptgeschäftsführer für eine Übergangszeit wurde Wilfried Stolle, Bezirksgruppen-Geschäftsführer aus Hanau, bestellt. Ich war sozusagen der ständige Vertreter des unterstützenden Verbandes HESSENMETALL. Formell war ich der Leiter der Tarifabteilung in Thüringen.

Schleswig-Holstein und West-Berlin. Auf dieser Sitzung wird über die Vorbereitungen zu Tarifverhandlungen verhandelt. Die Tätigkeit der bisherigen Verhandlungskommission unter Leitung des Maschinenbauministeriums wird mit dieser dritten Sitzung beendet.

» März/April 1990

Forderungen nach einem Rationalisierungsschutzabkommen durch die IG Metall (Ost) analog den Regelungen der alten Bundesländer. Wegen der wirtschaftlichen Strukturveränderungen fordern Ende März die DDR-Gewerkschaften ein Rationalisierungsschutzabkommen westdeutscher Prägung. Gewerkschaftsvertreter haben zuvor bereits die Tarifautonomie in der DDR ausgerufen und setzen diese Abkommen in mehreren Bereichen durch, so auch im Ministeriumsbereich Maschinenbau. Die Vereinbarung wird am 6. April 1990 unterzeichnet.

Hier werden die Grenzen der Durchsetzung der Tarifautonomie unter DDR-Bedingungen sichtbar: Weder Betriebe und Kombinate noch der Staatshaushalt können derartige finanzielle Lasten für kostspielige Schutzmaßnahmen tragen. Deswegen entscheidet der damalige Wirtschaftsminister der DDR, Gerhard Pohl, dass für das Rationalisierungsschutzabkommen keine Registrierung der Kombinate beim Minister für Arbeit und Löhne zu beantragen ist.

Um Rechtssicherheit für alle beteiligten Seiten zu schaffen, wird nach Bildung der Wirtschafts-, Währungs- und Sozialunion mit der Bundesrepublik Deutschland bei den Tarifverhandlungen vom 13. Juli 1990 festgelegt, dass mit Abschluss der neuen Tarifvereinbarung diese Verträge keine Gültigkeit haben. Erst dadurch kann die volle Tarifautonomie durchgesetzt werden.

» 28. April 1990

West-Ost-Verbände-Gespräch über tarifpolitische Fragen. Dieses Gespräch dient dem besseren Verständnis der tarifpolitischen Situation in der M+E-Industrie der DDR. Erörtert werden Struktur und Inhalt der Tarifverträge, Probleme der praktischen Anwendung und mögliche Entwicklungen im Zuge der Vereinigung von Bundesrepublik und DDR.

» 5. Mai 1990

Im Bonner Weltsaal findet die erste Zwei-plus-Vier-Konferenz statt. Die Vereinigung der beiden Deutschlands muss von den vier Siegermächten bewilligt werden.

» 8. Mai 1990

Im Rundschreiben vom 8. Mai 1990 legt Gesamtmetall seinen Mitgliedsverbänden die Grundzüge der Zusammenarbeit mit den Ost-Verbänden dar. In Ziffer 2 heißt es zur Zusammenarbeit zwischen Gesamtmetall und den DDR-Verbänden: „Gesamtmetall beabsichtigt eine ‚gemeinsame Geschäftsstelle' mit den DDR-Verbänden in Ost-Berlin einzurichten."

VOLKER FASBENDER ERINNERT SICH

„Als wir die erste Mitgliederratssitzung unseres neu gegründeten VMET planten, schlugen unser Vorsitzender und unser Verhandlungsführer als Sitzungsbeginn 6:30 Uhr morgens vor. Auf die erstaunte Frage, ob dies nicht zu früh sei, erklärte man uns: ‚Wir waren das in der DDR immer gewohnt. Unser Arbeitstag beginnt um 6:00 Uhr morgens mit unseren Arbeitern.' Die Anreisenden mussten um 4:00 Uhr oder früher aufstehen, um rechtzeitig in Erfurt in der Bahnhofsstraße zu sein. Und, oh Wunder, alle waren pünktlich."

Von dort aus sollen die Mitgliedschaft der DDR-Verbände bei Gesamtmetall vorbereitet, die Vertretung der DDR-Verbände bei der Regierung der DDR gewährleistet und die Tarifverhandlungen für die DDR koordiniert werden." Der Vertrag wird tatsächlich, wie angekündigt, am 16. Mai geschlossen. Dahinter steht die Befürchtung, dass der stellvertretende Minister für Maschinenbau, Norbert Wede, in der DDR ähnliche, aber getrennte Verbandsstrukturen wie im Westen unter seiner Führung aufbaut. Deshalb ist es für Gesamtmetall wichtig, dass ein westdeutscher Verbands- und Tarif-Insider die Leitung des „Büros Berlin" übernimmt. 1990 ist deshalb auch auf Arbeitgeberseite ein Jahr der Emissäre.

» 16. Mai 1990

Abschluss eines Kooperationsvertrages zwischen den neugegründeten Verbänden und Gesamtmetall zur Aufnahme der Verbände als Vollmitglieder bei Gesamtmetall.

» 18. Mai 1990

Erstes Gespräch zwischen den Arbeitgeberverbänden der DDR und der IG Metall (Ost) über die Tarifsituation wegen der gekündigten „Rahmenkollektivverträge über die Arbeits- und Lohnbedingungen der Werktätigen der volkseigenen Betriebe des Maschinenbaus und der Elektrotechnik/Elektronik" zum 30. Juni 1990. Auf Arbeitgeberseite nahmen Vertreter sämtlicher fünf Verbände in der DDR sowie Dr. Friedrich Wilhelm Siebel aus der Hauptgeschäftsführung von Gesamtmetall teil.

Unterzeichnung des Vertrags über die Bildung einer Wirtschafts, Währungs- und Sozialunion zwischen BRD und DDR im Gobelinsaal des Palais Schaumburg in Bonn durch die Finanzminister Walter Romburg und Theo Weigel, anwesend waren ebenfalls Ministerpräsident Lothar de Maizière und Bundeskanzler Helmut Kohl. Der Staatsvertrag leitet eine Entwicklung ein, die es ermöglicht, freie Tarifverhandlungen zu führen.

» 21. Mai 1990

Gesamtmetall gibt das erste Sonderrundschreiben zum Beginn der ersten freien Tarifverhandlungen in der Metall- und Elektroindustrie in der DDR am 18. Mai 1990 heraus.

» 26. Juni 1990

Erste gemeinsame Sitzung des Vorstandes und des Verhandlungskreises von Gesamtmetall mit Repräsentanten der neugegründeten Verbände der M+E-Industrie in der DDR in Frankfurt am Main. Die Sitzung diente der Beratung und Beschlussfassung über das tarifpolitische Vorgehen in der DDR.

» Juni/Juli 1990

Vorüberlegungen hinsichtlich der Tätigkeit des Büros Berlin, seiner personellen Besetzung und des Sitzes in Ost-Berlin. Die Entscheidung fiel auf die Räume im ehemaligen Stasi-Sportclub „Dynamo" in der Ho-Chi-Minh, heute Indira-Gandhi-Straße. Das Büro Berlin soll in der 6. Etage residieren und damit in den Räumen des Clubvorsitzenden Erich Mielke. Das Büro ist DDR-möbliert und bleibt es auch.

» 28. Juni 1990

Die gemeinsamen Tarifverhandlungen für die fünf neuen Verbände werden im Kulturhaus in Ludwigsfelde fortgesetzt. Begleitet werden die Verhandlungen von massiven Demonstrationen der Arbeitnehmer. Die fünf ostdeutschen Unternehmerverbände unterbreiten der IG Metall (Ost) in dieser Verhandlung einen in sich geschlossenen Vorschlag, der für die vordringlichen Fragen eine Lösung enthält und für

SÜDDEUTSCHE ZEITUNG

„Die Gewerkschaftsseite forderte ein zweijähriges Kündigungsverbot für die gesamte Metallindustrie der DDR. An dieser Stelle hat Gesamtmetall-Präsident Stumpfe dann die Gespräche zu Recht mit dem Hinweis abgebrochen, an einer solchen ‚Totengräber-Aktion' für die Arbeitsplätze wolle er sich nicht beteiligen. Es gehört schon eine gewaltige Portion Ignoranz dazu, auf einer solchen Forderung zu beharren, denn mittlerweile müsste es sich auch in den Gewerkschaften herumgesprochen haben, dass der weitaus größte Teil der Unternehmen selbst in der durchaus nicht am schlechtesten dastehenden Metallindustrie nur dann lebensfähig ist, wenn sie ihren aus politisch-ideologischen Gründen aufgeblähten Personalbestand drastisch verringern."[5]

die Tarifrunde insgesamt einen weiteren Fahrplan aufzeigt. Das Angebot wird abgelehnt. Die IG Metall (Ost) ist nur zu separaten Verhandlungen in den jeweiligen fünf neuen Ländern bereit. Dazu werden Termine vereinbart.

» 1. Juli 1990

Der Staatsvertrag zur Wirtschafts, Währungs- und Sozialunion, der am 18. Mai unterzeichnet wurde, tritt in Kraft. Dadurch wird die wichtigste innenpolitische Bedingung der Wiedervereinigung erfüllt. Die DDR übernimmt die D-Mark. An den innerstaatlichen Grenzen werden die Personenkontrollen abgeschafft.

» 12./13. Juli 1990

In der dritten Runde kann – nach viertägigen Verhandlungen, gelegentlich kurz vor dem Abbruch, und von wilden Streiks begleitet – im Tarifgebiet Ost-Berlin/Brandenburg ein Abschluss erreicht werden, der anschließend von den anderen ostdeutschen Verbänden übernommen wird.

» 16. Juli 1990

Grundlegender Durchbruch bei Verhandlungen über die deutsche Wiedervereinigung. Helmut Kohl und der sowjetische Generalsekretär Michail Gorbatschow verständigen sich darüber, dass das wiedervereinigte Deutschland Nato-Mitglied bleiben kann. Noch im März kam dies für Gorbatschow „nicht in Frage".

» 1. August 1990

Herbert Keller, Gesamtmetall-Büro Berlin, schreibt an Dr. Kirchner und informiert über den organisatorischen und inhaltlichen Sachstand beim Aufbau des Büros Berlin. Er erwähnt im Zuge einer Besprechung: traditionelle spezial-tarifpolitische Aufgabengebiete, wirtschaftlich orientierte Fragen, Erfahrungsaustausch unter den Ostverbänden, Pressemeldungen, Datenbank mit arbeitsökonomischen Kennzahlen, Argumentationsdienst in gesellschafts-, sozial- und tarifpolitischen Fragen, Aufbereitung von volkswirtschaftlichen Daten und Statistiken.

» 22./23. August 1990

Die Volkskammer der DDR beschließt in der Nacht vom 22. auf den 23. August den Beitritt der DDR zum Geltungsbereich des Grundgesetzes.

» 27. September 1990

Beitritt der Ostverbände zu Gesamtmetall anlässlich der 100-Jahr-Feier von Gesamtmetall in Berlin mit Festakt im Berliner Kronprinzenpalais.

» 1. Oktober 1990

Wiedergewinnung der vollständigen Souveränität Deutschlands. Am Rande der KSZE-Außenministerkonferenz in New York erklären die vier Siegermächte die Aufhebung ihrer Vorbehaltsrechte über „Berlin und Deutschland als Ganzes" aufgrund des „Zwei-Plus-Vier-Vertrages" vom 12. September 1990.

» 3. Oktober 1990

Deutsche Einheit. Um Punkt 0:00 Uhr wird zu den Klängen des Deutschlandliedes die schwarz-rot-goldene Flagge vor dem Reichstagsgebäude gehisst. 45 Jahre nach dem Ende des Zweiten Weltkrieges und 29 Jahre nach dem Bau der Berliner Mauer leben die Deutschen nun wieder in einem gemeinsamen Staat.

» Frühjahr 1991

Als im Jahr 1990 die Menschen aus dem Osten in wachsender Zahl in die westlichen Bundesländer übersiedeln, ist die Währungs-, Wirtschafts- und Sozialunion die politisch, wirtschaftlich und sozial adäquate Antwort auf den Wunsch nach Selbstbestimmung. Die Erwartungen eilten den tatsächlichen Fortschritten und Möglichkeiten zum Teil weit voraus.

Unter diesem Druck wird die zweite Runde der Tarifverhandlungen geführt, weil die IG Metall (Ost) zum 31. Dezember 1990 die im

VOLKER FASBENDER ERINNERT SICH

Heranführung der Beschäftigten an das westdeutsche Gehaltsniveau durch den erstmaligen Abschluss von Entgelttarifverträgen: Die Produktivität in den DDR-Betrieben betrug nur 30 bis 40 Prozent des Westniveaus. Demzufolge hätten auch die Löhne und Gehälter dort liegen müssen. Das aber hätte eine große Binnenwanderung zur Folge gehabt. So haben wir uns im Frühjahr 1991 auf einen Kompromiss eingelassen, der bei etwa 62 Prozent lag. Folgenschwerer war, dass ein Stufenplan an der Einigung hing, der bis 1994 einen raschen Anstieg auf 100 Prozent vorsah, wenn auch bei höherer Arbeitszeit als im Westen. Längst war zudem deutlich geworden, dass die Masse der Beschäftigten nicht in ihren bisherigen Tätigkeiten zu halten war und ihren Job verlieren würde. Deshalb wurde – leider, aber aus dem Fürsorgegedanken heraus auch nicht ganz unverständlich – die Lohnfestsetzung eher als die Bemessungsgrundlage für Arbeitslosengeld gesehen. So hat die Tarifpolitik letztlich auch einen Beitrag dazu geleistet, marode DDR-Betriebe sozialverträglich abzuwickeln und neues Leben aus den Ruinen erblühen zu lassen.

Sommer 1990 abgeschlossenen Lohn- und Gehaltstarifverträge gekündigt hat.

Mit der Erweiterung um die neuen Bundesländer baut Gesamtmetall seine führende Rolle unter den deutschen Arbeitgeberverbänden weiter aus. Denn ähnlich wie in der alten Bundesrepublik ist auch in der DDR die Metall- und Elektro-Industrie bis 1990 der mit Abstand wichtigste industrielle Arbeitgeber.

Die ereignisreichen Jahre 1989 und 1990 gehen zu Ende: mit einem wiedervereinigten Land, einer zwischen Euphorie und Besorgnis schwankenden Nation, an der Spitze der wiedergewählte Helmut Kohl als Kanzler der Einheit. Mit einer ostdeutschen industriellen Wirtschaft im freien Fall, mit einer IG Metall, die ihre volkswirtschaftlich kurzsichtigen tarifpolitischen Erfolge bejubelt, und mit einem Arbeitgeberverband Gesamtmetall, der sein 100-jähriges Bestehen gebührend feiert, wohl ahnend, dass die Zeiten bald ungemütlicher werden.[6,7]

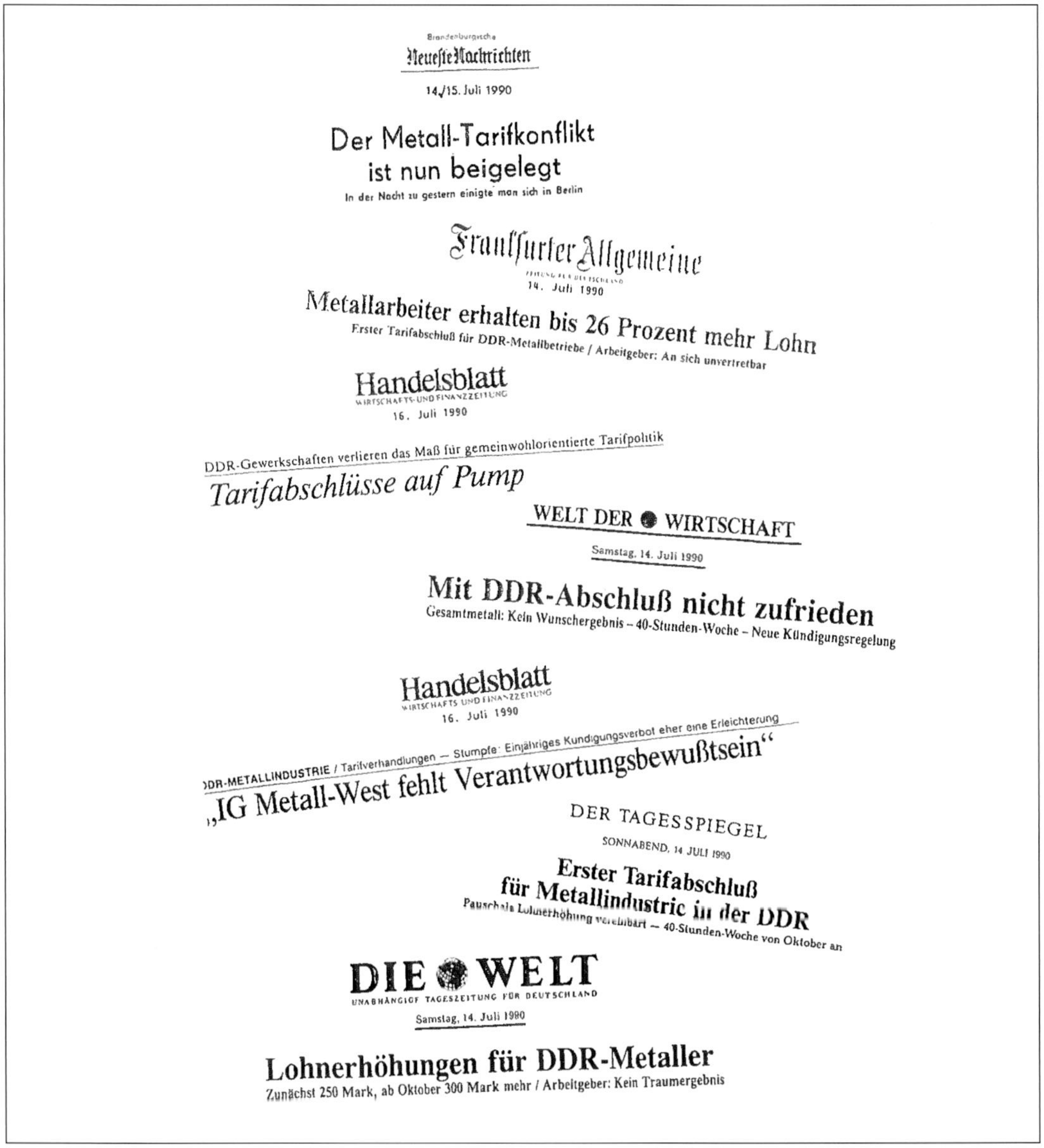

Brandenburgische Neueste Nachrichten
14./15. Juli 1990

Der Metall-Tarifkonflikt ist nun beigelegt
In der Nacht zu gestern einigte man sich in Berlin

Frankfurter Allgemeine
14. Juli 1990

Metallarbeiter erhalten bis 26 Prozent mehr Lohn
Erster Tarifabschluß für DDR-Metallbetriebe / Arbeitgeber: An sich unvertretbar

Handelsblatt
Wirtschafts- und Finanzzeitung
16. Juli 1990

DDR-Gewerkschaften verlieren das Maß für gemeinwohlorientierte Tarifpolitik
Tarifabschlüsse auf Pump

WELT DER WIRTSCHAFT
Samstag, 14. Juli 1990

Mit DDR-Abschluß nicht zufrieden
Gesamtmetall: Kein Wunschergebnis – 40-Stunden-Woche – Neue Kündigungsregelung

Handelsblatt
Wirtschafts- und Finanzzeitung
16. Juli 1990

DDR-METALLINDUSTRIE / Tarifverhandlungen – Stumpfe: Einjähriges Kündigungsverbot eher eine Erleichterung
„IG Metall-West fehlt Verantwortungsbewußtsein"

DER TAGESSPIEGEL
Sonnabend, 14. Juli 1990

Erster Tarifabschluß für Metallindustrie in der DDR
Pauschale Lohnerhöhung vereinbart – 40-Stunden-Woche von Oktober an

DIE WELT
Unabhängige Tageszeitung für Deutschland
Samstag, 14. Juli 1990

Lohnerhöhungen für DDR-Metaller
Zunächst 250 Mark, ab Oktober 300 Mark mehr / Arbeitgeber: Kein Traumergebnis

Pressereaktionen: Die Presse reagierte mit sehr skeptischen Kommentaren und Einschätzungen auf das Ergebnis der ersten freien Tarifverhandlungen in der DDR

Die schrittweise Erweiterung zur umfassenden Serviceorganisation

Vor über 130 Jahren als Interessenvertretung der Arbeitgeber gegründet, nach Auflösung im Jahr 1933 wiedergegründet am 29. Oktober 1947, war die Regelung von Beschäftigungsbedingungen durch Tarifverträge mit der Gewerkschaft erster Daseinszweck des Arbeitgeberverbandes HESSENMETALL. Neben der permanenten Information zu den Tarifrunden entwickelte sich daraus ganz natürlich eine Beratung der Mitglieder zur Umsetzung der Tarifverträge und darüber hinaus Vertiefungen einzelner Themen: zum Beispiel zu Arbeitszeit und Beschäftigungsbedingungen, Vergütung, Betrieblicher Altersvorsorge, mobilem und flexiblem Arbeiten, Qualifizierung sowie und Aus- und Weiterbildung und betrieblicher Personalpolitik.

Serviceorganisation rund um die Arbeitsbeziehungen

In den letzten Jahrzehnten hat sich HESSENMETALL zur umfassenden Serviceorganisation rund um die Arbeitsbeziehungen weiterentwickelt.

Unser Kompetenz-Team aus 35 Juristen, in der Regel Fachanwälte für Arbeitsrecht, Tarifexperten, Arbeitswissenschaftlern sowie Kommunikations- und Bildungsexperten sichert die hohe Qualität unserer Services. Dabei bilden unsere Fachabteilungen in der Landesgeschäftsstelle als Weiterentwickler fachlicher Kernkompetenzen einen schlagkräftigen Verbund mit unseren Bezirksgruppen und ihren serviceorientierten Beratern vor Ort.

Zusätzlich stellt unser Serviceportal unsere interdisziplinären Services exklusiv für Mitglieder online zur Verfügung.

Unsere Themen und Services im Überblick:

- Arbeitsbeziehungen und Tarifpolitik
- Arbeitsrecht & Sozialrecht
- Arbeitswissenschaft
- Centers of Competence
- Digitalisierung & KI
- Fachkräftesicherung & Bildung
- Förderung
- Kommunikation
- Konjunktur und Benchmarks
- Nachhaltigkeitsmanagement
- Netzwerk Arbeit 4.0.
- Services für Startups
- Technologietransfer & Innovationsaustausch

Allein im Arbeitsrecht ist die die Zahl der Handlungsfelder stetig gewachsen: Unsere Services dazu umfassen inzwischen Rechtsfragen zum Arbeitsverhältnis, zur Arbeitnehmervertretung, zu Forschungs- und IT-Verträgen, zum Arbeitsschutz, zum Datenschutz, zur Digitalen Arbeitswelt, zum Internationalen Personaleinsatz, zur Betrieblichen Altersversorgung, zum Sozialrecht, zum Europäischen Arbeits- und Sozialrecht, zur Personalkostenoptimierung und zur Corona-Pandemie.

Auch in der Arbeitswissenschaft nimmt die Themenfülle stetig zu: vom Produktionsmanagement über die Energieeffizienz, das Entgeltrahmenabkommen (ERA) und Entgelt-Benchmarks bis hin zu Nachhaltigkeitsmanagement.

Um die geradezu explodierende Themenfülle zu bewältigen und den Mitgliedern immer topaktuelle Informationen und Services zu bieten, haben wir eine Vielzahl von Eventformaten entwickelt, bieten mit einer Fülle von Leitfäden die entsprechenden Vertiefungsmöglichkeiten dazu an und stellen in unserem Serviceportal Studien, Mustervorlagen und Arbeitshilfen online zur Verfügung.

Angesichts des fünffachen Strukturwandels haben wir unser Serviceangebot auch auf die neuen strategischen Themen erweitert: die digitale Transformation, die Dekarbonisierung, die Demografie, die Neugestaltung der Globalisierung nach der Zeitenwende sowie die zunehmende Verbindung von Produkten mit Dienstleistungen. In dieser Transformation hin zu einer personalisierten Massen-Industrie mit weniger Material- und Energieverbrauch sowie weniger Müll gilt es, die bisherige Wettbewerbsstärke auf die „neue Welt" und Arbeitswelt zu übertragen. Dazu gehört die Verschmelzung der klassischen M+E-Industrie mit der IT-Industrie zum Treiber der vierten industriellen Revolution, um durch qualitatives und nachhaltiges Wachstum zum Wohlstand in Hessen und Deutschland beizutragen.

Heute organisieren wir deshalb als Netzwerkplattform Arbeit 4.0 den Transformations-Erfahrungsaustausch zwischen den Entscheidern in unseren Mitgliedsunternehmen, um so die betriebliche Wettbewerbsfähigkeit zu steigern. Darüber hinaus sind wir ihr Dienstleister in der sich digitalisierenden Arbeitswelt zu den Themen Arbeitsrecht, Arbeitsbeziehungen und Tarifpolitik, Arbeitswissenschaft, Fachkräftesicherung, Digitale Transformation und Künstliche Intelligenz, Technologietransfer und Nachhaltigkeitsmanagement sowie Kommunikation.

Als Verbändefamilie bieten wir ein einzigartiges Vorteilspaket

Im Unterschied zu Anwaltskanzleien gestalten wir selbst die vertraglichen Grundlagen der Beziehungen zwischen Arbeitgebern und Arbeitnehmern. Deshalb sind wir prädestiniert dafür, auch bei der Umsetzung der tarifvertraglichen Rechtsbeziehungen zu beraten. Wir kennen die Arbeitsgerichtsbarkeit und ihre Rechtsprechung bis hin zum Europäischen Gerichtshof bestens.

Die arbeitsrechtliche Mitgliederberatung vervollständigen wir mit unseren Arbeitswissenschaftlern bis in die Prozessgestaltung und -optimierung hinein. In der Interessengemeinschaft unseres Netzwerks bildet sich das Vertrauen der Unternehmensvertreter, die eigenen Erfahrungen und Best Practices zu teilen – auch zu neuen Herausforderungen, zum Beispiel zur Digitalen Transformation.

In der unterstützenden Fachkräfte- und Nachwuchssicherung erreichen wir über die langjährige und bundesweite Vernetzung mit den interaktiven M+E-Infotrucksauf einzigartige Weise die Schulen und in der onlinegestützten Ausbildungsplatzbörse regelmäßig hohe Zugriffszahlen.

Unsere branchenübergreifende politische Interessenvertretung gestalten wir aus der Mitte der Vereinigung der hessischen Unternehmerverbände (VhU) heraus. Das verschafft uns im Verbund von mittlerweile bereits 88 Arbeitgeber- und Wirtschaftsverbände (unter anderen VDMA und ZVEI) Schlagkraft und die Repräsentationsmacht der gesamten hessischen Wirtschaft. Mit der VhU als Stimme der hessischen Wirtschaft finden wir immer Gehör bei Landesregierung und -politik.

In der Systempartnerschaft mit unserer Gruppe Bildungswerke der hessischen Wirtschaft ergänzen wir die Services eines Verbandes um die Angebote eines großen Bildungsanbieters. Er erbringt unter dem Motto „Bilden – Beraten – Integrieren – Vernetzen" bedarfsorientierte Dienstleistungen: unter anderem für junge Menschen am Übergang von der Schule in Ausbildung, Studium und Beruf, für Erwachsene bei ihrer beruflichen Entwicklung und der Suche nach einem neuen Job und natürlich für Unternehmen aller Branchen und Größenklassen sowie deren Beschäftigte vor allem in Veränderungsprozessen.

Fünf Centers of Competence

HESSENMETALL hat 2021 für seine Mitgliedsunternehmen die vorhandene arbeitsrechtliche Kompetenz in komplexen Spezialgebieten des Arbeitsrechts ausgebaut. Dafür haben wir sog. „Centers of Competence“ (CoC) gegründet, die zu den arbeitsrechtlichen Spezialthemen besonderes Fachwissen bündeln und die Beratungsqualität durch eine rückgedeckte Qualitätssicherung weiter verbessern:

- zum „Arbeitsschutzrecht“,
- zur „Betrieblichen Altersversorgung“,
- zum „Datenschutzrecht“,
- zur „Digitalen Arbeitswelt“
- zum „Internationalen Personaleinsatz“.

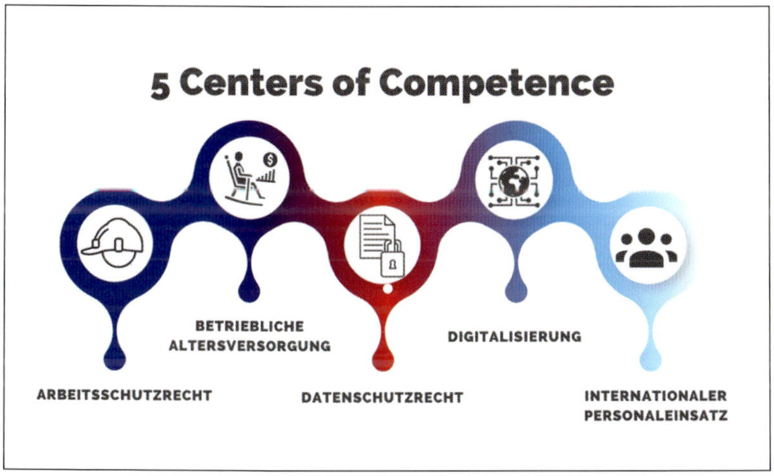

Im Entstehen ist aktuell ein weiteres Center of Competence zum Themengebiet Knowledge-Management.

Diese Center sind zum einen eine Erweiterung unseres rechtlichen Service-Angebots und zum anderen ein Rückkoppelungsmechanismus. Die bewährten Ansprechpartner aus den Bezirksgruppen bleiben auch für diese Spezialthemen – getreu unserem Grundsatz „One Face to the Customer“ – die Gesprächspartner der Mitgliedsunternehmen. Diese haben aber jetzt über einen qualitätssichernden Rückkoppelungsmechanismus die Möglichkeit, nach dem „4-Augen-Prinzip“ das besondere Fachwissen unserer CoC in ihre Beratung miteinzubeziehen.

Die Center of Competence setzen sich aus Juristinnen und Juristen der Landesgeschäftsstelle und aller Bezirksgruppen zusammen. Dadurch erweitern wir unsere Fachkompetenz und die Qualität unserer Beratung systematisch und dauerhaft für die Mitglieder.

» Aufbau und Ausbau

1960: Das erste eigene Haus
Mitte der 60er Jahre Umzug des Verbandes nach Frankfurt-Bockenheim in eine Villa in der Lilienthalallee.

1967: Einführung der 40-Stunden-Woche für die Beschäftigten der Metall- und Elektroindustrie

1969 » Das erste Bildungswerk: Neuland Bildungs-Service

Gründung des Bildungswerks HESSENMETALL e. V. als zentrale Weiterbildungseinrichtung des Verbandes.

9. Juli 1971: Das Bildungshaus Bad Nauheim wird eingeweiht.

Erstes Verbandshaus HESSENMETALL

1984 » 1984: Arbeitskampf um die 35-Stunden-Woche

Arbeitskampf im Frühjahr/Sommer mit zehntausenden Beschäftigten der Metallindustrie.

Grund ist die Forderung der IG Metall nach einer Reduktion der Wochenarbeitszeit von 40 auf 35 Stunden. Die Tarifpartner einigten sich schließlich auf eine stufenweise Reduktion der nun individuellen Wochenarbeitszeit auf durchschnittlich 38,5 Stunden.

Dabei gilt eine individuelle wöchentliche Arbeitszeit. Zudem gibt es in den Unternehmen keine einheitliche Vollzeit mehr, stattdessen sind es im Betriebsdurchschnitt 38,5 Stunden. Das heißt: Die Arbeitszeit des einzelnen Arbeitnehmers kann zwischen 37 und 40 Wochenstunden betragen – Stichwort Differenzierung. Auch kann die Arbeitszeit ungleichmäßig verteilt werden (Verteilungszeitraum zwei Monate oder Freischichten) – Stichwort Flexibilisierung.

Großstreik 1984:
Mit großer Erbitterung stritten Arbeitgeber und Arbeitnehmer über den richtigen Weg aus der Arbeitslosigkeit.

Netzwerk Arbeit 4.0

3 CHANGES:

Erfahrungsaustausch-Plattform in Transformationsprozessen

Auf der festen Basis der beiden Dimensionen Arbeitgeberverband und Serviceorganisation begleitet HESSENMETALL seine Mitgliedsunternehmen als Plattform für Erfahrungsaustausche in ihren Veranderungsprozessen mit vielen Eventformaten. Höhepunkte sind die jährlichen Spitzenveranstaltungen üblicherweise im Frühjahr. Auf dem HESSENFORUM treffen sich rund 200 Unternehmerinnen und Unternehmer, um ein aktuell relevantes Thema von allen Seiten und aus vielen Blickwinkeln zu beleuchten, an Best Practice-Beispielen zu lernen und am Wissen der Besten aus Hessens größter Industrie teilzuhaben.

Dieses Kapitel folgt den letzten fünf HESSENFOREN und ihrer Beschäftigung mit den wichtigsten Changes, ihren Voraussetzungen, ihren Umsetzungen, ihren maßgeblichen Menschen. Insofern stellt dieses Kapitel eine Zusammenstellung komplemetärer Blickwinkel und eine schrittweise Weiterentwicklung der Innovationsansätze der hessischen M+E-Industrie dar.

- **HESSENFORUM 2017:** Digitale Transformation steuern
- **HESSENFORUM 2018:** Mobile Zukunft – Zukunft der Antriebstechnologie
- **HESSENFORUM 2019:** Digitale Produktion und Künstliche Intelligenz
- **HESSENFORUM 2021:** Klimaneutralität und KI
- **HESSENFORUM 2022:** Neue Geschäftsmodelle, neue Technologien, neue Arbeitsformen

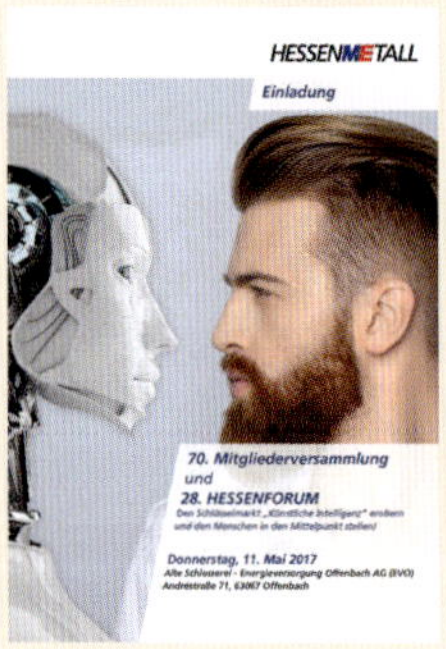

Digitale Transformation der Industrie auf dem Weg zu flächendeckenden smarten Fabriken

Im Wettbewerb mit Plattform-Konzernen aus dem Silicon Valley

Für die vierte industrielle Revolution muss die deutsche Industrie wieder revolutionär werden und die Führung in der digitalen Revolution anstreben. Dann gewinnen der Standort Deutschland, das „Made in Germany“ und die Unternehmen. Das war Konsens der teilnehmenden Mitgliedsunternehmen auf dem HESSENFORUM 2017 und Anlass für eine ausführliche Beschäftigung mit dem Wie.

Damals schon war klar: Die großen Internetunternehmen aus dem Silicon Valley bedrohen die bisher so erfolgreiche Industrie- und Produktionsnation Deutschland. Diesem Risiko können deutsche und hessische Unternehmen begegnen, indem sie die Chance nutzen und die Steuerung der Kundenprozesse in der Hand behalten. Sie sollten intelligentere Produkte in die einzigartigen Vorleistungs- und Fertigungsverbünde einpassen. Soll heißen: Unsere Unternehmen müssen die digitale Transformation steuern.

Anforderungen der vierten Revolution

Um nicht letztlich in Endkunden-Plattformen wie Google, Amazon oder Facebook integriert zu werden, ist es nötig, eigene Plattformen zu schaffen, damit die Schätze aus Big Data im Eigentum bleiben und die Unternehmen mit diesem Wissen die Produktion steuern sowie ihre Kundenbeziehungen managen können – und bei den gestaltenden Geschäften mit den großen Margen vorne dabei sind.

Deutschland steht mit seiner Industrie 4.0-Plattform im Wettbewerb zum amerikanischen Industrial Internet Consortium (IIC). Hierzulande wird der ingenieurgetriebene Ansatz gelebt, der vor allem an der technischen Optimierung arbeitet. In den USA herrscht der stärker marktgetriebene Ansatz vor, der von Anfang an den Endkunden mit im Blick hat.

HESSENMETALL
MAGAZIN
#DIGITALE_TRANSFORMATION_STEUERN
Wie sich die M+E-Industrie im Wettbewerb um das
industrielle Internet mit den Plattform-Konzernen
aus dem Silicon Valley behaupten kann

Mit industriellem Internet zum B2C-Dienstleister

Deutsche Unternehmen können gegen die Endkunden-Plattformen Wettbewerbsvorteile ausspielen, wenn sie die Steuerung der gesamten Wertschöpfungskette kontrollieren. Dazu muss Deutschland als B2B-Weltmeister in Zeiten der virtuellen Verdoppelung der Welt ebenfalls B2C-Dienstleister werden. Für die deutsche und hessische Industrie gilt: Mit einem größeren Markt, der vom Endkunden her denkt, kann sich Deutschland gegen die Internetkonzerne aus dem Silicon Valley behaupten und auch in Zukunft durch Wachstum Beschäftigung und Wohlstand sichern. Das bedeutet auch, Variantenvielfalt mit großen Mengen zusammenzubringen. Das Stichwort heißt: Losgröße 1.

So werden beispielsweise Autobauer künftig auch Mobilitätsdienstleister. Denn alle Fahrzeuge sind vernetzt und autonome Autos werden das Straßenbild beherrschen. Auch der Großteil unserer kleinen und mittelständischen Unternehmen, die überwiegend B2B-Anbieter sind, müssen B2C-Service-Provider werden. Und das tun viele von ihnen auch auf ihrem Weg zu Systemanbietern: Das heißt nicht, dass sie Konkurrenten ihrer Kunden werden, sondern dass sie den Markt größer und vollständig denken. Solche digitalen Geschäftsmodelle sind eine Chance für viele Maschinenbauer in den meisten Konsumgüterbranchen, für Automobilzulieferer und Elektrohersteller sowieso. Aber auch schon ganz vorne in der Wertschöpfungskette, bei der Metallerzeugung, können Zulieferer z. B. mit Leichtbau-Technologien punkten.

Plattformökonomie: zwischen Wettbewerb und Kooperation

Plattformökonomie soll neue Geschäftsmodelle ermöglichen und für den Industriestandort Deutschland die Chance darstellen, Vorreiter und Marktführer zu werden. Die Deutsche Akademie der Technikwissenschaften (Acatech) hat in ihrer Studie „IT-Plattformen für die Smart Service Welt" von 2017 Plattformökonomie beschrieben, die Wirkmechanismen hinter IT-Plattformen sowie die an einem plattformbasierten Ökosystem beteiligten Stakeholder und ihre Beziehungen analysiert. Ein wesentliches Merkmal dieses Phänomens seien ausge-

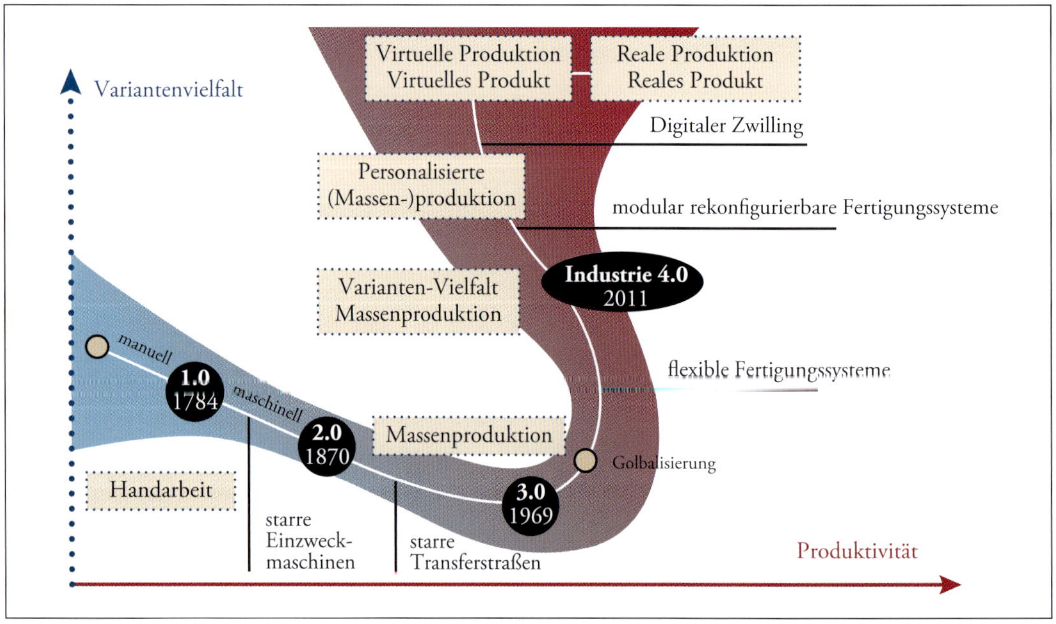

Die Entwicklung der industriellen Produktion in Abhängigkeit von Variantenvielfalt und Produktivität

Quelle: Reinhart, Gunter: Handbuch Industrie 4.0, 2017, S. 692. Hrsg. von bayme und vbm.

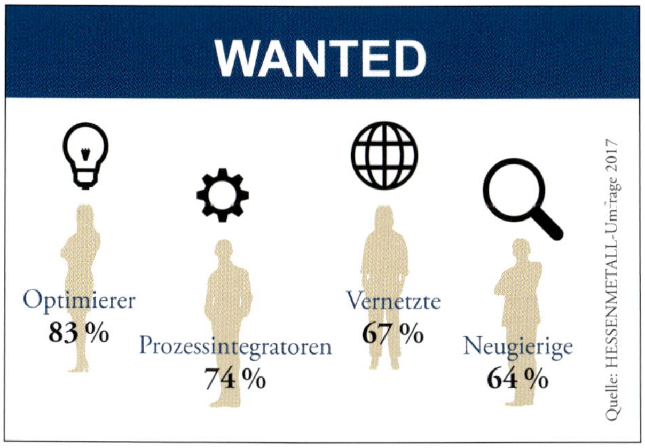

Für die digitale Transformation brauchen wir sozial kompetente Menschen

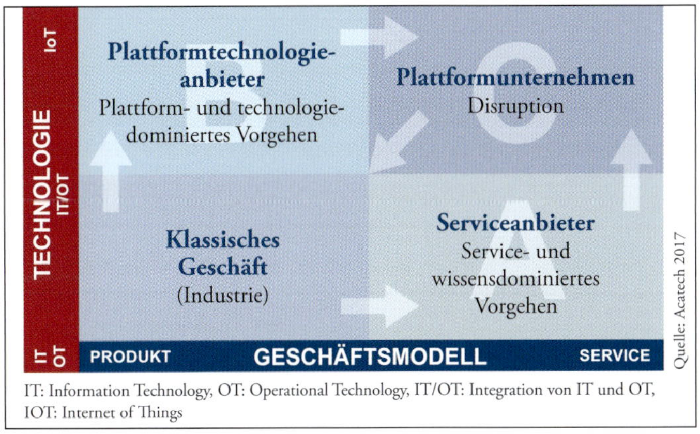

Plattformökonomie zwischen Service und Technologie

prägte kollaborative Wertschöpfungsstrukturen, wie bei unternehmensübergreifenden Plattformen, und die Notwendigkeit einer unternehmerischen Bereitschaft zur Öffnung der eigenen Organisation gegenüber anderen, beispielsweise bisher als externe Dienstleister auftretende Stakeholder.

Vorreiterrolle einnehmen

Die von Acatech für die Studie befragten Experten aus Wirtschaft und Forschung benannten durchaus Chancen für die deutsche Wirtschaft. So seien Umsatzsteigerungen zu erwarten, befeuert durch einen erweiterten Marktzugang, neue Marktleistungen und Fokussierung. Als weitere mögliche Vorteile entstünden ein besseres Kundenverständnis, deutliche Kostenreduktion und Produktivitätssteigerung. Im Ergebnis kann dies zu höherer Kundenzufriedenheit, Kundenbindung und einer besseren Kapitalbindung führen.

Deutschland hat industriebezogene IT-Plattformen und aufgrund seines Branchen-Knowhows und der vorhandenen Software-Technik-Expertise die Chance, eine Vorreiterrolle einzunehmen. Die Studie rät hierbei, ein gesundes Mittelmaß zwischen Kooperation und Wettbewerb einzuhalten. Der konkrete Handlungsbedarf für Wirtschaft und Politik besteht aus vier Kernfeldern: Bewusstsein schaffen, Handlungsanleitungen entwickeln, (Pilot-)Projekte aufsetzen und F&E-Maßnahmen initiieren. 2022 gibt es immerhin schon mit Catena-X und Manufactoring-X Cloud-Plattformen für transparente Lieferketten.

Der Mensch im Wandel: mehr Sozialkompetenz

Digitalisierung funktioniert nicht mit menschenlosen Fabriken, sondern mit smarten Fabriken, die erst durch die Zusammenarbeit von Menschen und Robotern intelligent werden. Exzellente Wertschöpfung durch Industrie 4.0 wird nur mit qualifizierten und motivierten Mitarbeitern möglich. Und mit Führungskräften, die Wissen und Ideen anderer organisieren, koordinieren und einsetzen.

Eine Umfrage bei unseren Mitgliedsunternehmen 2017 ergab: Wir brauchen nicht vorrangig Nerds, sondern Menschen mit Anwendungswissen. Und hoher Sozialkompetenz, weil wir das wirklich besser können als Computer und Roboter. Das bedeutet: Unsere Unternehmen suchen vor allem Optimierer, Prozessintegratoren, Vernetzte und Neugierige.

MAGAZIN
HESSENMETALL
DIGITALE PRODUKTION GESTALTEN
Wettbewerbsfähiges Europa
Digitale Transformation
Produkt- und Prozessqualität
3
2019/2020
iStock© ipopba

HESSENMETALL
Magazin 3: Digitale
Produktion gestalten

Bei der digitalen Transformation und ihrer Schlüsseltechnologie Künstliche Intelligenz sind deswegen Menschen in den Mittelpunkt zu stellen. Dazu kommt: KI erweitert unsere intellektuellen Grenzen. Bei der Sammlung und Speicherung von Informationen sind Expertensysteme menschlichen Experten schon überlegen. Deswegen sollten Menschen als Generalisten mit Sozialkompetenz den Einsatz der Expertensysteme steuern. Rechnerkapazitäten erkennen in Billionen von Wenn-Dann-Beziehungen Trends – dies übersteigt menschliche Prognosefähigkeiten deutlich. Die Beurteilung von Erfahrungswissen aber bleibt menschliche Domäne. Der Erfolgsfaktor ist dabei die Kombination beider Fähigkeiten. In der Dimension der Priorisierung von Werten, Zielen und der Beurteilung von Gefühlen sollten wir uns nicht die Steuerung aus der Hand nehmen lassen.

Die Hochzeit der realen und digitalen Welt: Mit digitalen Zwillingen ins neue Produktionszeitalter

Digitale Zwillinge sind die Zukunft eines neuen Produktionszeitalters. Sie bieten die Möglichkeit, die reale Produktionswelt vom Produkt über die Produktion bis hin zur Performance virtuell zu modellieren. Sie können dieses Modell in eine Kollaborationsplattform einbinden, die das Modell immer mit der realen Welt abgleicht und in einen Prozess der kontinuierlichen Verbesserung integriert: Optimierung eingebaut. Das Potenzial der Prozessautomatisierung und Digitalisierung haben längst viele unserer hessischen Metall- und Elektro-Unternehmen erkannt und sich auf den Weg gemacht.

Was einfach klingt hat erhebliche Voraussetzungen: Zum einen müssen alle Prozesse digitalisiert sein sowie eine Reaktionsfähigkeit in Echtzeit hergestellt werden. Ziel ist die Smart Factory mit Prozessen der Selbstregulierung und funktionaler Vernetzung. Die Digitalisie-

Die Rückspeisung von Erkenntnissen ermöglicht einen vollständig abgeschlossenen Optimierungskreislauf

Quelle: SIEMENS 2019

rung verändert nicht nur die Art und Weise, wie wir einkaufen, arbeiten oder verreisen. Sie hat auch tiefgreifenden Einfluss auf die produzierende Industrie. Heute gilt es schnell, flexibel und effizient zu produzieren, ohne Qualitätseinbußen zuzulassen. Zunehmende Digitalisierung und Vernetzung erfordern außerdem eine umfassende Sicherheitsarchitektur. Firmenlenker stehen vor der Aufgabe, die Zukunft erfolgreich zu gestalten.

„Viele deutsche und internationale Maschinenbauer haben das Potenzial von Digitalisierung und Automatisierung erkannt", sagte **Dr. Jan Mrosik**, der damalige COO

Dr. Jan Mrosik

Digital Industries der Siemens AG, auf dem HESSENFORUM 2019. In über 270 Fabriken weltweit nutzt der Siemens-Konzern auch selbst die Vorteile der Digitalisierung: „Im Elektronikwerk Amberg zum Beispiel produziert das Unternehmen rund 1 200 Produktvarianten seiner Simatic-Steuerung weitgehend vollautomatisiert." Damit wickeln Maschinen und Roboter rund 75 Prozent der Wertschöpfungskette mit einem Qualitätsstandard von 99,9999 Prozent selbstständig ab. Trotz unveränderter Produktionsfläche und gleichbleibender Belegschaftszahl stieg die Produktionskapazität des Werks seit 1990 um das 14-fache. „Siemens begleitet Unternehmen jeder Größe bei der digitalen Transformation", informiert Mrosik weiter. „Neben dem umfassenden Angebot an Software- und Automatisierungslösungen berät der Konzern bei allen Fragestellungen zu Digitalisierung und unterstützt während der Implementierung vor Ort."

Die Frühjahrsumfrage von HESSENMETALL 2019 hat gezeigt: Die digitale Produktion wird in den Unternehmen langsam aber sicher Alltag! Etwa ein Fünftel der Befragten haben bereits als digital transparente Fabrik ihre Prozesse digital abbildet - noch nicht komplett, aber fortgeschritten. 12 Prozent sind fortgeschrittener. Das heißt, sie sind in der virtuellen Echtzeit-Fabrik angelangt und können Echtzeit-Reaktionen umsetzen. 9 Prozent haben die Endstufe erreicht als selbstregulierte smarte Fabrik und arbeiten zum Beispiel mit „digitalen Zwillingen". Sie nutzen die digitale Abbildung plus Echtzeit-Reaktionen und machen daraus selbstgesteuerte Produktionsprozesse.

Erfahrungen mit den für die Digitalisierung erforderlichen Arbeitsbedingungen hat ein Drittel der Befragten bei Mobilität & Selbstorganisierte Gruppen. Etwa ein Fünftel hat sich unter anderem mit Mensch-Maschine-Kollaborationen, Assistenzsystemen und Betriebsvereinbarungen beschäftigt.

Auf dem Hessenforum 2019 fasste HESSENMETALL-Vorstandsvorsitzender Wolf Matthias Mang zusammen: „Wir sehen schon ganz beachtliche Fortschritte. Die Unternehmen sind dabei, ihre Produktion umzustellen, ihre Mitarbeiter dabei auch mitzunehmen und in die schlauen Maschinen zu investieren. Natürlich sind das Prozesse, die über mehrere Jahre gehen. Alles in allem bin ich zuversichtlich, dass die hessische M+E-Industrie diesen digitalen Wettbewerb im B2B-Bereich gewinnen kann."

Was ist der Unterschied zwischen einem mittelständischen Unternehmen, das in Produktion und Verwaltung schon seit Jahrzehnten Computer einsetzt, und einer digitalen Fabrik im Zeitalter von Industrie 4.0? Die Teilnehmer auf dem Hessenforum 2019 waren sich

CEO-Interview mit Dr. Stefan Wolf zum HESSENFORUM 2021

„Durch den Export Ressourcen schonender Technologien können wir das Klima retten."

Dr. Stefan Wolf, Präsident Gesamtmetall und Vorstandsvorsitzender der ElringKlinger AG

einig: Industrie 4.0 bedeutet das Ende der Industrie, wie wir sie kennen. Sie geht – wo immer möglich - weg von der Massenfertigung hin zu einer personalisierten Maßanfertigung, also einer perfekt an die Bedürfnisse und Wünsche der Kunden angepasste Herstellung von Produkten und Dienstleistungen. Digitale, smarte Fabriken können diese Industrie der Maßanfertigung an die Stelle der Massenindustrie setzen. Sie können Personalisierte Produktion. Und sie können Wertschöpfungsketten ins Netz hieven, ins industrielle Internet der Dinge (IoT). All das sind Voraussetzungen, um den B2B-Plattform-Wettbewerb global zu gewinnen!

Die vorangegangenen industriellen Revolutionen waren getragen von einer stetigen Reduktion der Variantenvielfalt und erzielten dadurch eine immer bessere Produktivität. Die 4. Industrielle Revolution definiert dieses Verhältnis neu und kommt in bestimmten Anwendungsbereichen sogar zu einem Maximum an Varianten: zur Losgröße 1, einem auf ein Individuum zugeschnittenen Produkt, das dennoch durch modular rekonfigurierbare Fertigungssystem ein Massenprodukt bleibt. So sind z. B. die Pumpen der Herborner Pumpenfabrik Maßanfertigungen, ihre Komponenten aber werden in Massenfertigung erzeugt, dann aber individuell konfiguriert.

Eine solche mit digitalen Zwillingen angepasste, auf der Basis individueller Daten und einer intelligenten KI maßgeschneiderte Produktion kann weniger Material und weniger Energie verbrauchen und weniger Müll produzieren. Mit dem Ansatz weg von Massenfertigung hin zu einer personalisierten Maßanfertigung wird Industrie 4.0 auf dem Weg zu einer klimaneutralen Welt Teil der Lösung. Und das ist nur ein Weg.

Ein anderer Weg ist der Export klimafreundlicher Produkte in Entwicklungsländer in deren Aufholprozess in Richtung mehr Wohlstand. „Wenn es also zum Beispiel gelingt, in Indien jedes zweite Auto mit einer Brennstoffzelle auszurüsten, haben wir doch viel mehr gekonnt, als wenn wir hier immer weiter an kleinen Schrauben drehen. Zumal Brennstoffzellen-Fahrzeuge mit grünem Wasserstoff komplett emissionsfrei fahren." So skizzierte Elring-Klinger Vorstandsvorsitzender und Gesamtmetall-Präsident Dr. Stefan Wolf auf dem Hessenforum 2021 die Situation des Exportvizeweltmeisters und sieht für Deutschland eine „absolute Führungspositionen in den Bereichen Wasserstoff und Brennstoffzelle. Denn die ganze Welt brauche neue Ressourcen schonende Technologien. Und unsere M+E-Industrie könne sie liefern.

KI macht Qualitätsmanagement von Produkten und Prozessen effizienter

KI-Technologien haben in der Produktion und insbesondere bei der Qualitätssicherung eine hohe Bedeutung. Zur KI gehören auch maschinelles Lernen und Deep Learning. Darunter versteht man Optimierungsmethoden künstlicher neuronaler Netze. Ein neuronales Netzwerk arbeitet immer zielgerichtet und hat eine Detektionsfunktion in Form von Sprache, Text oder Bildern. Die Anwendungsmöglichkeiten sind riesig. Deep Learning muss man sich als großes Netz in mehreren Lagen vorstellen, mit vielen Knoten und Verbindungen. Die Anzahl dieser Knoten und Verbindungen entscheidet über die Intelligenz des Systems.

Neuronales Netz im Einsatz

Dr.-Ing. Edgar Dietrich, Unternehmensvertreter von Hexagon Manufacturing Intelligence mit Sitz in Wetzlar, zeigte auf dem HESSEN-FORUM 2019 die Möglichkeiten: „Q-DAS, ein von mir gegründetes Unternehmen, das seit 2018 zur Hexagon-Gruppe gehört, hat eine klassische Software zur Beurteilung von Motoren entwickelt. Diese ist verbindlich im QM-System der Autoindustrie vorgeschrieben." Mittlerweile wurde die Software weiterentwickelt und durch ein neuronales Netz ersetzt, weil dieses noch schneller und effektiver Fehler findet: „Durch aufwändige Studien und Vergleiche haben wir festgestellt, dass diese Qualitäts-KI einfach besser ist als unsere traditionelle Q-DAS Software."

Produktionsprozess durchleuchten

Zum Technologiekonzern Hexagon gehört auch Hexagon Manufacturing Intelligence, deren Wurzeln auf die ehemalige Leitz Messtechnik zurückgehen und bekannt ist für genaueste Messmaschinen. Hexagon hat große Erfahrung im Erfassen, Analysieren und aktiven Nutzen von Messdaten. „Dank des Knowhows von Q-DAS", erläutert Dietrich, „kann man diese Daten nun in aussagekräftige Informationen verwandeln und schneller erkennen, wo es in einem Produktionsprozess innerhalb der Linie hakt – und den Fehler beheben."

Dietrich resümiert: „Je komplexer die Dinge werden, umso mehr wird man auf Analysen und Simulationen zurückgreifen. Langfristig wird die klassische Messtechnik tendenziell an Bedeutung verlieren und die Simulation immer mehr an Bedeutung gewinnen."

Dr.-Ing. Edgar Dietrich

Dieser Gesamtprozess ist heute schon Credo bei Hexagon: „Dank Simulationssoftware können wir schon jetzt ein komplettes Getriebe simulieren, ohne es zu bauen. Erst wenn der digitale Zwilling reibungslos funktioniert, wird produziert."

Hexagon ist ein schwedischer Konzern mit weltweit 20 000 Mitarbeitern und einem Nettoumsatz von etwa 3,8 Milliarden Euro.

Drei Schritte zur Smart Factory

„Erschaffen Sie sich eine Vision", sagte **Professor Dr. Christian Überall** von der Technischen Hochschule Mittelhessen auf dem 4. HESSENMETALL IT-Forum 2019. Er empfiehlt Unternehmen für die Industrie 4.0 neue Denkansätze: „Fragen Sie sich: Wo will ich mit der Firma hin, wo könnten mich Veränderungen treffen? Um in Deutschland weiterhin wettbewerbsfähige Produkte fertigen zu können, müssen nichtwertschöpfende Tätigkeiten auf ein Minimum reduziert werden. Und dafür braucht man eine gut durchdachte Digitalisierungsstrategie."

Professor Dr. Christian Überall

Für ihn werden Fabriken in einem schrittweisen Prozess smart: „Der erste Schritt ist die digitale Fabrik. Um Transparenz zu schaffen, muss man wissen: Wer macht was, wann, wo, wie und warum. Alle Informationen dazu werden über passende Datenmanagementsysteme gesammelt. Auf diesen Daten baut sich im nächsten Schritt die virtuelle Fabrik auf. Diese ist ein digitales Abbild der Produktion, vermittelt in Echtzeit Maschinenzustände, Prozessinformationen, Materialflüsse und mehr." Laut Überall ist der letzte Schritt zur smarten Fabrik die Vernetzung aller Abteilungen und Systeme über die gesamte Wertschöpfungskette hinweg.

Drei Schritte zur Smart Factory (Quelle THM; Grafiken: RAWKU5-stock.adobe.com)

Visionäre nötig

Als Werkzeuge braucht es echtzeitfähige Erfassungssysteme, Cloud Computing und Künstliche Intelligenz, um die gewaltigen Datenmengen zu managen: „Schlüssel zum Erfolg ist das Wissen über Abteilungsgrenzen hinweg. Das heißt: Weiterbildung und Gedankenaustausch. Hilfreich ist die Bildung eines Teams, in dem Management, IT, Fertigung und kaufmännischer Bereich gemeinsam an der smarten Fabrik arbeiten." Schließlich fordert Professor Überall: „Ein interner Visionär ist wichtig, der mit kühnen Ideen die Beteiligten antreibt."

Digitalisierung – längst auf dem Weg

Die Unternehmen der hessischen Metall- und Elektro-Industrie packen den Strukturwandel erfolgreich an. In Sachen digitaler Fitness sind unsere Unternehmen bereits entscheidend vorangekommen und investieren kräftig in neue Technologien. Die 2. Digitalisierungs-Umfrage von HESSENMETALL 2020 unter unseren Mitgliedsunternehmen zeigte: Die M+E-Industrie in Hessen ist mittendrin im Transformationsprozess. Die Unternehmen haben sich bei Digitalisierungsgrad, klarer Strategie und operativer Umsetzung entscheidend verbessert. Internet of Things (IoT), Robotik, Künstliche Intelligenz oder auch additive Fertigungsverfah-

MAGAZIN
HESSENMETALL
MIT DEM TIGER TANZEN LERNEN
Krise als Chance?
Wie digital ist Hessens Metall- und Elektro-Industrie?
Wie geht sie mit Corona um?
4
2020/2021
© pito / stock.adobe.com

ren wie der 3-D-Druck erhalten immer mehr Bedeutung. (Grafik: s. Kapitel 1, Seite 26)

Hessens digitale Fitness

Rund 60 Prozent der Befragten gaben ihren Digitalisierungsgrad mit hoch beziehungsweise eher hoch an. Bei der ersten Digitalisierungsumfrage 2019 lag dieser Wert noch bei 50 Prozent. Eine positive Entwicklung zeigt sich auch bei dem Umgang mit der Digitalisierung in den Unternehmen: Es gibt einen deutlichen Trend zu mehr Inklusivität: Knapp 72 Prozent der Unternehmen haben bereits eine klare Digitalisierungsstrategie. 2019 erklärten das nur etwa 60 Prozent. Fast 87 Prozent gaben an, alle Mitarbeiter auf dem Weg in die Digitalisierung mitnehmen zu wollen. 2019 waren es auch hier noch gut 10 Prozent weniger.

Zukunftstechnologien vorrangig in der Produktion

Noch sind die Erfolgsrelevanz digitaler Technologien und die tatsächliche Nutzung unterschiedlich. Insgesamt nutzen deutlich mehr Betriebe digitale Technologien als noch 2019.

Wichtig: Alle Techniken sind in Nutzung – das ist schon ein starkes Bild in Hessens größter Industrie. Fast 70 Prozent setzen bereits additive Fertigungsverfahren wie 3-D-Druck ein. Diese Technologie ist der Game-Changer, weil sie früh eingesetzt wurde und intensiv benutzt wird. Ihr folgen die Mensch-Maschine-Interaktionen auf Platz 2 und die ebenfalls schon stark vertretene Robotik auf Platz 3.

Bei rund 45 Prozent liegen das Internet der Dinge (Internet of Things, IoT) und die Vernetzung und das Steuern von Anlagen über das Internet. Diese IoT-Maschine-Maschine-Interaktion hat insbesondere aktuell einen Zuwachs zu verzeichnen. Schlusslichter sind die Virtual Reality-Technik und noch die Künstliche Intelligenz. Als größtes Hemmnis im Zusammenhang mit der Digitalisierung der Produktion nennen die Befragten einen unklaren Nutzen, gefolgt von mangelnden finanziellen Ressourcen sowie fehlendem Know-how in den Unternehmen.

KI als verlängerte Werkbank der menschlichen Intelligenz

HESSENMETALL
Magazin 4: Mit dem Tiger tanzen lernen

Die Nutzung aller digitalen Technologien wird zunehmen. Auch die komplexeren Techniken IoT und KI, die einen höheren Digitalisierungsgrad erfordern, gewinnen deutlich an Bedeutung.

Mit jetzt schon gut 85 Prozent wird auch der 3-D-Druck noch weiter zunehmen. Mit knapp 85 Prozent rückt aber das Internet der Dinge schon fast an die erste Stelle. Hier sind es vor allem RFID-Chips, die Daten berührungslos und ohne Sichtkontakt über Radarwellen übertragen, oder E-Grains, also würfelzuckergroße Kleinstrechner an Maschinen, die für die Selbstorganisation der Produktionsprozesse sorgen. Mit 83 Prozent wird der Mensch-Maschine-Interaktion ein ähnlich hohes Erfolgspotenzial zugeschrieben. Auch die Künstliche Intelligenz erfährt einen deutlichen Bedeutungszuwachs. Und sowohl die Robotik als auch die Vernetzung von Maschinen und Anlagen über das Internet stehen hoch im Ranking. Immerhin verdoppelt, aber etwas abgeschlagen, rangiert Augmented Reality am Schluss.

In Zukunft dürfte vor allem die Digitalisierung der Produktion der bedeutendste Investitionsschwerpunkt werden: Fast drei von fünf Unternehmen planen in fünf Jahren mehr als 6 Prozent ihres Umsatzes in diesem Bereich zu investieren. Darüber hinaus planen die Unternehmen, gemessen an dem heutigen Niveau den Investitionsanteil zur Einführung neuer Technologien am stärksten auszubauen.

Künstliche Intelligenz: Schlüsselmarkt digitaler Transformation

Künstliche Intelligenz ist der Anfang eines faszinierenden Erneuerungsprozesses, die Grundlage vieler neuer Geschäftsmodelle und der Schlüsselmarkt, in dem es um die Marktführerschaft geht. Schon heute ist die M+E-Industrie der größte Nutzer und Treiber der Künstlichen Intelligenz. Alle M+E-Unternehmen benötigen aber auch eine individuelle Datenstrategie, die Produkte, Prozesse und Arbeitswelt gleichermaßen umfasst. Die derzeit über 680 hessischen Mitgliedsunternehmen aus der M+E+IT-Industrie sind überzeugt davon, dass die Bedeutung von Künstlicher Intelligenz in den kommenden zehn Jahren stark zunehmen wird. Deswegen starten sie die Umsetzung mit unterschiedlichen Technologie-Ansätzen. Bei KI handelt es sich zwar um eine Schlüsseltechnologie, die nahezu in allen Bereichen der Gesellschaft sowie der Wirtschaft Anwendung finden kann. Aber sie ist nur eine der Digitaltechnologien, in die die Industrie investiert. So das Fazit des Vorstandsvorsitzenden Wolf Matthias Mang im FAZ-Podcast April 2022.

Technologie-Mix nötig

Interessant ist in den HESSENMETALL-Digitalumfragen 2020 die Diskrepanz zwischen der Einschätzung, welche Digitaltechnologien besonders erfolgsentscheidend sind, und der tatsächlichen Nutzung: 74 Prozent halten Künstliche Intelligenz für besonders wichtig – allerdings nutzen erst 19 Prozent die Technologie. Offensichtlich braucht nicht jedes Unternehmen alle wichtigen Digitaltechnologien, sondern jeweils einen speziellen, individuellen Mix. KI scheint zudem von den Firmen erst später als andere Technologien in den Fokus gekommen zu sein.

KI in F&E und Produktion

Es gibt eindeutige Präferenzen für den Einsatz der Digitaltechnologie Künstliche Intelligenz – und das über alle Unternehmensgrößen hinweg: Der KI-Einsatz erfolgt vor allem mit 75 Prozent in Forschung & Entwicklung und mit 58 Prozent in der Produktion. Daneben sind die Bereiche Wartung und Instandhaltung mit 33 Prozent und Vertrieb mit 25 Prozent relevant. Schließlich folgen mit jeweils 16 Prozent Logistik, Verwaltung und Personal.

Die Hauptmotive, KI einzusetzen, sind Zeit- und Kostenersparnis sowie das Bedürfnis, eine fundierte Grundlage für effektivere Entscheidungen zu erhalten. Bewusst ist den Unternehmen zudem die große Vielfalt der Anwendungsmöglichkeiten – für personalisierte Produktion beispielsweise mit Losgröße 1 oder für neue Produkte und Geschäftsmodelle beispielsweise mit sensorisch intelligent gemachter Hardware, die Betriebsdaten liefert. Mög-

KI: Werkbank der menschlichen Intelligenz

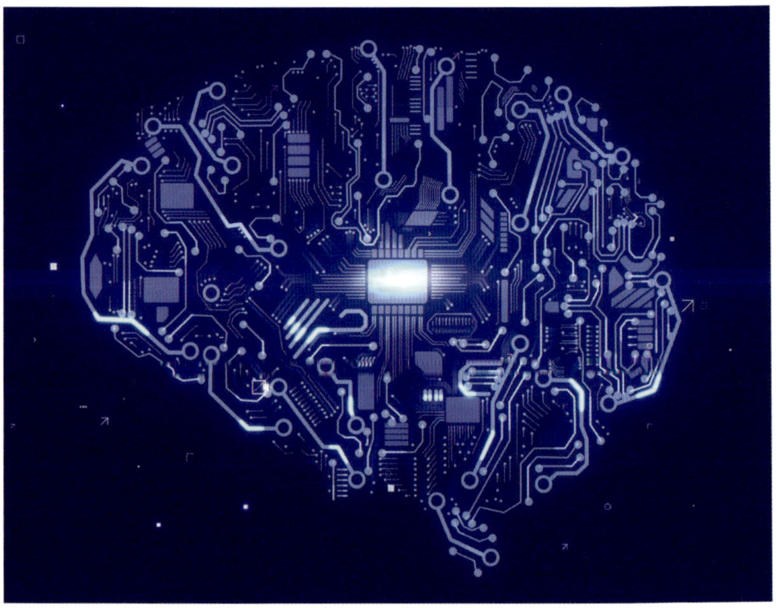

lich ist auch die Verbesserung von Prozessen und Services – beispielsweise durch den Einsatz von digitalen Zwillingen im Produktionsprozess, die immer mehr Simulation im Vorfeld ermöglichen. Positiv dabei: Es kommt zu weniger Nachbearbeitung, Fehlern und Abfall. All dies führt zur Steigerung der Ressourcen- und Kosteneffizienz: Denn je individueller die Produktion, desto geringer ist der Energieverbrauch und desto weniger Müll entsteht – vorteilhaft zur besseren Umsetzung von Nachhaltigkeits- und Managementsystemen.

Digitale Transformation: Skepsis nicht angebracht

Oft gibt es bei der Digitalisierung eine überzogene Erwartungshaltung. Zur Erinnerung: Es ist gerade mal elf Jahre her, dass auf der damaligen Hannover Messe die Industrie 4.0 ausgerufen wurde. Wer sich nun als Beobachter wundert, dass diese vierte industrielle Revolution noch nicht final vollzogen ist, unterschätzt die Komplexität von grundstürzenden Veränderungsprozessen. Diese umfassenden Neugestaltungen sind keineswegs nur eine primär technologische Aufgabenstellung, sondern benötigen ein transformiertes Geschäftsmodell, gekoppelt an den optimalen Technologie- und Digital-Mix. Zudem ist die Transformation verbunden mit einem umfassenden Kulturwandel hin zu einer mehr fähigkeitsbasierten statt hierarchischen Arbeitsorganisation. Teil davon ist beispielsweise auch ein grundsätzlich fehlertoleranter Experimentieransatz. Außerdem sind aktuell nicht nur eine, sondern gleich drei Transformationen zu bewältigen: die Digitalisierung, die Dekarbonisierung und die Demografie.

KI in der Arbeitswelt

Berührungsängste der Beschäftigten sind in Unternehmen, die KI nutzen, nicht festzustellen. Gelegentlich dürfte es eventuell zu einem leichten allgemeinen Unwohlsein darüber kommen, dass wir als menschliche durch künstliche Intelligenzen herausgefordert werden. KI kann manches einfach besser als wir Menschen – beispielsweise aufgrund der schnellen Verarbeitung enorm großer Datenmengen, der besseren Mustererkennungen oder Spezialwissen-Speicher. Dennoch bleibt festzustellen: Wir sind Menschen, die letztlich KI, maschinelles Lernen oder neuronale Netze als verlängerte Werkbank nutzen. Schließlich ist KI vor allem als Chance zu begreifen, auch mehr über unsere eigene Intelligenz zu lernen.

Selbstverständlich hat die Digitalisierung Auswirkungen auf unsere Arbeitswelt. Der mit Industrie 4.0 verbundene Kulturwandel hin zu mehr experimentellem Sportsgeist und mehr Wettbewerbsstärke ist schon genannt. Allein, es gibt auch Auswirkungen auf das Arbeitsrecht. Dafür haben wir das HESSENMETALL-Kompetenzzentrum „Digitale Arbeitswelt" geschaffen, bestehend aus Spezialisten für Arbeitsrecht, Arbeitswissenschaft sowie Digitales und Technologietransfer, um Mitgliedsunternehmen kompetent zu beraten.

Ein weiteres Beispiel für die Auswirkungen auf die Arbeitswelt ist das Betriebsrätemodernisierungsgesetz, das 2021 in Kraft getreten ist – mit Regelungen wie: Muss der Betriebsrat zur Durchführung seiner Aufgaben die Einführung oder Anwendung von Künstlicher Intelligenz beurteilen, dann gilt die Hinzuziehung eines Sachverständigen als erforderlich. Wenn bei der Aufstellung von Richtlinien, die die personelle Auswahl bei Einstellungen, Versetzungen, Umgruppierungen und Kündigungen betreffen, Künstliche Intelligenz zum Einsatz kommt, dann bedürfen diese Richtlinien der Zustimmung des Betriebsrates.

Der Gesetzgeber hat bis heute jedoch weder im Gesetz noch in der Gesetzesbegründung eine Definition des Begriffs „Künstliche Intelligenz" vorgenommen. Auch die Rechtsprechung hat bisher zu diesem Thema noch keine Entscheidung getroffen. Hier vertritt HESSENME-

KI – WAS IST DAS?

Künstliche Intelligenz (engl. Artificial Intelligence) ist ein Teilgebiet der Informatik mit dem Ziel, Maschinen so zu programmieren, dass sie autonom Probleme lösen und Entscheidungen treffen können.

Die Aufgaben, die von Künstlicher Intelligenz beherrscht werden sollen, sind vielfältig und reichen von Sprachverständnis und -verarbeitung über Bilderkennung, Handlungsempfehlungen in Medizin und Wirtschaft bis hin zur Beherrschung von Schach oder der Steuerung von Robotern, wie z. B. beim autonomen Fahren.

Die Idee, die menschliche Intelligenz durch mechanische Prozesse nachzubilden, beschäftigt die Menschen schon seit der Antike. Mit der Entwicklung der digitalen Computer und den grundlegenden Ergebnissen von Alan Turing zur digitalen Darstellbarkeit sämtlicher berechenbarer Probleme rückte sie in den Bereich der ernsthaften Forschung.

Deep Learning (tiefes Lernen) ist ein Teilgebiet von maschinellem Lernen, welches sich auf künstliche neuronale Netze und große Datenmengen fokussiert. Deep Learning wird dazu genutzt, Bilder zu erkennen, Texte zu verstehen und Entscheidungen genauer zu treffen. Durch große Datenmengen (Big Data) und stark gewachsene Rechenkraft hat Deep Learning an Relevanz gewonnen.

Das Standardlehrbuch für Künstliche Intelligenz von Russel/Norvig führt folgende Forschungsfelder von KI an:

- Problemlösen
- Wissensrepräsentation und Schlussfolgern
- Maschinelles Lernen
- Wahrnehmen und Sehen
- Verstehen und Generieren von natürlicher Sprache
- Verstehen von Bildern
- Interaktion
- Robotik
- Spielprogrammierung
- Automatisches Beweisen
- Assistenzsysteme

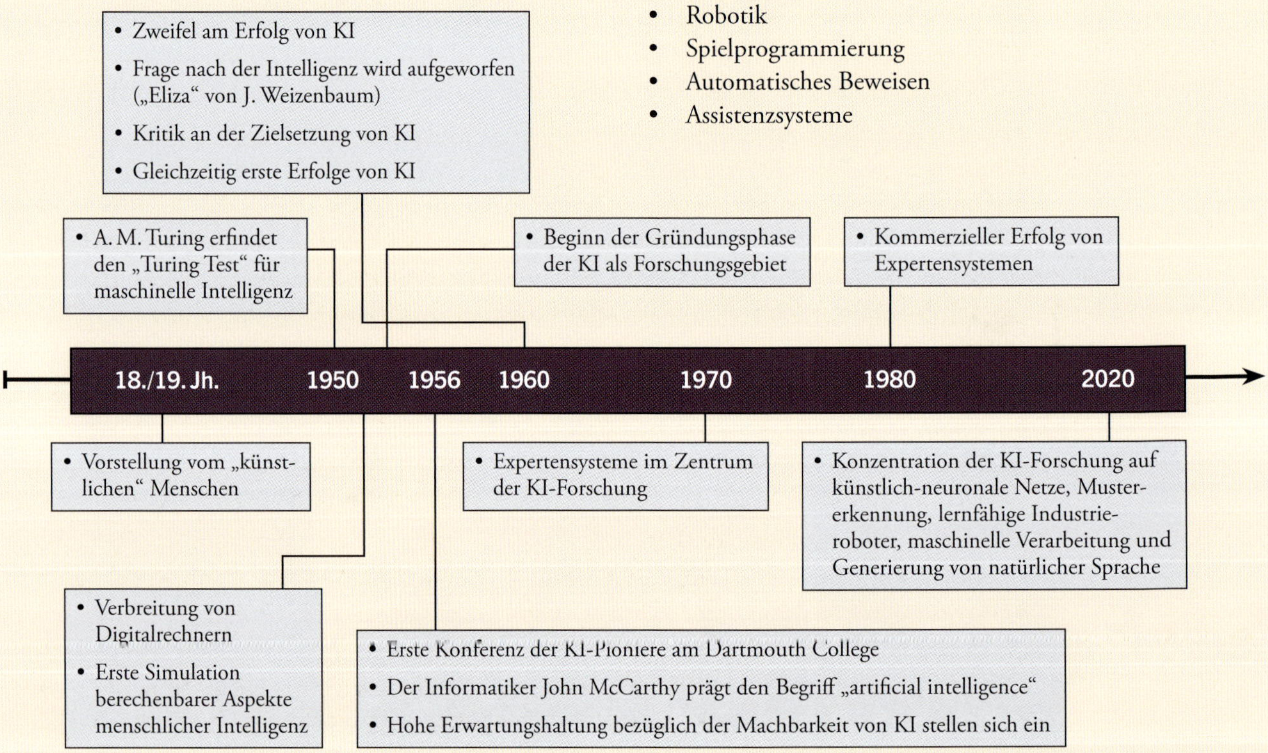

Quelle: Vgl. Brockhaus Enzyklopädie: Künstliche Intelligenz. https://brockhaus.de/ecs/enzy/article/kunstliche-intelligenz

TALL die Position, dass der Gesetzgeber schon KI definieren muss, wenn er Mitbestimmungsrechte über KI einräumen will. Doch das ist bislang nicht der Fall.

KI verändert Arbeitsplätze

Durch KI werden – wie durch die gesamte Digitalisierung – bestimmte Aufgaben entfallen. 80 Prozent der Arbeitsplätze werden sich mehr oder weniger stark verändern – so das Fazit unserer Denkfabrik, des Instituts für angewandte Arbeitswissenschaft ifaa in Düsseldorf.

Wie bei jeder großen Veränderung wird es auch Arbeitsplatzverluste geben. Aber auch in unseren Umfragen bei HESSENMETALL zeigt sich die Mehrheit davon überzeugt, dass es nicht weniger Arbeitsplätze geben wird. Wir erleben aktuell keinen Arbeitsplatzabbau, sondern einen sich beschleunigenden Fachkräftemangel.

Engpässe bei KI-Expertinnen und KI-Experten

Allgemein ist der Mangel an Fachwissen und Fachkräften neben notwendigen Investitionen ein großes Hemmnis für die schnelle Einführung von KI-Anwendungen. Die HESSENMETALL-Mitgliedsunternehmen spüren den Fachkräftemangel auch. Da Digitalisierung und somit auch KI eine Schlüsselrolle spielen, können wir den Fachkräftemangel perspektivisch dadurch lindern oder beseitigen, dass Digitales oder besser die MINT-Fächer auch zu Schlüsselfächern werden. Also in Schule, Ausbildung, Studium und Weiterbildung viel mehr Gewicht auf diese Kompetenzen gelegt wird, damit die Nachwuchsfachkräfte für die Zukunft aufgestellt sind.

Genauso wichtig ist aber die kontinuierliche Weiterbildung. Das Bildungswerk der Hessischen Wirtschaft ist der Systempartner von HESSENMETALL – eine Partnerschaft, die eine systematische Qualifizierung der Belegschaften unserer Mitgliedsunternehmen ermöglicht. Denn: Je schneller unsere Mitgliedsunternehmen KI anwenden, desto größer ist ihr Vorsprung am Markt. Deshalb ergänzt HESSENMETALL seine Aktivitäten in Zusammenarbeit mit dem Bildungswerk der Hessischen Wirtschaft auch um spezielle Lehrgänge zur gezielten Qualifizierung der Beschäftigten im Bereich der Digitalisierung und Innovation. So sind beispielsweise Lehrgänge wie „Digitalisierungsfachkraft in der Produktion", „Industrie 4.0 – von Mitarbeitenden zu Digitalisierungsexperten" oder „Mhoch3 Master Mind Meeting – Entwicklung einer Digitalisierungsstrategie" speziell auf die jeweiligen Zielgruppen zugeschnitten, Mhoch3 z. B. exklusiv auf Führungskräfte.

Kooperationen mit Bildungswerk und Hochschulen

HESSENMETALL baut sein Netzwerk der Hochschulkooperationen stetig aus – inzwischen sind es vier Kooperationen –, um einen stetigen Innovationsaustausch für Technologieführerschaft zu etablieren und diese in Geschäftsmodelle umzusetzen. Diese Partnerschaften ermöglichen es, dass Startups neues Wissen in die Community einführen oder Wettbewerbe Brain-Transfer schaffen. Schwerpunkte der Zusammenarbeit mit den Weiterbildungsinstitutionen sind Informationen zu neuen Technologien, der Austausch über neue technologische Herausforderungen und Trends sowie die Betreuung und Koordination von Forschungsprojekten. Daneben werden öffentlich geförderte Forschungsprojekte initiiert sowie Recruiting-Events, Workshops und Kongresse durchgeführt. Positiver Effekt: Bei den gemeinsamen Aktivitäten und Projekten lernen die Unternehmen auch die KI-Spezialisten – Studenten und Absolventen – kennen und können ihr Recruiting vorantreiben.

Deutschland: führender KI-Standort?

Deutschland kann sich nur dann zu einem der führenden KI-Standorte entwickeln, wenn der

Erfolg von KI im Dreiklang aus Rahmenbedingungen, Transfer in die Wirtschaft und gesellschaftlicher Akzeptanz verstanden und entsprechend gemeinsam angegangen wird.

Die Anwendung in der Wirtschaft zeitigt Erfolge: Nicht nur der Einsatz von KI in Unternehmen, sondern auch die Innovationskraft gemessen an KI-affinen Patentanmeldungen sowie die Nachfrage nach KI-Fachkräften steigen an. Das wertet HESSENMETALL als gutes Zeichen.

Im B2B-Bereich kann Deutschland als Industrienation mit einer starken Metall- und Elektro-Industrie noch aufholen. Die Branchen verfügen über eine geschlossene Wertschöpfungskette von der Metallverarbeitung bis zum fertigen Endprodukt: Das betrifft nicht nur die Herstellung von Automobilen, sondern auch von Haushalts- und Elektrogeräten. Wenn es gelingt, diese geschlossene Wertschöpfungskette mit in die Digitalisierung zu nehmen, intelligente Fabriken und intelligente Produkte zu entwickeln, dann haben wir sehr gute Voraussetzungen. Die vielen technologiegetriebenen Startups unter unseren Mitgliedsunternehmen geben weiteren Anlass zu der Hoffnung, dass wir zur Spitze aufschließen können.

Auf dem Weg zur autonomen Fabrik

„Wir befinden uns mitten in einer Transformation, bei der Digitalisierung eine Schlüsselrolle spielt.“ SAMSON hat eine über 100 jährige Erfolgsgeschichte. „Nach Elektronik und Mechatronik ist die Digitalisierung der nächste logische Schritt“, informierte Vorstandsvorsitzender **Dr. Andreas Widl** beim HESSENFORUM 2021: „Wo Daten anfallen, kann man analysieren, diagnostizieren und kommunizieren. Wir entwickeln uns also von der Ventilmanufaktur zur smarten Fabrik mit intelligenten Produkten und transparenten Prozessen. Wir nutzen neue Technologien, um alte und neue Probleme zu lösen, um die eigene Produktivität zu steigern, auch um Energie und Geld zu sparen.“

SAMSON investiert in additive Fertigungsverfahren wie den 3-D-Druck, um neue strömungsmechanische Lösungen im Ventil zu finden. „Wir entwickeln Algorithmen zur Selbstdiagnose unserer Ventile, um unseren Kunden von der Norm abweichende Prozesszustände frühzeitig mitzuteilen.“ Über ein Joint Venture mit dem Messtechnik-Spezialisten Krohne entwickelt das Unternehmen den ersten intelligenten Prozessknoten – nach Widl „ein entscheidender Schritt auf dem Weg zur autonomen Fabrik“, die – überwacht vom Menschen – selbstständig produziert und sich dabei im Betrieb optimiert.

Interview mit Dr. Andreas Widl zum HESSENFORUM 2021

Digitalisierung ist keine technische, sondern eine kulturelle Herausforderung.“

Dr. Andreas Widl, Vorstandsvorsitzender der SAMSON AG in Frankfurt

Stapler teilen sich selbst die Arbeit ein

Schlaue Lagerlogistik hat für **Maik Manthey**, den damaligen Leiter des digitalen Geschäfts der Kion Group in Frankfurt, viele Vorteile: „Weil sie die Arbeit erleichtert, Zeit, Energie und Geld spart. Mit einem automatisierten und vernetzten Lager hat man eine ganze Menge für die Energieeffizienz getan, denn es gibt reibungslosere Abläufe und weniger Leerfahrten.“ Ein intelligenter Stapler kommuniziert mit den anderen Fahrzeugen und mit der Cloud, denn von dieser bekommt er seine Aufträge. Manthey weiter: „Er teilt sich die Arbeit selbst ein, und er entscheidet, wo und wann er seine Batterien wieder auflädt, weil er Auftragslücken erkennt und den Ladestand der anderen Fahrzeuge.“ Doch auch Sicherheitsaspekte sind berücksichtigt: „In Kurven fahren Stapler automatisch langsamer und bei Hindernissen bremsen sie“, sagte er im aktiv-Interview 2019.

CEO-Interview mit Maik Manthey: „Unsere Stapler teilen sich selbst die Arbeit ein“

Maik Manthey

Kion ist mit seinen Marken Linde Material Handling, Still, Baoli, und Dematic sowie mit mehr als 36 000 Beschäftigten ein führender Anbieter für Flurförderzeuge sowie Automatisierungs- und Software-Lösungen in Warenlagern. Rund um die Erde sind mehr als 1,6 Millionen Flurförderzeuge des Intralogistik-Konzerns im Einsatz.

Künstliche Intelligenz als Geschäftsmodell

„Wirtschaftliche Nutzung von erneuerbaren Energien erfordert schnelle Entscheidungen, die mit herkömmlichen Methoden nicht mehr zu leisten sind“, erläutert enercast-Geschäftsführer **Dr. Henning Schulze-Lauen**. Deshalb hat das Unternehmen vor zehn Jahren begonnen, Methoden der Künstlichen Intelligenz zu nutzen, um die Stromproduktion von Wind- und Solaranlagen präzise vorherzusagen. Damit ermöglicht das Technologieunternehmen aus Kassel seinen Kunden die Einbindung erneuerbarer Energie in Stromnetze und Energiemärkte.

Für Schulze-Lauen ist „die Sicherung einer nachhaltigen, klimaverträglichen Energieversorgung die zentrale Herausforderung unserer Zeit, mit der unser künftiges Dasein steht oder fällt“. Er findet es spannend, an einem einzigartigen Schnittpunkt von Energie-, Daten- und Softwaretechnik zu arbeiten.

KI-UMFRAGE 2021:

Der Stellenwert von Künstlicher Intelligenz in Unternehmen wird deutlich zunehmen

Der Einsatz von Künstlicher Intelligenz (KI) in Unternehmen wird zukünftig weiter stark zunehmen. Das gilt auch für kleinere und mittelständische Betriebe. Dies und mehr sind die Ergebnisse der HESSENMETALL KI-Umfrage von 2021.

Die zentrale Bedeutung von KI ist mittlerweile nahezu unbestritten. Führende Wissenschaftler vom berühmten MIT sprechen von der wichtigsten General Purpose Technology unseres Zeitalters. Der Trend zeigt eindeutig, dass die Chancen von KI nicht nur erkannt werden, sondern dass mehr und mehr Unternehmen wirtschaftlich sinnvolle Anwendungen für die Technologie in Produktion und Prozessen finden.

HESSENMETALL hat zusammen mit dem Lehrstuhl für Wirtschaftsinformatik an der TU Darmstadt, Prof. Dr. Peter Buxmann, eine KI-Umfrage in Verbindung mit einem KI-Online-Check ins Leben gerufen. Die These von der General Purpose Technology unseres Zeitalters wird durch die HESSENMETALL-Umfrage bestätigt. So ist KI nach Aussagen der Teilnehmer in unterschiedlichen Unternehmensbereichen sehr gut einsetzbar. Vorne liegen Anwendungen in der Logistik und Produktion, gefolgt von Marketing. Lediglich im Bereich Unternehmensführung bzw. Geschäftsführung sehen die Teilnehmer geringes Einsatzpotenzial.

Welche Unternehmensbereiche können Ihrer Meinung nach generell vom KI-Einsatz profitieren?

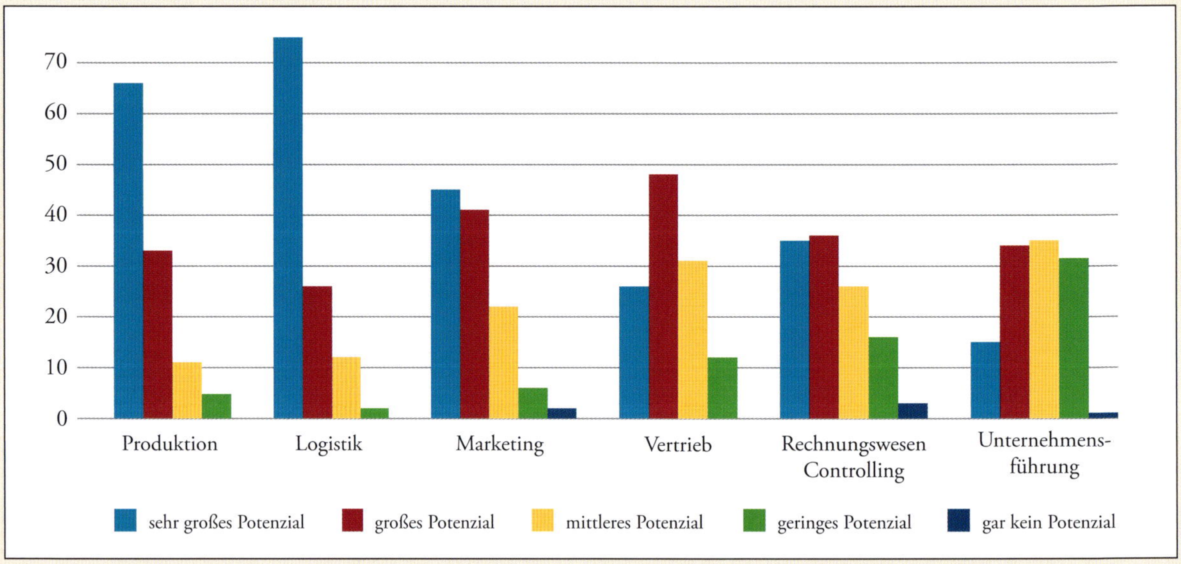

Welche wirtschaftlichen Ziele verfolgen die Unternehmen mit dem KI-Einsatz? An erster Stelle werden von den Teilnehmern Kosten- und Zeiteinsparungen genannt, dicht gefolgt von dem Motiv, bessere Entscheidungen treffen zu können. Demgegenüber wird die Entwicklung KI-basierter Geschäftsmodelle als weniger wichtig angesehen.

Als wesentliche Hindernisse für den KI-Einsatz werden der Mangel an KI-Experten, hohe Datenschutzanforderungen und die fehlende Verfügbarkeit von Daten zum Trainieren von KI-Modellen genannt.

Welche potenziellen Vorteile sehen Sie durch einen KI-Einsatz in Ihrem Unternehmen?

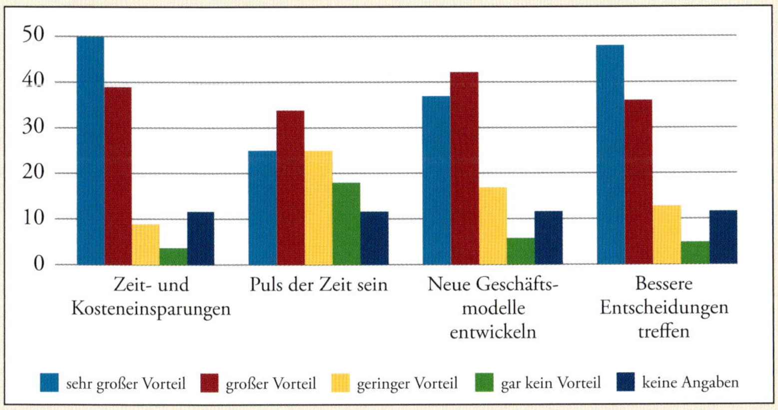

Welche potenziellen Hindernisse sehen Sie bei einem möglichen KI-Einsatz in Ihrem Unternehmen?

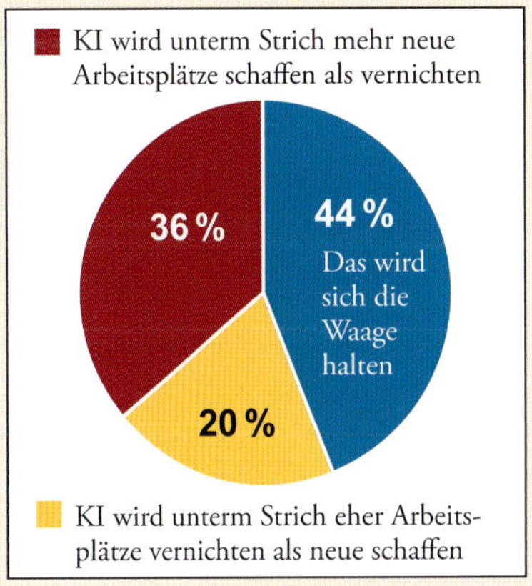

Wie wird sich die vermehrte Nutzung von KI auf Arbeitsplätze generell voraussichtlich auswirken?

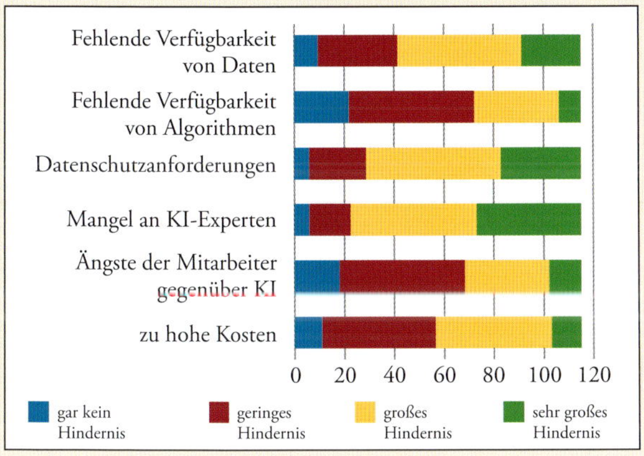

Wenig Sorgen machen sich die Teilnehmer um Arbeitsplatzverluste durch den Einsatz von KI. So sind die meisten Unternehmen (44 Prozent) der Meinung, dass KI etwa genauso viele neue Arbeitsplätze schaffen wird, wie möglicherweise verloren gehen. Gut 36 Prozent glauben, dass KI tendenziell mehr Arbeitsplätze schaf fen als vernichten wird, während nur knapp 20 Prozent davon ausgehen, dass Arbeitsplatzverluste durch den KI-Einsatz überwiegen werden.

DIE WICHTIGSTEN SIEBEN TAKE-AWAYS IM ÜBERBLICK:

1. KI ist gekommen, um zu bleiben: Die große Mehrheit der Befragten ist sich sicher, dass die Bedeutung von KI in den kommenden zehn Jahren stark zunehmen wird. Dies gilt für alle Unternehmensgrößen.
2. In den Bereichen Logistik, Produktion und Marketing werden die größten Einsatzpotenziale von KI gesehen.
3. Als größte betriebswirtschaftliche Vorteile werden „Zeit- und Kostenersparnis“ sowie das „Treffen besserer Entscheidungen“ genannt.
4. „Mangel an KI-Experten, hohe Datenschutzanforderungen und die Verfügbarkeit von Daten“ werden als größte Hindernisse beim Einsatz von KI genannt.
5. Die Teilnehmer erwarten keine Arbeitsplatzverluste durch die Anwendung von KI.
6. Ethische Überlegungen sollten bei der Entwicklung und Nutzung von KI eine große Rolle spielen.
7. Die Vermittlung von Studierenden mit KI- oder Data-Science-Know-how sowie Angebote zur Weiterbildung zu konkreten Use Cases und KI-Anwendungen führen die Wunschliste für die Serviceangebote für HESSENMETALL an.

Präzise Prognosen auf Knopfdruck

Die Kunden kommen aus allen Bereichen der Energiewirtschaft, wie etwa Energieversorger, Stadtwerke, Stromhändler oder Netzbetreiber, die die enercast-Plattform nutzen und so bei der Digitalisierung ihrer Prozesse unterstützt werden. Denn es geht darum, aus riesigen Datenmengen schnell und effizient die richtigen Informationen zu extrahieren, mit denen teils im Minutentakt Entscheidungen getroffen werden müssen, etwa im elektronischen Intraday-Handel an der Strombörse. Diese Daten werden mit mehreren Wettermodellen durch eigene Algorithmen zu einer Leistungsprognose verknüpft. Hier kommen Methoden der Künstlichen Intelligenz zum Einsatz, damit die KI aus großen Datenmengen das künftige Verhalten der Anlagen „erlernt“.

Dr. Henning Schulze-Lauen

CEO-Interview mit Henning Schulze-Lauen: „Präzise Prognosen auf Knopfdruck“

Daten, Daten, Daten: Erfolgsfaktoren beim Einsatz von KI in der Praxis

Der Künstlichen Intelligenz wird eine zentrale Bedeutung beigemessen, um die nächste Stufe der digitalen Transformation zu erreichen. Sie wird als Basistechnologie des 21. Jahrhunderts gefeiert. **Prof. Peter Buxmann**, Professor für WirtschaftsInformatik, Software und Digital Bussiness an der TU Darmstadt, und **Claus Lau**, damals Mitglied des HESSENMETALL Vorstands, Werkleiter Bosch-Rexroth, Erbach, im Gespräch mit dem HESSENMETALL-Magazin 4/2020:

„Ich sehe Künstliche Intelligenz in erster Linie als Chance für Gesellschaft und Wirtschaft. Denken Sie beispielsweise an Anwendungen in der Medizin, wie die Diagnose und Therapie von Krankheiten.“ Professor Dr. Peter Buxmann kennt die Realität: „KI-Algorithmen sind sehr gut darin, bestimmte Aufgaben zu erledigen. In Bereichen wie Objekterkennung und vielen Spielen, wie Schach oder Go, hat der Mensch gegen die KI keine Chance mehr. Aber Algorithmen sind auf bestimmte Anwendungsfelder begrenzt – und kein Algorithmus, der beispielsweise Kreditwürdigkeitsüberprüfungen durchführt oder die Restlebensdauer von Maschinen prognostiziert, kann auf die Idee kommen, sein Anwendungsfeld zu erweitern oder etwa die Weltherrschaft anzustreben.“

KI erledigt gestellte Aufgabe

„Hinter dem Respekt der Menschen vor Künstlicher Intelligenz steckt meines Erachtens meistens die Sorge, von KI ge- oder sogar übersteuert zu werden“, ergänzt Claus Lau. „Dabei kann KI wirklich ein Segen sein, denn sie kann unübersichtliche Datenmengen verarbeiten, analysieren und die Logik dahinter entdecken. Richtig aufbereitet hilft die KI so, die richtigen Entscheidungen zu treffen, zum Beispiel in der Produktion.“ Doch Lau weiß auch: „Alles, was KI

Prof. Peter Buxmann

macht, ist begrenzt. Denn sie agiert dem Auftrag entsprechend. Das heißt sie optimiert die Produktion, wenn das ihre Aufgabe ist – aber eben nicht den Fuhrpark oder mein Büro."

Lau weiter: „Grundsätzlich wird Künstliche Intelligenz Verluste reduzieren, etwa durch intelligente Auftragszusammenstellungen oder durch vorausschauende Instandhaltung. Wir wissen, wann ein Teil auszutauschen ist, bevor es einen Stillstand verursacht. Und wir haben Produkte, die selbst ihren Status erkennen und ‚wissen', was zu tun ist, damit sie nicht ausfallen. Mit intelligenten Komponenten werden wir auch kurzfristig merkliche Erfolge erzielen, insbesondere beim Retrofit an bestehenden Produktionsanlagen."

Daten sinnvoll auswerten

Für ihn ist KI eine Schlüsseltechnologie für die Zukunft: „Ein zentrales Anwendungsfeld sind Produktion und Logistik, um uns der Fabrik der Zukunft einen Schritt näherzubringen.

In unseren Werken erheben wir durch Industrie 4.0 zahlreiche Daten, die wir mit KI nun sinnvoll auswerten können." Claus Lau nennt Praxisbeispiele: „Inzwischen forschen wir an einer KI, die auch für die Mitarbeiter sicher, robust, erklärbar und nachvollziehbar ist. Konkret wollen wir zum Beispiel in Kooperation mit der TU Darmstadt unsere Produktionsreihenfolge im Werk Erbach so optimieren, dass die Verluste durch Rüsten oder Taktzeitverluste auf ein Minimum reduziert werden. Als Basis dienen uns hierzu Informationen, die wir mit den ersten beiden Schritten auf dem Weg zur Smart Factory bereits generieren können."

Algorithmen für die Welt

Die größte Herausforderung für Unternehmen sind für Professor Buxmann: „Daten, Daten, Daten! Die Verfügbarkeit von qualitativ hochwertigen Daten ist nun mal die Grundlage für eine gute KI-Lösung. Sie können den besten Deep-Learning-Algorithmus der Welt entwickeln, aber er wird nicht funktionieren, wenn er nicht mit guten Trainingsdaten zum Lernen gefüttert wird. Also muss ein Unternehmen auch eine gute Datenkultur aufbauen. Das bedeutet beispielsweise die Bedeutung von Daten zu kennen, Datensilos aufzulösen und auch, Egoismen abzubauen. Erst wenn Führungskräfte und Mitarbeiter wüssten, welche Bedeutung Daten haben und wie wichtig diese für die Zukunft der Firma seien, so Buxmann abschließend, würden sie mitziehen und die Daten auch pflegen.

Claus Lau

HESSENMETALL-Arbeitskreis „KI in der Produktion“

Der Arbeitskreis „KI in der Produktion“ versteht sich als Plattform für den Informations- und Erfahrungsaustausch zwischen Fachexperten aus unseren Mitgliedsunternehmen, die in enger Zusammenarbeit mit wechselnden Experten wie beispielsweise kompetenten wissenschaftlichen Mitarbeitern der TU-Darmstadt, des ifaa und weiteren Fachinstitutionen bestehende Probleme und Fragestellungen aufseiten der Unternehmen hinsichtlich der Einführung von KI diskutieren und Lösungswege miteinander austauschen. In seinem Leitbild präzisiert er den Einsatz von KI und die Kooperation.

Hessens M+E+IT-Industrie: Mit Exporten dem Klima helfen

Für eine klimafreundliche Welt ist die Industrie Teil der Lösung und nicht des Problems. Viele Unternehmen reduzieren ihre Material- und Energieverbräuche sowie Emissionen schon länger im Rahmen ihrer bestehenden Nachhaltigkeitsmanagement-Systeme. Umweltschonende Produkte, Prozesse und Technologien aus Deutschland zu exportieren, statt durch Verbote und Vorschriften zu regulieren, ist der erfolgversprechende Weg in die klimafreundliche Zukunft – so die einhellige Meinung der Unternehmerinnen und Unternehmer auf dem 31. Hessenforum im September 2021.

„Ressourcen schonende Technologien sind der größte Hebel für mehr Klimaneutralität“, sagt **Dr. Stefan Wolf, Vorstandsvorsitzender der ElringKlinger AG und Präsident von Gesamtmetall**. Er versteht Deutschland als klimafreundliches Industrieland: „Eine klimafreundliche Industrie haben wir doch schon. Im Verhältnis zum Umsatz ist der Ausstoß an klimaschädlichem Kohlendioxid schon deutlich zurückgegangen. Und Ressourceneffizienz ist seit Jahrzehnten ein wichtiger Aspekt unserer Wettbewerbsfähigkeit.“ Relevant für die deutsche Wirtschaft sind außerdem Klimaschutz-Techniken für Exporterfolge: „Die ganze Welt braucht neue, Ressourcen schonende Technologien. Und wir, unsere Industrie, liefern und exportieren sie in die Welt. Wir können Deutschland in eine absolute Führungsposition in den Bereichen Wasserstoff- und Brennstoffzelle bringen.“

Wir müssen handeln

Für **Dr. Andreas Widl, Vorstandsvorsitzender der SAMSON AG** in Frankfurt am Main, ist es höchste Zeit, unseren Planeten vor weiterer Erwärmung und damit weitreichender Zerstörung zu retten. Doch selbst bei sofortiger – allerdings unrealistischer – Kohlendioxid-Reduktion auf null würde sich das Klima weiter erwärmen: „Es hilft aber nichts, wir müssen jetzt handeln. Dabei spielen neue Technologien, Kreislaufwirtschaft, der Einsatz von Wasserstoff als Energieträger und Rohstoff, neue Ernährung sowie Bildung eine essenzielle Rolle.“

Durch Digitalisierung erreichen wir Klimaziele

Digitalisierung wird helfen, einen Großteil der Probleme zu lösen – davon ist **Alix Chambris,**

LEITBILD DES ARBEITSKREISES KI IN DER PRODUKTION

Der Einsatz von **Künstlicher Intelligenz (KI)** in der Produktion zielt auf eine zukunftsorientierte Verbesserung der wirtschaftlichen aber auch umweltbezogenen, sozialen und technologischen Leistungsfähigkeit von Unternehmen ab.

Mit **Künstlicher Intelligenz** wird nicht nur die Produktion als solche effizienter, sondern auch deren Planung und Organisation. Dadurch werden der erforderliche Energie- und Materialverbrauch minimiert und die Nachhaltigkeitsziele sichergestellt.

KI-gestützte Produktionssysteme sind in der Lage, nicht mehr nur vordefinierte Prozesse abzuarbeiten, sondern Aufgaben selbstständig zu erkennen und zu erledigen.

Unsere **Mitglieder profitieren** direkt und unmittelbar von diesem Erfahrungsaustausch und der gegenseitigen Unterstützung bei konkreten betrieblichen Fragestellungen, Projekten und Aufgaben.

Die **Planung und Organisation der Produktion** wird durch den Einsatz von KI deutlich verbessert werden, indem sie in Daten eigenständig Anomalien und Muster erkennt und das Produktionsvolumen beispielsweise an wechselndes Konsumverhalten anpasst. Hochintelligente Systeme können schon minimale Nachfrageänderungen in verschiedenen Regionen erkennen und antizipieren.

Best Practice-Beispiele werden von den Teilnehmern vorgestellt und diskutiert. Damit unterstützen wir proaktiv die Übertragung, Umsetzung und Implementierung praxisbewährter Konzepte und Erkenntnisse innerhalb der teilnehmenden Unternehmen der hessischen Metall- und Elektro-Industrie und helfen damit beim Auf- und Ausbau von Unternehmensnetzwerken.

Durch den Einsatz einer **KI-gesteuerten Predictive Maintenance** erkennen intelligente Systeme erforderliche Reparaturen und Wartungsarbeiten noch bevor ein Defekt eintritt. Im Bereich der Lagerlogistik können durch den Einsatz von KI nicht nur Prozesse effizienter gestaltet, sondern die benötigte Lagerfläche reduziert werden.

Wir verdeutlichen mit unserer Arbeit die **Bedeutung des KI-Einsatzes** in der Produktion für den unternehmerischen Erfolg, Erhalt und die Weiterentwicklung des Wirtschaftsstandorts Hessen. Die Kooperation mit den Hochschulen fördert zudem die Möglichkeit des Recruitings von KI-Spezialisten.

„Man kann klimafreundlich sein und gleichzeitig die deutsche Industrie stärken."

Alix Chambris, Generalbevollmächtigte der Viessmann Group in Brüssel

CEO-Interview mit Alix Chambris zum HESSENFORUM 2021

Vice President Global Public Affairs and Sustainability und Generalbevollmächtigte der Viessmann Group in Brüssel, überzeugt: „Man kann klimafreundlich sein und gleichzeitig die Industrie in Deutschland stärken, ja sogar einen Wettbewerbsvorteil schaffen. Dazu gilt es, zuerst mit neuen, klimafreundlichen Technologien und Maßnahmen auf den Markt zu kommen." Für sie ist „Klimaneutralität machbar und ein Wachstumsmarkt für Deutschland und die EU."

Neue Technologien müssen akzeptiert werden

Dabei seien Klimawandel und Nachhaltigkeit eng mit der Digitalisierung verbunden: „Sie wird uns helfen, einen Großteil der Probleme zu lösen. So lassen sich Tiefkühlsysteme und vieles mehr über eine KI energieeffizient steuern. Auch die Dezentralisierung wird durch die Digitalisierung einfacher. In Zukunft wird es immer mehr kleinere Energieerzeuger geben, die unterschiedliche Mengen an Energie ins Netz einspeisen, auch abrufen und andere mitversorgen. Der Abnehmer von Energie wird zum Nutzer. Die Blockchain-Technologie erlaubt präzisere Abrechnungen als bisher." Sie fasst zusammen: „Die Möglichkeiten, die uns die Digitalisierung eröffnet, sind gigantisch." Die größte Herausforderung ist für Alix Chambris allerdings die Akzeptanz neuer Technologien durch die Menschen: „Auch müssen die damit verbundenen Veränderungen transparent und sozialverträglich sein. Nur dann werden die immensen Chancen gesehen, beispielsweise bei Ressourcenschonung und Klimaschutz, Arbeit und Mobilität, Gesundheit und Wohlbefinden. So wird neuen Technologien nicht mit Angst begegnet."

Effektives Handwerkszeug

„Grundsätzlich ist die ganze Welt nicht klimafreundlich genug." **Wolfram Kuhn, geschäftsführender Gesellschafter der Herborner Pumpentechnik**, formuliert engagiert: „Wir alle sind gefordert, jedes Land, jedes Unternehmen, jeder Mensch. Nur gemeinsam werden wir diese Herausforderung meistern." Für ihn liefert die Digitalisierung ein „wunderbares Handwerkszeug", um in Produktion und bei Produkten die Gesamtheit von Daten und die dahinter liegenden Informationen optimal zu nutzen.

„Eine Künstliche Intelligenz ist für uns nichts anderes als ein gutes Handwerkszeug."

Wolfram Kuhn, geschäftsführender Gesellschafter der Herborner Pumpentechnik in Herborn

CEO-Interview mit Wolfram Kuhn zum HESSENFORUM 2021

Wir brauchen Höchstgeschwindigkeit

Wolf Matthias Mang, Geschäftsführer von Arno Arnold und Aufsichtsratsvorsitzender der Oechsler AG, ist sich sicher: „Klimaschutz beginnt beim verantwortungsvollen Umgang mit sämtlichen Ressourcen, betrifft umweltschonende Fertigungsverfahren, bedeutet auch neue Arbeitswelten und Entwicklung und Herstellung von umweltfreundlichen Produkten." Aus seiner Sicht müssen alle am Standort noch mehr tun: „Aber wir müssen auch ein Industrieland bleiben und über unsere Technologien ‚Made in Germany' den Klimaschutz in der ganzen Welt voranbringen." Der Transformationsprozess kann aber nur digital gelingen: „Künstliche Intelligenz wird innerhalb des Veränderungsprozesses eine exponierte Rolle einnehmen. Künftiger Erfolg hängt nicht mehr primär an der Technologieführerschaft, sondern beruht auf innovativen Geschäftsmodellen." Eng verbunden mit den Denkmustern der Softwareentwickler und Digitalunternehmer ist für Wolf Mang das für die Old Economy „häufig ungewohnte radikale Denken in Geschäftsmodellen". Denn: „Statt Perfektion und Tradition bedeutet solch ein kundenzentriertes Denken vor allem Anpassungsfähigkeit und Umsetzung in Höchstgeschwindigkeit."

CEO-Interview mit Wolf Matthias Mang zum HESSENFORUM 2021

Individuelle Massenfertigung oder Losgröße 1.

Wie die Oechsler AG Sportschuhe, Vollschalensitze und Football-Helme in großen Serien als Einzelstücke in passgenauen Geometrien herstellt

Das Unternehmen ist als Spezialist für kunststoffbasierte 3-D-Druck-Technologie bekannt. Nach individualisierten Sportschuhen für adidas in Losgröße 1 produziert Oechsler Bauteile in 3-D-gedruckter Gitterstruktur für Vollschalensitze von Sportwagen. Damit ist der Sitz auf den Körper des Fahrers individuell zugeschnitten. Zudem revolutioniert das Unternehmen aus Ansbach in Mittelfranken die Großserienproduktion von American Football-Helmen. Für den US-amerikanischen Marktführer Riddell werden Dämpfungselemente im Helminneren als 3-D-Gitternetzprodukt gefertigt. Durch die individuelle Anpassung an die Kopfform des Spielers wird die Schutzwirkung der Helme deutlich verbessert.

„Auch Traditionsunternehmen mit langen Entwicklungszyklen und internen Abstimmungsschleifen müssen die uneingeschränkte Kundenzentrierung in den Mittelpunkt stellen und daraus neue Geschäftsmodelle entwickeln, damit sich keine Intermediäre zwischen Endkunden und Produzenten stellen. Es ist der Kunde als Nutzer, der letztlich über Wohl und Wehe einer Unternehmung entscheidet. Erst mit Losgröße 1, dem maßgeschneiderten Zuschnitt eines Schuhs, eines Sitzes, eines Helms, kann die individuelle Kundenzentrierung ein Alleinstellungsmerkmal darstellen."

Wolf Matthias Mang,
Aufsichtsratsvorsitzender der Oechsler AG

Das Familienunternehmen Oechsler AG in Ansbach, gegründet 1864, ist ein international führender Anbieter in der Kunststofftechnologie mit rund 3100 Beschäftigten weltweit. Mit einer dreistelligen Anzahl von 3-D-Druckern und insgesamt über zwei Millionen produzierten Komponenten zählt das Unternehmen zu den größten Serienfertigern im Additive Manufacturing und wurde wiederholt vom Handelsblatt und der Unternehmensberatung Munich Strategy zu den wachstums- und ertragsstärksten Mittelständlern mit einem Umsatz von zehn Millionen und einer Milliarde Euro ausgezeichnet.

Umweltfreundliche Effizienz durch KI und Virtual Reality.

Wie Herborner Pumpentechnik in Produktion und bei Produkten Daten und Informationen optimal nutzt

Herborner Pumpen entwickelt seit fast 150 Jahren die innovativsten und hochwertigsten Pumpen der Welt, um Wasserbetriebe möglichst effizient, umweltfreundlich und profitabel zu gestalten. Das Familienunternehmen beschäftigt 140 Mitarbeiter bei einem Umsatz von rund 21 Millionen Euro. Gebraucht werden die Pumpen für Wasser und Abwasser in Schwimmbädern und Kläranlagen, auf Schiffen und in der Industrie. Neben dem Stammsitz im mittelhessischen Herborn gehört zum Unternehmen eine Niederlassung in Landsberg an der Saale und in Sarasota, Florida (USA).

„Herborner Pumpentechnik ist ein Vorreiter der Digitalisierung von Pumpen. Schlüssel zu dieser digitalen Welt ist HP.MIND, ein IoT-Controller. Dieser sammelt die Informationen der angeschlossenen Pumpen und sendet sie verschlüsselt an die Cloud. Erfasst werden dabei Fördermenge, -höhe, Drehzahl oder der Reinigungsbedarf der Vorfilter. Durch die hinterlegte KI lassen sich Wirkungsgrad und Energieverbrauch einstellen. KI hilft aber auch im Vertrieb dabei, aus der enormen Vielfalt an Pumpen die ideale Lösung für den jeweiligen Kunden zu finden. Zudem arbeitet das Unternehmen gerade an einem Algorithmus, der helfen soll, Sicherheitsbestände und Losgrößen der Einzelteile in der Lagerlogistik zu optimieren."

Wolfram Kuhn, geschäftsführender Gesellschafter der Herborner Pumpentechnik in Herborn

Digitalisierung als Problemlöser

Bei Viessmann ist Nachhaltigkeit seit Jahrzehnten Teil der Unternehmens-DNA. Klimawandel und Nachhaltigkeit sind für Viessmann eng mit der Digitalisierung verbunden – und der Königsweg, um einen Großteil der Probleme zu lösen.

Mit dem Leuchtturmprojekt „Effizienz Plus" hat Viessmann am Stammsitz in Allendorf/Eder den Verbrauch fossiler Energien um 66 Prozent und den CO_2-Ausstoß um 80 Prozent reduziert. So ist das Unternehmen produktiver und wettbewerbsfähiger. Dadurch wurden Arbeitsplätze gesichert und bereits 2012 die energiepolitischen Ziele der Bundesregierung für 2050 erreicht.

Viessmann hat sich seit der Gründung 1917 vom Heizungshersteller zum Lösungsanbieter für den kompletten Lebensraum gewandelt. Mit fast 13 000 Beschäftigten weltweit lag der Gruppenumsatz zuletzt bei gut 2,8 Milliarden Euro. Über 54 Prozent des Umsatzes werden außerhalb Deutschlands generiert. Das ‚Integrierte Viessmann Lösungsangebot' ermöglicht es, Produkte und Systeme über digitale Plattformen und Services für Klima- und Kühllösungen nahtlos miteinander zu verbinden.

Ressourcen schonend agieren

Die SAMSON AG befindet sich mitten in einer Transformation, bei der Digitalisierung die Schlüsselrolle spielt. Das Unternehmen hat eine über 100 Jahre währende Erfolgsgeschichte und Erfahrung insbesondere im Umgang mit „Eisen". Nach Elektronik und Mechatronik ist die Digitalisierung der nächste logische Schritt. So entwickelt sich SAMSON von der Ventilmanufaktur zur smarten Fabrik mit intelligenten Produkten und transparenten Prozessen. Genutzt werden neue Technologien, um alte und neue Probleme zu lösen, um Produktivität zu steigern und auch um Energie und Geld zu sparen.

Auch entwickelt SAMSON Algorithmen zur Selbstdiagnose der Ventile, um Kunden von der Norm abweichende Prozesszustände frühzeitig mitzuteilen. Über ein Joint Venture mit dem Messtechnik-Spezialisten Krohne wurde ein erster intelligenter Prozessknoten entwickelt. Er ist ein entscheidender Schritt auf dem Weg zur autonomen Fabrik, die – überwacht vom Menschen – selbstständig produziert und sich dabei im Betrieb optimiert.

SAMSON setzt Digitalisierung seit mehreren Jahren konsequent in der eigenen Produktion ein, um Prozesse zu optimieren, auf allen Ebenen nachhaltiger und bewusster zu agieren und letztlich Ressourcen zu schonen. So überwacht das Unternehmen weltweit über 140 Fertigungszentren und Prüfstände in Echtzeit. Die Maschinen werden – ob alt oder neu, analog oder digital – in ihrer Produktivität erfasst und auf dem Handy oder Tablet visualisiert. Das Ergebnis: Innerhalb weniger Wochen stieg die Produktivität zum Beispiel an den Maschinen im Frankfurter Werk um 30 Prozent. Erfreulich: Weil dadurch zwei Schichten so produktiv waren wie drei, kam es zu einer Stromersparnis von 70 000 Euro und zu 700 000 Euro weniger Personalkosten im Jahr. SAMSON testet auch den Einsatz von komplexen, aus dem 3-D-Druckverfahren stammenden Kunststoffbauteilen, die metallisch beschichtet sind. Die verwendeten Materialien schmelzen bei 150 Grad Celsius, sodass der Kunststoff und auch die Metalle komplett recycelbar sind.

Die SAMSON AG ist ein international aufgestellter Spezialist für Mess- und Regeltechnik mit weltweit 4 500 Beschäftigten, davon 2 000 am Stammsitz in Frankfurt. Das 1907 gegründete Unternehmen ist im Familienbesitz und nicht an der Börse gelistet. Anlagen mit SAMSON-Ventilen sind überall da aktiv, wo Dinge im Fluss sind, egal ob Öle, Gase, Dämpfe oder chemische Substanzen.

Unterstützung von Menschen durch Maschinen und Systeme

ElringKlinger investiert seit über zehn Jahren stark in Digitalisierung, um wettbewerbsfähig zu bleiben. Schließlich kann die Automatisierung der Produktion durch Industrie 4.0 erhebliche Effizienzsteigerungen der operativen Prozesse bewirken. Automatisierung bedeutet für das Unternehmen nicht in erster Linie den Ersatz von Mitarbeiterinnen und Mitarbeitern, sondern eine Unterstützung der Menschen durch Maschinen und Systeme. Neben der Mensch-Maschine-Interaktion werden das Vernetzen und Steuern von Anlagen über das Internet bei ElringKlinger mehr und mehr eine Rolle spielen. Zudem kommunizieren Maschinen von unterschiedlichen Standorten miteinander. Bei ElringKlinger gibt es zum Beispiel drei baugleiche und vernetzte Pressen: Eine Maschine leitet quasi die anderen beiden an, damit diese ebenso effizient produzieren.

Die ElringKlinger AG mit Hauptsitz in Dettingen/Erms ist ein weltweit führender Systempartner der Automobilindustrie und bietet für alle Antriebsarten innovative Produktlösungen. Das Unternehmen beschäftigt knapp 10 000 Menschen bei einem Umsatz von zuletzt 1,5 Milliarden Euro. In Hessen hat ElringKlinger Standorte in Idstein und in Runkel bei Limburg. Dort befindet sich ein wichtiger Standort für Dichtungstechnologien von ElringKlinger in Europa.

Mit Nachhaltigkeitsmanagement zu neuer Wettbewerbsstärke

„Wenn Deutschland einen ernsten Beitrag zum globalen Klimaschutz leisten will, sollte die eigene Industrie nicht geschwächt, sondern gestärkt sowie nachhaltig ausgebaut und gefördert werden“, das erklärte **Prof. Dr.-Ing. habil Sascha Stowasser**, Direktor des Instituts für angewandte Arbeitswissenschaft (ifaa) in Düsseldorf, im Rahmen seines Vortrages zu nachhaltigem Produktionsmanagement beim Hessenforum von HESSENMETALL. Nur so könnten Technologie, Wohlstand, soziale Zufriedenheit und Umweltschutz gleichermaßen verbessert werden. Um Betriebe zugleich produktiver und nachhaltiger zu machen, brauche es ein Konzept der CO-Produktivität.

Stowasser: „Denn die Industrie ist die Lösung: Sie kann mit konsequentem Nachhaltigkeitsmanagement ihre Klimafreundlichkeit schrittweise und konsequent verbessern und durch den Export solcher Technologien zu neuer Wettbewerbsstärke gelangen."

Produktivität nimmt Klimaschutz und Wohlstand zugleich in den Blick. Wolle man den Zielkonflikt zwischen Klimaschutz und Wohlstandsinteressen auflösen, müssten beide Zielsetzungen gleichermaßen berücksichtigt werden. „Eine kombinierte Zielgröße, die CO-Produktivität, kann helfen, diesen Zielkonflikt zu lösen." Aus der Perspektive des Klimaschutzes stehe die Reduzierung von eingesetzter Energie im Fokus, bei deren Erzeugung oder Nutzung Kohlendioxid freigesetzt werde. Betrachte man den Wohlstand, gemessen am Wert der erstellten Güter und Dienstleistungen im Verhältnis zur eingesetzten Energie und damit verbundenen klimaschädlichen Emissionen, lasse sich daraus eine „CO_2-Produktivität" ermitteln. Aber zur Erreichung der Nachhaltigkeitsziele müsse die CO_2-Produktivität stärker als die Wirtschaftsleistung wachsen. Stowasser: „Ein systematisches Nach-haltigkeitsmanagement kann dazu beitragen, die komplexen Herausforderungen der Zukunft zu meistern und den langfristigen Unternehmenserfolg zu verbessern." Der Wissenschaftler ist überzeugt: „Die CO_2-Revolution muss in 42 Jahren geschafft sein."

Neue Geschäftsmodelle, Technologien und Arbeitsorganisationen in Zeiten besonderer Herausforderungen

Der Business-Talk beim 32. Hessenforum von HESSENMETALL stand im Mai 2022 ganz im Zeichen von Innovation, denn nur diese schafft einen echten Wettbewerbsvorteil. Es wurde klar: Mit Kostenführerschaft erhält man zwar Wettbewerbsfähigkeit, was unverzichtbare Voraussetzung für die Bewährung im Wettbewerb ist. Revolutionäre Innovation – im Unterschied zu inkrementeller Optimierung – dagegen schafft die Voraussetzung dafür, bessere Produkte zu liefern, bessere Preise zu erzielen und bessere Entgelte zahlen zu können. Deshalb ist Innovation, wo immer möglich, die Methode der Wahl. Ein Anspruch, den auch der frühere Siemens-Topmanager Joe Kaeser schon so formuliert hat.

Aktuell stehen wir zudem vor verschiedenen globalen Krisen: der noch nicht überwundenen Corona-Pandemie, dem Angriffskrieg Russlands auf die Ukraine, dem Strukturwandel der digitalen Transformation, der Dekarbonisierung und der Demografie mit dem damit einhergehenden Fachkräftemangel. Dieses schwere Gepäck belastet den Rucksack der Unternehmen auf dem Weg zurück an die Spitze. Es erfordert tägliches Krisenmanagement in den Unternehmen. Neue Prioritäten und Sinnfragen fordern die hessischen Unternehmen heraus.

PURPOSE DURCH UNTERNEHMENSKULTUR

„Vieles gelingt uns durch die Zusammenarbeit mit Hochschulen und nicht zuletzt mit IT-Unternehmen." Geschäftsführer **Wolf Mang** von Arno Arnold informiert darüber, wie sein Unternehmen gemeinsam mit der TU Darmstadt eine Schutzabdeckung mit einer KI verknüpft, IoT-fähig gemacht und zur Marktreife geführt hat. „Gefördert wurde das Projekt über das LOEWE-Programm. Ich war beeindruckt, wie toll und unkompliziert alles klappte. Mittelständische Unternehmen wie wir können sich die für solch eine Entwicklung eigentlich notwendigen großen IT-Abteilungen gar nicht leisten. Abgesehen davon gäbe es dafür auch gar nicht genügend IT-Spezialisten."

Unternehmenskultur und Führung wichtiger

Arno Arnold produziert Schutzabdeckungen für den Maschinenbau. Diese schützen bewegliche Teile, damit diese nicht verschmutzt oder beschädigt werden, aber auch, damit niemand dort hineingreifen und sich verletzen kann. „Das wissen unsere Mitarbeiterinnen und Mitarbeiter", sagt Mang. „Aber inzwischen erzählen wir ihnen auch, was mit diesen Maschinen hergestellt wird: Eben nicht nur Autos und Motorräder, sondern zum Beispiel auch Herzklappen in unglaublicher Qualität oder künstliche Hüftgelenke, weil wir Abdeckungen in dem dafür notwendigen Reinheitsgrad herstellen können. Und das macht sie stolz." Das zeigt ihm: Alles muss zur Unternehmenskultur passen. „Menschen achten genau darauf, wie man mit ihnen, den Kollegen, Lieferanten und auch Kunden umgeht. Und sie wollen wissen, was wir als Unternehmen für die Umwelt und zum Schutz des Klimas tun und natürlich auch, wie wir in Krisen reagieren. Dann ist es plötzlich auch ein Thema, ob und wie wir etwas für Flüchtlinge aus der Ukraine tun." Das alles müsse aber wirklich gelebt werden: „Dann haben wir hochmotivierte Spitzenteams hinter uns."

Ohne Fehlerkultur bleibt Kreativität auf der Strecke

Prinzipiell müssen Betriebe wirtschaftlich geführt werden und der Dreiklang von Technologie, Ökonomie und Ökologie funktionieren: „Aber wir achten eben auch sehr auf die soziale Komponente und gerade im Zuge der Digitalisierung darauf, dass wir Menschen durch die Einführung neuer Technologien nicht überfordern. Auch hier nehmen wir sie mit, zum Beispiel durch entsprechende Weiterbildung." Führung ist für Mang auch Sinnvermittlung. „Arno Arnold und Oechsler sind beides Familienunternehmen in der inzwischen sechsten Generation. Man nutzt unterschiedliche Tools, um mit seinen Kunden aus dem Maschinenbau oder der Automobilindustrie zu agieren. Aber in der Unternehmenskultur, wie wir etwa mit den Belegschaften umgehen, gibt es keine Unterschiede. Dieser Anspruch ist in beiden Unternehmen gleich."

Wichtig dabei ist eine neuartige Fehlerkultur. „Solange jeder Angst hat, Fehler zu machen, bleibt die Kreativität auf der Strecke. Man sollte in den Betrieben bei den neuen Dingen viel mehr Möglichkeiten haben, Ideen einfach mal auszuprobieren und aus Fehlern zu lernen. Um neue Ziele zu erreichen, braucht es in vielen Unternehmen dafür einen echten Kulturwandel."

Mehr Respekt für Unternehmertum

Corona-Lockdowns in China, Putins völkerrechtswidriger Krieg in der Ukraine – die weltumspannenden Lieferketten sind zum Zerreißen gespannt. Wolf Matthias Mang, Vorstandsvorsitzender von HESSENMETALL, kennt die aktuellen Nöte der hessischen Unternehmen: „Entweder haben sie Engpässe, weil ihnen Teile fehlen. Oder sie erleben gerade, dass sie zwar produzieren können, aber nicht mehr liefern dürfen, weil den Kunden eben andere Teile fehlen."

Die Sanktionen gegen den russischen Aggressor machen das Business nicht einfacher. „Die hessische Wirtschaft trägt die bisherigen Sanktionen gegen Russland voll mit. Sie sollten uns aber nicht mehr schaden als dem Aggressor, denn unsere Abhängigkeit vom Gas ist groß. Die Substitution von Gas ist nicht so einfach. Der komplette Verzicht auf Gas aus Russland würde die Wirtschaft in der EU, nicht nur in Deutschland, massiv treffen, viele Unternehmen in die Insolvenz treiben und zu Massenarbeitslosigkeit führen."

Vorsichtig optimistisch für hessische Wirtschaft – trotz Rucksack

Mang sieht die aktuellen Herausforderungen durch den Krieg gegen die Ukraine geprägt: „Man muss ständig neue Prioritäten setzen. Wir stehen vor Herausforderungen ungemeiner Art. Trotz aller Unwägbarkeiten dürfen wir optimistisch sein, sollten uns aber auch eine Art Alltags-Pessimismus bewahren. Wir dürfen nicht erwarten, dass wir aus dieser schwierigen Situation wieder in eine normale Situation wie zuvor zurückkehren – oder gar zügig herauskommen, damit wir nicht in einen Kreislauf von zu großen Hoffnungen und schnellen Enttäuschung geraten. Nüchterne Zuversicht wird uns helfen, durch die gefährlichen Klippen zu segeln."

Er beschreibt die hessische Wirtschaft als stark: „Aktuell zählen wir in Hessen rund 30 000 Arbeitslose weniger als noch vor einem Jahr. Dass sich die hessische M+E-Industrie als so widerstandsfähig und handlungsfähig erweisen würde, war zu Beginn der Pandemie nicht zu erwarten. Das gibt mir Hoffnung und macht Mut. Aber der Rucksack, den wir schleppen müssen, ist deutlich schwerer geworden."

Herkunft ist wertvoll – in Familienunternehmen und im Arbeitgeberverband

„Keine Zukunft ohne Herkunft" – diese Einsicht ist nach Mang heute Konsens. „Das zeichnet", so der Familienunternehmer, „besonders Familienunternehmer bis heute aus." Deswegen fordert er: „Der Staat sollte ruhig etwas mehr Respekt haben vor der Bereitschaft der Unternehmerinnen und Unternehmer, Risiko

> *„Innovative Geschäftsmodelle und Produktivitätssprünge gelingen uns vielfach durch die Zusammenarbeit mit IT-Unternehmen und Hochschulen sowie durch eine fehlertolerante Kultur der Sinnhaftigkeit. Das ermöglicht Kurs zu halten, wenn man ständig neu priorisieren muss, wie man mit den vielfältigen Herausforderungen von Kriegsfolgen, Pandemiefolgen, Lieferkettenengpässen und der großen digitalen Transformation umgehen muss."*
>
> Wolf Matthias Mang

„Die Künstliche Intelligenz treibt die Individualisierung der Angebote an die Kunden voran."

Wolf Matthias Mang, Geschäftsführer von Arno Arnold in Obertshausen

zu übernehmen und er sollte auch darauf achten, dass die jungen Leute, die Nachfolgegeneration, nicht den Spaß daran verlieren."

Herkunft ist für ihn etwas Wertvolles. Das betrifft auch die Entwicklung von HESSENMETALL im 75. Jubiläumsjahr: „61 Unternehmer kamen damals zusammen und brachten den Arbeitgeberverband im Oktober 1947 auf den Weg. Heute sind wir ein Netzwerk Arbeit 4.0 für bereits über 680 Mitgliedsunternehmen. Und auch heute noch kommen wir zusammen, um uns zu treffen, zu diskutieren, zu lernen und uns auszutauschen." Er sieht die faire Aushandlung von Entlohnungs- und Beschäftigungssystemen als Kernkompetenz. „Daneben gibt es jede Menge Unterstützung für die Unternehmen, sei es im Bereich Arbeitswissenschaften, beim Recruiting der Beschäftigten oder deren Aus- und Weiterbildung."

Seit fünf Jahren gibt es zudem den Erfahrungsaustausch zu Digitalisierung und KI, Technologietransfer und Nachhaltigkeitsmanagement: „Die Öffnung von HESSENMETALL für IT-Unternehmen ist ein großer Gewinn für uns alle, da der Verband uns damit ein geniales Netzwerk anbietet. Und zu diesem Netzwerk gehören inzwischen auch vier Hochschulen, die Kooperationsvereinbarungen mit HESSENMETALL unterzeichnet haben." Damit hat man Zugang zu neuesten Technologien, über die gemeinsam innovative Produkte in die Anwendung gebracht werden können. Seine Quintessenz zum Jubiläum: „Für mich ist HESSENMETALL ein Verband wertstiftender Sinnhaftigkeit, um erfolgreich ein Unternehmen zu führen. Deshalb kann ich jeden nur ermutigen, sich hier zu engagieren", wie Wolf Matthias Mang betont.

New Leadership für die digitale Transformation

„Die Form unserer Zusammenarbeit mit Kunden hat sich völlig geändert." **Uwe Bartmann, CEO von Siemens Deutschland**, zeigt die Veränderungen auf: „Früher haben wir Produkte hergestellt und die Kunden haben sie gekauft. Fertig. Heute sind **Marktbegleiter** mal Kunde und mal Wettbewerber und man entwickelt gemeinsam Lösungen. Für uns ist es völlig in Ordnung, wenn nicht wir, sondern der Kunde im Rampenlicht steht."

Digitalisierung als Kernstärke

Einen beträchtlichen Anteil an der digitalen Transformation hat dabei New Leadership: „Es ist eine Reise, auf der wir uns aus dem Siemens-Kern heraus weiterentwickeln, um gemeinsam mit unseren Kunden und Partnern den Übergang ins digitale Zeitalter zu meistern. The race of IoT ist eröffnet und wir haben die Herausforderung angenommen. Wenn alles miteinander vernetzt ist, steht alles auch in einer gewissen Abhängigkeit voneinander,- wie Lernende Systeme, Künstliche Intelligenz, Robotics oder Künstlicher Zwilling." Digitalisierung bezeichnet Bartmann als eine Kernstärke: „Wir beherrschen die Themen rund um IoT und das macht

„Schnöde Technologie allein reicht nicht aus. Will man dauerhaft an der Spitze sein, geht es auch um Purpose und Business cases. Der Kunde betrachtet seine Investition in eine Technologie unter strategischen, betriebswirtschaftlichen und etlichen weiteren Aspekten und will über die reine Technologie hinaus einen Mehrwert haben."

Uwe Bartmann, CEO Siemens Deutschland und Mitglied des Vorstands von HESSENMETALL

uns erfolgreich. Siemens gelingt es extrem gut, die virtuelle Welt mit der realen Welt zu vereinen – gemeinsam mit unseren Kunden und Partnern."

Arbeitswelt von morgen

Im Frankfurter Stadtteil Gateway Gardens entsteht der neue Siemens-Standort „The Move" auf 35 000 Quadratmetern mit modernster Siemens-Gebäudetechnik. „In diesem Gebäude nutzen wir wirklich alles, was Siemens beim Thema Smart Building zu bieten hat: ‚The Move' ist unsere Antwort auf die Arbeitswelt von morgen, in der man dank modernster Technologien am Arbeitsplatz sogar die individuellen Bedürfnisse der Beschäftigten berücksichtigen kann." Das Gebäude wird effizient ausgestaltet mit wenigen klassischen Büros, aber mehr Büro-Landschaften. „Denn Teams werden auf Dauer nicht mehr in Abteilungen denken, sondern sich als Einheiten verstehen. Die Arbeitswelt wandelt sich hier zu einem Ökosystem, zu dem wiederum Kunden und Partner gehören, die sich auch Räume im Gebäude anmieten können." Siemens ist zwar Besitzer, wird aber nur knapp die Hälfte von „The Move" selbst nutzen.

New Work schafft Future Makers

„Wir versuchen in einer zunehmend digitalen Welt, den Menschen immer wieder in den Mittelpunkt zu stellen. Unsere Mitarbeiter sind unsere ‚Future Makers', denn nur mit ihnen werden wir die Zukunft meistern können. Also engagieren wir uns sehr, um sie zu gewinnen – wir tun extrem viel für Recruiting und Ausbildung –, zu halten und auch weiterzubilden und eventuell auch umzuschulen." Der Umgang mit den Menschen hat durch die Mitbestimmung einen besonderen Stellenwert: „Leadership ist ein Privileg und dessen muss man sich bewusst sein. Die Zeiten, als ein einzelner Mensch Strahlkraft über ein ganzes Unternehmen hatte, sind vorbei. Keiner kann mehr die Herausforderungen der Zukunft alleine meistern. Dafür sind sie viel zu komplex." Gemeinsam aber kann man Strahlkraft entfalten: „Das Licht leuchtet dann vielleicht sogar viel heller – wenn man das Licht der anderen akzeptiert."

Leadership hat Potenzial für die Zukunft

New Leadership hat für Bartmann einen Anspruch ans große Ganze, auch wenn der Denkansatz nicht immer einfach ist: „Wir sind alle groß geworden in starren Gebilden, in denen klare Zielvorgaben erreicht werden mussten. Wir brauchen jetzt eine andere Offenheit, in der es möglich sein muss, auch bisherige Verhaltensweisen und Privilegien infrage zu stellen. Vielfalt, Gleichheit, Gerechtigkeit und Inklusion haben bei Siemens ohnehin einen großen

CEO-Interview mit Uwe Bartmann
35 000 Quadratmeter Zukunft

Stellenwert. Leader zu befähigen, das alles wirklich zu leben, ist eine große Herausforderung." Noch gibt es Menschen, die auf ihre Ernennung warten, ehe sie mit der Arbeit anfangen. „Doch das ist Vergangenheit. Hingehen, loslegen, überzeugen und mitreißen ist New Leadership."

Siemens Deutschland

Mit rund 86 000 Mitarbeitenden sowie mehreren tausend Auszubildenden ist Siemens einer der größten privaten Arbeitgeber und Ausbildungsbetriebe in Deutschland. Als führender Technologiekonzern ist Siemens vor allem in den Feldern Industrie, Infrastruktur und Mobilität aktiv. Im Geschäftsjahr 2021 erzielte der Konzern einen Umsatz von 62,3 Milliarden Euro. In Hessen beschäftigt Siemens rund 5 100 Mitarbeitende, davon gut 520 in Forschung und Entwicklung sowie rund 150 Auszubildende in technischen und kaufmännischen Berufen an den Standorten Frankfurt, Kassel, Marburg und Wetzlar.

Intelligente Kombination: Technologie plus Innovation

ROEMHELD zählt zu den führenden Experten weltweit für effiziente Lösungen in der Produktion. „Wir stellen Elemente und Systeme für die Fertigungs-, Montage-, Spann- und Antriebstechnik her und verhelfen unseren Kunden so zu effizienten Fertigungsprozessen", erläutert Julia Reichert, geschäftsführende Gesellschafterin. „Unsere Produkte haben wir in der Vergangenheit wirklich gut verkauft. Wir waren ohne Zweifel sehr rührig und fleißig. Wir sind sehr gut darin, uns in kleinen Schritten zu verbessern. Aber manchmal macht man die schmerzliche Erfahrung, dass die inkrementelle Optimierung nicht ausreicht und große Schritte gefragt sind."

Neue Geschäftsmodelle vorantreiben

Gerade die Corona-Pandemie hat gezeigt, wie krisenanfällig das Unternehmen ist und wo die Baustellen liegen: „Corona hat auch bei uns die Digitalisierung enorm beschleunigt und wir erlebten, wie risikobehaftet unser Liefersystem ist. Flexibilität bekam eine neue Dimension. Leider stellten wir auch fest, dass digitale Arbeitsweisen Menschen entkoppeln. Man verliert Geschwindigkeit in der Abstimmung, wenn man sich nur virtuell begegnet. Und es ist so viel schwieriger, auf das Persönliche von Mitarbeitern, Kollegen und auch bei Kunden einzugehen."

Bei ROEMHELD versucht man deswegen, für den unternehmerischen Erfolg alles noch mehr ganzheitlich zu betrachten und danach zu entscheiden: „Digitalisierung und digitale Arbeitsweisen können nur ein Element sein, damit wir flexibel unsere Arbeitsumgebung gestalten können. Wir als Gruppe leben davon, dass wir Wissen und Daten digital abrufbar haben. Aber die Möglichkeiten gehen inzwischen weit darüber hinaus. Also denken wir auch über komplett neue Geschäftsmodelle nach, weil wir unseren Vorsprung behalten wollen und arbeiten daran, uns und unsere Kunden mehr anzutreiben."

Breit aufgestellt – mit neuen Chancen

Das Unternehmen ist bekannt als Lieferant fertiger oder modifizierter Produkte mit inzwischen über 30 000 Katalogartikeln, die man in der industriellen Produktion braucht – von Teilen im Bereich Spanntechnik, für die Fertigungstechnik oder hydraulischen Elementen bis hin zu Komponenten und Systemen der Montage- und Antriebstechnik. „Vieles davon wird elektronisch bestellt und geliefert. Wir sind auf die Entwicklung und Herstellung von kundenspezifischen Lösungen spezialisiert und gelten international als einer der Markt- und Qualitätsführer. Die Digitalisierung eröffnet uns nun weitere, ganz neue Möglichkeiten. Aber unsere Lösungen verkauft man am besten im direkten Gespräch. Die besten Ideen kommen vor Ort, egal ob es um die effiziente Produktion und gleichbleibende Qualität von Zahnimplantaten oder um Bauteile für Windkraftanlagen geht.“

Bereicherung durch Netzwerk

ROEMHELD setzt digitale Technologien an verschiedenen Stellen ein: „Um Daten zu generieren und auszuwerten nutzen wir intern schon lange die Möglichkeiten von Sensorik und Digitalisierung. In unserer Gießerei, der Keimzelle von ROEMHELD, nutzen wir die 3-D-Technik, um Sonderformen zu drucken. Wir testen VR-Brillen für den Einsatz im Service, da viele unserer Anlagen auch in entfernten Ländern im Einsatz sind. Wir nutzen das Verfahren ‚digitaler Zwilling‘, um in einzelnen Generationen unserer Maschinen per Simulation herauszufinden, ob die Produktion neuer Teile auch reibungslos funktioniert.“ Auch arbeitet das Unternehmen an einer Simulationssoftware für Kunden, die im Vorfeld testet, ob die gewählte Vorrichtung das vom Kunden gewünschte Ergebnis liefert. Mit automatisierten Bestellvorgängen wird der „Verbrauch“ der Produkte festgestellt und damit der künftige Bedarf hochgerechnet: „So lässt sich mit unseren Lieferanten ganz anders über Preise verhandeln. Für all das nutzen wir übrigens auch die Expertise von unabhängigen IT-Spezialisten und wir kooperieren eng mit etlichen Hochschulen. Wir haben da ein tolles Netzwerk, das wir als Bereicherung erleben.“

Experimentelle Arbeitsorganisation

„Der Strukturwandel zeigt, dass nicht mehr alle Geschäftszweige so dynamisch wachsen, wie wir das gedacht haben.“ Selbstkritisch lässt sich Julia Reichert beraten: „Wir lassen uns als Geschäftsführung, auch als Gesellschafter, von intern und extern reflektieren. Gerade für die Transformation ist es wichtig, dass wir uns selbst hinterfragen. Ich glaube, wir waren noch nie so fokussiert, wie wir das heute sind. Vielleicht aber auch, weil die Zeit, in der wir uns heute befinden, noch nie so viele Dinge auf einmal mit sich gebracht hat.“

> *„Leider wird der Mensch bequem, wenn alles läuft. Man muss die Dinge immer wieder komplett hinterfragen und auch die Kunden mit der Nase draufstoßen, an gravierenden Veränderungen intensiver zu arbeiten. Man darf nicht dem hinterhertrauern, was man jetzt etwa bei der klassischen Automobilindustrie verliert, sondern man sollte den Mut haben, neue Wege zu gehen. Das kann nach unserer Erfahrung ganz wunderbar sein.“*
>
> Julia Reichert

Auch ROEMHELD braucht gute Mitarbeiter: „Immer mehr wollen sich weiterentwickeln, weiterbilden und ihre Arbeit selbst organisieren. Damit gehen auch andere Gehaltsvorstellungen einher. Das alles unterzubringen ist auch eine Herausforderung.“ Seit einem guten Jahr organisieren sich die einzelnen Teams selbst und die Geschäftsführung ist offen für Shared Leadership: „Wir lösen gerade das klassische Bild auf und lassen Mitarbeiter bei der Arbeitsorganisation Ideen entwickeln. Manchmal muss man neugierig sein und mal gucken was kommt. So werden wir Lösungen finden, dass sich auch die Kollegen in der Schichtarbeit freier bewegen können. Es ist noch sehr experimentell, steigert aber unsere Attraktivität. Denn gerade für junge Menschen ist der Arbeitgeber am attraktivsten, der ihnen möglichst flexibel ermöglicht ihre (freie) Zeit zu gestalten – und das über die schon vielen tollen Flexi-Möglichkeiten hinaus.“

Lernen aus der Geschichte für die Zukunft

Aus der 300-jährigen Geschichte des Unternehmens hat die Geschäftsführerin gelernt, dass man Mut haben muss: „Und in bestimmten Zeiten den Hebel umlegen. Daraus ergeben sich dann neue Ideen, neue Verfahren, neue Methoden und idealerweise auch neue Produkte. Das kann dann manchmal aber auch bedeuten, dass man sogar Geschäftsbeziehungen aufkündigen muss, weil bestimmte Produkte gar nicht mehr oder nicht mehr rentabel hergestellt werden können. Auch das ist dann in Ordnung, wenn es dem großen Ganzen dient.“

Die Digitalisierung wird das Unternehmen weiter verändern: „Montagefreundliche, ergonomische und passgenaue Vorrichtungen erleichtern die Arbeit, steigern die Effizienz und schützen die Gesundheit – dank Memoryfunktionen stellt sich die Vorrichtung sogar automatisch für den Mitarbeiter ein, der sich gerade übers System einloggt. Man darf nicht dem hinterhertrauern, was man jetzt etwa bei der klassischen Automobilindustrie verliert, sondern man sollte den Mut haben, neue Wege zu gehen. Das kann ganz wunderbar sein.“

CEO-Interview mit Julia Reichert zum Hessenforum 2022

Auch wenn der Umsatzanteil durch die Automobilindustrie bei ROEMHELD hoch ist, gibt es weiterhin Bedarf: „Auch in Zukunft ist das, was die Autoindustrie benötigt, reichlich. Man muss das Potenzial jetzt für sich entdecken und die richtigen Ansätze dafür finden. Egal welcher Antrieb: Es müssen ja trotzdem die verschiedensten Bauteile gefertigt werden – warum nicht mit Unterstützung unserer Lösungen.“ Sie sieht viele Märkte in der Zukunft mit ungeheurem Potenzial: „Jetzt müssen wir die richtigen Prozesse durchlaufen, um sie zu erobern.“

Verpflichtung, Verantwortung und Verbundenheit

„Ein Familienunternehmen gehört zu einer Familie dazu, ist über Generationen immer da – im Sinne von Freude und Dankbarkeit, aber auch Verpflichtung und Verantwortung.“ **Julia Reichert** und ihr Bruder Philipp Ehrhardt, die gemeinsam das Familienunternehmen in der fünften Generation managen, kennen das von Kindesbeinen an. „Manchmal drückt die Verantwortung schon sehr, gerade in der aktuellen Zeit. Es ist eine unfassbare Menge an Themen, die immer da sind und bearbeitet werden müssen.“ Doch sie sieht auch die andere Seite: „Es ist toll, die Verbundenheit der Mitarbeiter mit ROEMHELD zu erleben, die eben auch über Generationen am Fuße des Vogelsbergs entstanden ist. Auch das gibt uns beiden Energie und stärkt unsere Zuversicht, dass wir alle gemeinsam die Herausforderungen unserer Zeit gut meistern.“

Julia Reichert, geschäftsführende Gesellschafterin der ROEMHELD Gruppe, Laubach

Die ROEMHELD Gruppe geht zurück auf die 1707 gegründete Gießerei Friedrichshütte in Laubach, die 1870 Julius Römheld pachtete. Inzwischen bildet ROEMHELD zusammen mit den Spanntechnik-Spezialisten HILMA und STARK eine Firmengruppe, die ein umfassendes Produktprogramm auf dem Gebiet der Spanntechnik für die Fertigungstechnik anbietet. Ergänzt wird das Produktprogramm durch zahlreiche hydraulische Elemente für den allgemeinen industriellen Einsatz sowie Komponenten und Systeme der Montage- und Antriebstechnik. Die Gruppe hat 470 Beschäftigte, davon 320 in Laubach.

Zukunft der industriellen Beschäftigung im Strukturwandel
„Wir haben bei Opel bekanntermaßen bewegte Jahre hinter uns." **Ralph Wangemann, Geschäftsführer Personal und Arbeitsdirektor Opel Automobile**, kennt die Lage: „Sie sind einhergegangen mit einem gewaltigen Strukturwandel. Unsere Strategie dabei: Wir setzen auf nachhaltige Mobilität. In den letzten vier Jahren war Opel wieder außerordentlich erfolgreich, nochmals gepusht seit der Fusion der Groupe PSA mit FCA zum globalen Automobilkonzern Stellantis Anfang 2021." Die gewählte Strategie scheint aufzugehen: „Heute haben wir bereits zwölf elektrifizierte Opel-Modelle auf dem Markt und haben unseren Marktanteil im wichtigen deutschen Heimatmarkt im vergangenen Jahr deutlich gesteigert, waren zudem der große Gewinner unter den Volumenmarken. Der Opel Corsa ist die vergangenen zwei Jahre der meistverkaufte Kleinwagen in Deutschland und das meistverkaufte Auto überhaupt in Großbritannien gewesen. Unsere Modelle kommen bei den Kunden hervorragend an."

Technologisch vorne dabei
Um erfolgreich zu sein, muss man nach Wangemann vieles abdecken: „Sie brauchen gute Technologie und innovative Geschäftsmodelle. Sie brauchen eine gute Arbeitsorganisation und Unternehmenskultur. Denn nur wenn die Belegschaft mitzieht, sich engagiert und neue Ideen einbringt, können Sie etwas bewegen. Aber vor allem müssen Sie technologisch ganz vorne dabei sein. Wir stehen auch in Sachen E-Mobilität sehr gut da. 2024 werden wir mindestens eine elektrifizierte Variante von ausnahmslos jeder Baureihe anbieten. Darüber hinaus streben wir an, die Gesamtbetriebskosten für Elektrofahrzeuge bis 2026 denen von Fahrzeugen mit Verbrennungsmotor anzugleichen. Und bis 2028 wollen wir in Europa nur noch Elektrofahrzeuge anbieten."

Zudem wird weitergedacht bei Opel: „Wir haben bereits das nächste Kapitel in unserer Offensive für nachhaltige Mobilität aufgeschlagen: Im Dezember letzten Jahres wurde der erste Opel Vivaro-e HYDROGEN ausgeliefert. Dieser erste emissionsfreie Wasserstoff-Transporter eines Fahrzeugherstellers wird in Rüsselsheim produziert. Gerade bei leichten Nutzfahrzeugen wird die Wasserstoff-Brennstoffzelle als Strom-

„Die Zukunft der industriellen Beschäftigung im Strukturwandel erfordert eine hohe Anpassungsfähigkeit: Die Bereitschaft zum Wandel liegt uns Opelanern wohl im Blut. Die Transformation kostet Arbeitsplätze, die am Verbrennungsmotor hängen, schafft aber auch neue in bestimmten Chancenfeldern."

Ralph Wangemann, Geschäftsführer Personal und Arbeitsdirektor Opel Automobile GmbH

CEO-Interview mit Ralph Wangemann zum HESSENFORUM 2022

quelle für den Elektroantrieb immer mehr an Bedeutung gewinnen. Darüber hinaus läuft hier an unserem Stammsitz in Rüsselsheim der neue Astra vom Band – als Limousine, Kombi, mit effizienten Benzinern, Dieseln, als Plug-in-Hybrid und schon im nächsten Jahr als batterie-elektrischer Astra-e. Der neue Astra wurde natürlich auch in Rüsselsheim designt und entwickelt."

Transformation der Automobilindustrie

„Anfang 2022 haben wir mit der TU Darmstadt das erste OpenLab von Stellantis in Deutschland ins Leben gerufen, um gemeinsam an neuen Lichttechnologien zu forschen." Stellantis finanziert am Fachbereich Elektrotechnik und Informationstechnik (etit) zunächst für die kommenden vier Jahre drei Doktoranden. Zudem wird im Opel-Werk in Kaiserslautern gerade eine neue Batteriefabrik aufgebaut, in der ab 2025 Batteriezellen mit einer Kapazität von 40 Gigawattstunden für über 800 000 Autos jährlich produziert werden sollen. „Das ist ein Joint Venture von Opel/Stellantis, TotalEnergies und Mercedes-Benz. Gefördert von der Bundesregierung, sollen dafür von allen Partnern mehr als zwei Milliarden Euro investiert werden." Wangemann bezeichnet dies als wichtigen Teil der Transformation und des Strukturwandels der Automobilindustrie, wovon auch Opel profitiert.

INNOVATION STEHT IM MITTELPUNKT

„Beispielsweise im Innenraum das volldigitale Pure Panel, das so gar nichts mehr zu tun hat mit einem konventionellen Armaturenbrett. Es ist vielmehr eine neue Mensch-Maschine-Schnittstelle für ein intuitives Bedienerlebnis über einen extrabreiten Touchscreen."

Durch Weiterqualifizierung zu Software-Knowhow

Die Schattenseite der Transformation ist ohne Zweifel der Abbau von Arbeitsplätzen, die am Verbrennungsmotor hängen: „Im letzten Jahr waren das bei uns 2 100 Stellen. Unser Freiwilligen-Programm hat da sehr geholfen. Im Moment laufen noch bestimmte Altersteilzeit- und Vorruhestandsprogramme, die wir noch weiterführen." Doch Opel denkt an die Zukunft: „Dreh- und Angelpunkt ist unsere strategische Aus- und Weiterbildung. Am Standort Kaiserslautern brauchen wir zum Beispiel Mitarbeiter, die Batteriezelle können. Also bieten wir den Beschäftigten dort, die bisher an Komponenten und Motoren arbeiten, eine passende Weiterbildung an."

Insgesamt braucht Opel viel mehr Mitarbeiter mit Software-Knowhow: „Dafür stellen wir Software-Spezialisten neu ein. Und wir motivieren unsere Opel-Ingenieure, die sich bisher überwiegend mit Verbrennungsmotoren beschäftigt haben, eine Weiterbildung zum Software-Ingenieur zu beginnen." Auf Konzernebene wird außerdem eine eigene Software-Akademie aufgebaut. „Weiterqualifizierung ist und bleibt ein wesentlicher Bestandteil der Transformation. Aber wir brauchen natürlich den Willen der gesamten Belegschaft, diese Transformation auch mitzugehen." Hier können flexible Arbeitszeitmodelle helfen, um wettbewerbsfähig zu bleiben und zufriedene Mitarbeiter zu haben. „Sie sind ein wichtiges Instrument in der Produktion, nicht nur für die Schichtarbeit."

Außerhalb der Produktion wurde mittlerweile – wo immer möglich – Homeoffice eingeführt. „Bei allem, was wir tun, müssen wir die Menschen mitnehmen. Das gelingt mit überzeugenden Produkten – und indem man sie richtig informiert. Eine gute und intensive Kommunikation, insbesondere die interne Kommunikation, ist deshalb wichtiger denn je. Es versteht sich von selbst, dass zu all dem auch eine gute Sozialpartnerschaft gehört."

Anpassungsfähigkeit als Basis des Erfolgs

„Wandlungsfähigkeit ist wichtig, um schwierige Lebenssituationen zu überstehen." Das scheint Opel immer wieder zu gelingen. „Betrachtet man unsere Geschichte, beeindruckt

bis heute die enorme Anpassungsfähigkeit des Unternehmens. Angefangen hat alles mit Nähmaschinen, dann kamen Fahrräder und schließlich das Automobil – mit Verbrennungsmotor. Und jetzt gehen wir in das Zeitalter der Elektromobilität. Immer war es ein Impuls von außen, der bei Opel die großen Veränderungen gebracht hat. Und immer wagte man sich auf Neuland, entwickelte Ideen, probierte aus und passte sich an. Zum Erfolgsrezept gehört sicher auch, nie den Glauben an sich zu verlieren."

Ralph Wangemann, Geschäftsführer Personal und Arbeitsdirektor Opel Automobile GmbH

BUSINESS-TALK
Ausgewählte Lösungen und Best-Pr[obscured]ice-Beispiele

» Neue Chancen

1990 — **» Neuland Wiedervereinigung:** Arbeitgeberverband in Thüringen

1990: HESSENMETALL hilft beim Aufbau eines Arbeitgeberverbands in Thüringen.

Einige HESSENMETALL-Kollegen, u. a. Volker Fasbender, Geschäftsführer Tarifpolitik bei HESSENMETALL, gehen nach Thüringen. Sie wollen dort einen Arbeitgeberverband nach westlichem Muster gründen, um die planwirtschaftliche Organisation zu verhindern. Am Entstehen des Verbandes der Metall- und Elektro-Industrie in Thüringen (VMET) sind sie maßgeblich beteiligt.

1991: Das „Haus der Wirtschaft Hessen" wird neuer Sitz.

Die Landesgeschäftsstelle zieht um – aus der Villa in den Neubau im Frankfurter Mertonviertel. Das Haus der Wirtschaft Hessen ist bis heute der Sitz der Landesgeschäftsstelle von HESSENMETALL, der Bezirksgruppe Rhein-Main-Taunus, der VhU, der Zentrale des Bildungswerks sowie weiterer Verbände.

Haus der Wirtschaft Hessen, Emil-von-Behring-Str. 4, 60349 Frankfurt

MEILENSTEINE 1996 BIS 2004

1996 — **» Neuland zusätzliche Mitgliedschaft ohne Tarifbindung**

1995: Als Reaktion auf die abgeschlossene Einführung der 35-Stunden-Woche im Oktober 1995 können nun auch Unternehmen ohne Tarifbindung Mitglied im Verband werden.

1995: Volker Fasbender wird neuer Hauptgeschäftsführer. Er wird diese Position bis 2016 bekleiden.

Von der Verhandlungs- zur Arbeitsgemeinschaft: M+E MITTE

Die vier Arbeitgeberverbände der Metall- und Elektro-Industrie (M+E) in Hessen, der Pfalz (PFALZMETALL), in Rheinland-Rheinhessen (vem.die arbeitgeber) und im Saarland (ME Saar) treten seit 1995 als Verhandlungsgemeinschaft für die Tarifverhandlungen M+E Mitte auf und bauen sie bis ins Jahr 2000 zur „Arbeitsgemeinschaft M+E MITTE" aus.

» Modernisierung Tarifvertrag

2004 — **» Pforzheimer Modell und ERA-Abkommen:** Neuland flexible Tarif-Fenster und einheitliche Tarifwelt

Das Pforzheimer Modell von 2004 mit seinen **Öffnungsmöglichkeiten** ist ein Meilenstein für die Modernisierung des Tarifvertrages zur Zukunftssicherung von Betrieben. Es regelt in Erweiterung der Sanierungstarifverträge die Optionen für die Standortsicherung.

Im selben Jahr schließt die Tarifgemeinschaft M+E MITTE auch das neue Entgelt-Rahmen-Abkommen (ERA) ab, ein modernes Tarifsystem für die **M+E-Industrie**, das aus der Welt der Arbeiter und der Welt der Angestellten die eine Welt der M+E-Beschäftigten macht: mit zahlreichen neuen Gestaltungselementen in Form von Öffnungs- oder Kleinbetriebsklauseln sowie der neuen Möglichkeit für Leistungsentgelt mit Zielvereinbarung.

Die Modernisierung des Tarifvertrags ist ein permanenter Prozess. Das Pforzheimer Modell und das ERA-Abkommen stehen stellvertretend für wegweisende Lösungen der Tarifpartner.

Nachhaltigkeit
Mensch
Belegschaft
Beschäftigungsformen
Technik
Flexibilität
ARBEITSWELT ZUKUNFT
GUTE ARBEITSBEDINGUNGEN
PRODUKTIVITÄT UND WETTBEWERBSFÄHIGKEIT
SAUBERE UMWELT
ifaa Institut für angewandte Arbeitswissenschaft
Eigenverantwortung fördern
GESUNDHEIT
MOBILITÄT
saubere Industrie
neue Industriearbeitsplätze
Technik unterstützt und erleichtert das Arbeiten
Individualität
geringe Fehlzeiten und Krankheitstage durch bessere Arbeitsbedingungen und hohe Motivation
KI

4 DIE ZUKUNFT DER ARBEITS-WELT GESTALTEN

Arbeitswelt im Wandel

von Prof. Dr. Sascha Stowasser,
Direktor des Instituts für Arbeitswissenschaft (ifaa)

Die betriebliche Auseinandersetzung mit Produktionssystemen ist für die meisten Unternehmen der M+E-Industrie nicht neu. Seit den 90er-Jahren sind in den Unternehmen unterschiedliche Reorganisationsprojekte begonnen worden – oft als Lean Produktion, Lean Management, GPS – Ganzheitliche Produktionssysteme oder Operating Excellence bezeichnet.

„Lean" steht für …

… Effizienzsteigerung und Standardisierung durch kontinuierliche Verbesserungsprozesse.
… eine Philosophie, die zu verschwendungsarmen Prozessen in einem Unternehmen führt.
… Kundenorientierung, Qualitätsorientierung und Kostensenkung.
… eine Belegschaft, die miteinander und füreinander denkt, entscheidet, handelt und eintritt.

Auslöser dieser Aktivitäten war vielfach die Studie des Massachusetts Institute of Technology (MIT), die den Begriff „Lean Production" prägte und damit eine große Euphorie auslöste. Vorbild dafür waren Management- und Steuerungsmethoden japanischen Ursprungs, wobei an erster Stelle das Toyota-Produktionssystem zu nennen ist. Dieses gilt bis heute weltweit als „Best Practice" und ist gern zitierter Standard zur Produktionsoptimierung sowie für verbesserte Prozess- und Produktqualität. Dabei unterliegt beispielsweise das Toyota-Produktionssystem seit mehr als 50 Jahren einem ständigen Lern- und Verbesserungsprozess. Zu den Grundprinzipien gehören bis zum heutigen Tag die Vermeidung von Verschwendung. Taiichi Ohno, ehemaliger Produktionschef von Toyota, hat 1993 sieben Arten der Verschwendung definiert:

Die sieben Arten der Verschwendung

Neben der täglichen Suche nach Verschwendung sind die weiteren Eckpfeiler des Toyota Produktionssystems die Standardisierung und kontinuierliche Verbesserung der Standards, die Prozessorientierung und die Führungskultur. Legt man beispielsweise die Verschwendungsarten bei den Unternehmensprozessen zugrunde, ist festzustellen, dass Verschwendung vor allem durch Schnittstellenprobleme an den Abteilungsgrenzen erzeugt wird und Arbeitsprozesse im Unternehmen nicht isoliert voneinander optimiert werden können. Ziel sollte also sein, Prozesse im gesamten Unternehmen so anzuordnen und aufeinander abzustimmen, dass ein Produkt oder eine Dienstleistung diese einzelnen Prozessschritte möglichst schnell und mit nur wenig Verschwendung durchlaufen kann.

Dies macht deutlich: Das Toyota-Produktionssystem ist nicht einfach zu kopieren und nachzuahmen. Jedes Unternehmen muss deshalb ein „eigenes" Produktionssystem entwickeln, das kontinuierlich verfeinert wird.

Diese Ansätze haben Auswirkungen bis in die heutige Zeit. In Deutschland gilt Lean Management als maßgebliche Produktivitätsstrategie. Untersuchungen zeigten, dass sich bei fast allen realisierten Produktionssystemen bestimmte Kernelemente – also verwendete Methoden und Organisationskonzepte – finden lassen. Diese sind:

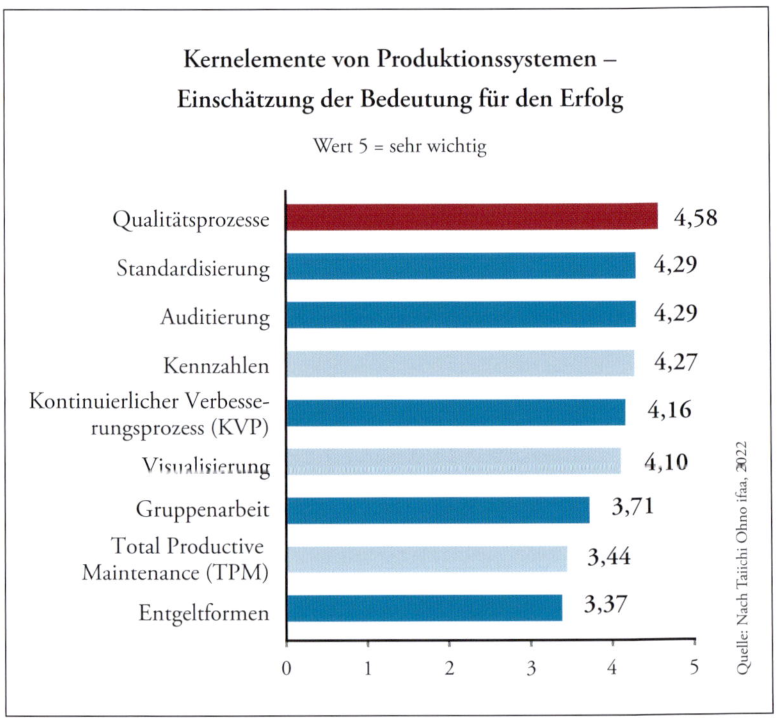

Die Entwicklung der Lean-Philosophie in Deutschland

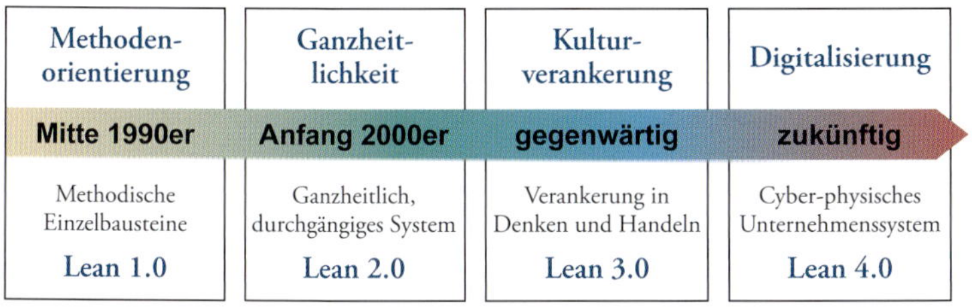

Quelle: ifaa-Broschüre „Digitalisierung & Industrie 4.0"

> *„Produziere nur, was der Kunde fordert!"*
>
> Taiichi Ohno

Über viele Jahre hinweg wurden immer mehr Methoden und Ansätze mit Fokus auf bestimmte Zielsetzungen entwickelt. Gerade große Konzerne haben später mit der Einführung ganzheitlicher Produktionssysteme die kulturelle Verankerung in den Köpfen und einheitliche Rahmen für den systematischen, abgestimmten Methodeneinsatz geschaffen. Zukünftig wird es eine nahtlose Verschmelzung des Lean Managements und der vernetzten und intelligenten Digitalisierung wie Industrie 4.0 und Künstliche Intelligenz geben.

Arbeitswelt im stetigen Wandel

Von Prof. Dr. Sascha Stowasser

Klassische Handwerksfertigung um 1900

Die Spezifikation entsteht im Gespräch zwischen Kunde und Hersteller. Deswegen ist jedes Produkt ein Unikat. Unternehmen stellen unterschiedliche Produkte her – sind damit beispielsweise keine reinen Autohersteller. Arbeitskräfte sind gut ausgebildete Handwerker, die keine standardisierten Teile herstellen. Um die Passgenauigkeit herzustellen, wird nachgearbeitet. Im Einsatz sind Allzweck-Werkzeugmaschinen. Es herrscht geringer Kostendruck, deshalb sind Innovationen bei Produktionsmethoden nicht nötig.

Vom Handwerk in die industrielle Fertigung I

Ein Zitat von Henry Ford steht für diese Phase: „Ich werde ein Fahrzeug für die Masse bauen und sein Preis wird so erschwinglich sein, dass es sich jeder leisten kann." Ein typisches Merkmal ist die geringe Produktvarianz – so gibt es beispielsweise neun Karosserieversionen auf einem vollständig identischen Fahrwerk. Umfangreiche Zeit- und Methodenstudien führen zu Herstellungsprozessoptimierungen. Radikale Reduzierung der Arbeitsinhalte und des Qualifikationsniveaus der Mitarbeiter führt zu Arbeitsteilung nach dem Grundsatz der Artteilung. Es kommt zudem zu einem enormen Bedeutungszuwachs indirekter Bereiche wie insbesondere der Arbeitsorganisation. Bei der Anordnung der Maschinen gilt das Flussprinzip nach Bearbeitungsreihenfolge. Arbeit in Taktzeit – im Ford-Zitat: „Ein Mitarbeiter darf in seiner Arbeitsausführung nicht überstürzt werden, erhält jedoch nur die Zeit, die er wirklich benötigt."

Vom Handwerk in die industrielle Fertigung II

In dieser Phase gelten neue Regeln. Dazu Frederick W. Taylor, Begründer der Arbeitswissenschaft: „Bisher stand die Persönlichkeit an erster Stelle, in Zukunft wird die Organisation und das System an erste Stelle treten." Taylor weiter: „Es gibt genau eine wissenschaftliche Methode zur Erfüllung einer Arbeitsaufgabe, welche sich mit Hilfe der wissenschaftlichen Betriebsführung ermitteln lässt." An die Stelle der „Faustregel"-Arbeitsmethodik treten detaillierte Bewegungs- und Zeitstudien, um die beste Arbeitsmethode durch die Betriebsführung zu ermitteln. Es werden Standards gesetzt zur Vereinheitlichung der Arbeitsmethoden und zum Arbeitspensum für jeden Mitarbeiter. Die Arbeiter können Verbesserungsvorschläge äußern.

Seit den 50er-Jahren: die historische Entwicklung der Arbeitszeit

Die Arbeitszeit wurde in den vergangenen Jahren signifikant flexibler, ergonomischer und kürzer. Die tarifliche Entwicklung 1956 bis 1995 in der Metall- und Elektroindustrie ging von der 48-Stunden zur 35-Stunden-Woche. In den 90er-Jahren werden arbeitswissenschaftliche Erkenntnisse zur Gestaltung von Nacht- und Schichtarbeit im Arbeitszeitgesetz erarbeitet und 1993 gesetzlich verankert.

Die Arbeitszeit war und ist in den einzelnen Epochen durch die Kriterien in der unten abgebildeten Grafik geprägt.

Dritte industrielle Revolution: seit den 70er-Jahren

Markanter Wegpunkt der Arbeits- und Betriebsorganisation war Ende der 60er- und spätestens seit den 70er-Jahren die dritte industrielle Revolution: die Einführung von Computern vornehmlich in den Bürobereichen und von Robotern in der Produktion. Heute an fast allen Arbeitsplätzen übliche Computersysteme mit Bildschirmen waren noch eher die Ausnahme und nur in speziellen Abteilungen vorzufinden. Hier stand die weitere Automatisierung durch Elektronik und IT im Fokus.

Diese Veränderungen waren aber nicht unumstritten: Die Stichworte „Technikfeindlichkeit" und „Jobkiller" machten die Runde. Viele Beschäftigte hatten Angst vor dem Abbau von Arbeitsplätzen durch Automation. Und für die verbleibenden Arbeitsplätze, die nicht wirtschaftlich automatisiert werden konnten, fürchteten viele demotivierende und einseitig belastende Resttätigkeiten. So fanden diese Themen auch Eingang in die Tarifauseinandersetzungen in der Metall- und Elektroindustrie. Nach einem Arbeitskampf wurde die Forderung nach einer menschengerechten Gestaltung von Arbeitsplatz, Arbeitsablauf und Arbeitsumgebung in Tarifverträgen festgeschrieben.

80er-Jahre: Humanisierung der Arbeitswelt

In dieser Phase gelangen Konstrukte wie die autonome Gruppenarbeit, Arbeitszufriedenheit, Job Enrichment und Job Enlargement in die Unternehmenswelt.

Beim Job Enrichment, der Aufgabenbereicherung, werden strukturell unterschiedliche Arbeitselemente zu einer sinnvollen, kompletten Aufgabe mit überschaubarem Anfang und Ende zusammengefasst. Dabei können beispielsweise die Überwachung von Quantität und Qualität des Produktionsprozesses, die Maschineninstandhaltung, Verwaltungsarbeiten und die Überprüfung der eigenen Tätigkeiten in die Verantwortung des jeweiligen Mitarbeiters delegiert werden.

Unter Job Enlargement, der Aufgabenerweiterung, wird das Zusammenfassen mehrerer gleichartiger Tätigkeiten oder eine Zusammenfassung von vor- und nachgelagerten Tätigkeiten in der Fertigung mit dem Ziel, die Zykluszeit zu vergrößern, verstanden. Durch diese

Prägende Kriterien der Arbeitszeit

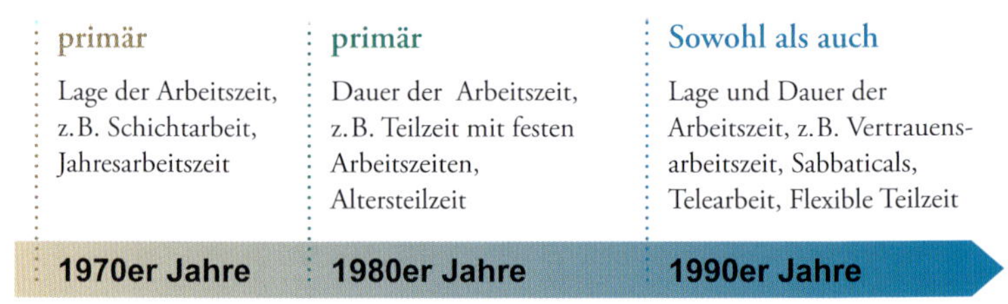

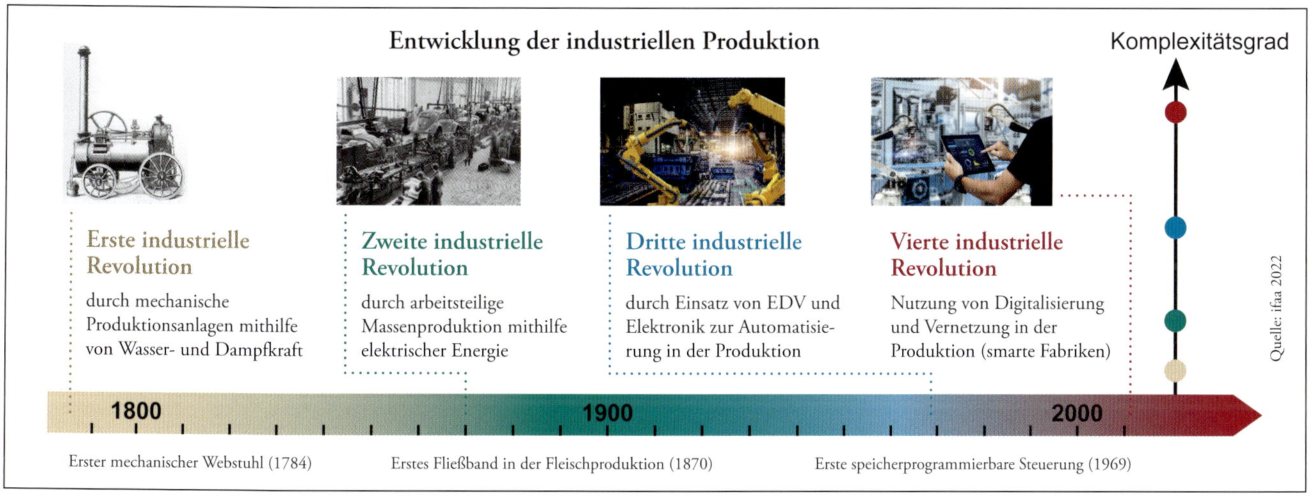

strukturell ähnlichen Tätigkeiten und Aufgaben wird der Arbeitsumfang quantitativ erweitert. Außerdem wurde die IG Metall-Kampagne „Gute Arbeit“ angestoßen, die fortan seit den 90er-Jahren das Arbeitsweltbild der Gewerkschaft prägt.

In den aufgrund von Humanisierungsoffensiven weitverbreiteten humanzentrierten Organisationsformen – beispielsweise teilautonome Gruppenarbeit – war die Produktivitätsoptimierung oftmals nur eine untergeordnete Aufgabe. Die Ordnungsfunktion Produktivitätsmanagement wurde zugunsten einer „Die-Gruppe-wird’s-schon-richten“-Mentalität aufgegeben. Folglich – und auch wegen der Einführung von Lean Management – schwächten viele Unternehmen die zentral oder dezentral organisierten Arbeitsvorbereitungsstrukturen und damit die Grundlage für das Produktivitätsmanagement sowie die methodische Rationalisierung. Dies ist bis heute noch in den Strukturen des Industrial Engineering der Unternehmen zu spüren.

> „Traditionelle Arbeitszeitmodelle stoßen an ihre Grenzen. Die Transformation der neuen Arbeitswelt erfordert zunehmend eine weitere Flexibilisierung der Arbeitszeit.
>
> Der normale Achtstundentag und die Fünftagewoche verlieren weiter stark an Bedeutung.
>
> Arbeitszeiten müssen so flexibel und bedarfsgerecht gestaltet sein, dass sie Unternehmen im globalen Wettbewerb die notwendige Beweglichkeit einräumen und damit langfristig Arbeitsplätze sichern.“
>
> Prof. Dr.-Ing. habil. Sascha Stowasser

Seit 2011: vierte industrielle Revolution

Vor gut zehn Jahren, im Jahre 2011, wurde auf der Hannover Messe medienwirksam die vierte industrielle Revolution „ausgerufen“. Darunter wird eine vernetzte digitale Umgebung in den Unternehmen verstanden.

Mittlerweile wird das Konzept der Industrie 4.0 um die Dimension „intelligente Digitalisierung“, beispielsweise durch künstliche Intelligenz, erweitert. Durch die vernetzte und intelligente Digitalisierung entstehen zahlreiche Wege zur Neugestaltung von Arbeit und damit auch Potenziale für Ergonomie und Arbeitsschutz. Assistenzsysteme wie Datenbrillen, Tablets oder Smartwatches oder technische Unterstützungsmöglichkeiten – beispielsweise Mensch-Roboter-Kollaborationen oder Exoskelette – und weitere Automatisierungsmechanismen werden die Arbeit der Zukunft prägen. Dies betrifft sowohl die Produktions- als auch die Wissensarbeit.[8, 9, 10]

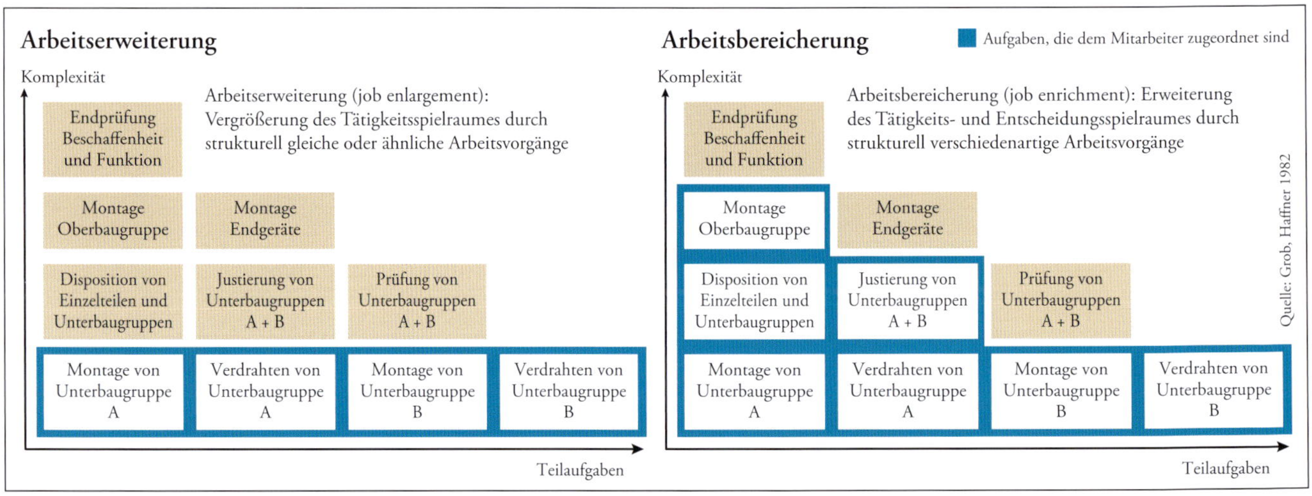

Arbeitsweltgestaltung: auf dem Weg zu Beherrschung von Komplexität

Die ifaa-Darstellung zur Arbeitswelt der Zukunft: Durch Impulse aus Forschungsprojekten, Zukunftsworkshops und Gesprächen mit Unternehmensvertretungen entstand am Institut für angewandte Arbeitswissenschaft die Darstellung zur Arbeitswelt der Zukunft.

Verschiedene wesentliche Gestaltungsparadigmen werden die zukünftige Arbeitswelt bestimmen. So basiert die zukünftige Arbeitswelt auf der immer kraftvoller werdenden Flexibilisierung, Vernetzung und Individualisierung der Arbeit. Dimensionen der Flexibilisierung sind Arbeitsort, Arbeitszeit, Arbeitsorganisation sowie Entscheidungs- und Handlungsfreiräume. Daraus resultierend, entwickeln sich vielfältige Szenarien von mobilen und vernetzten Arbeitssystemen, agilen Strukturen und Hierarchien sowie neue Modelle der Führung.

Neugestaltung von Arbeit

Durch die vernetzte und intelligente Digitalisierung – Stichworte sind beispielsweise die Vision der „Industrie 4.0", lernende Systeme und Künstliche Intelligenz – entstehen zahlreiche Wege zur Neugestaltung von Arbeit. Dies betrifft dabei beide Seiten: sowohl die Produktions- als auch die Wissensarbeit.

Der Wandel braucht eine neue Kultur und Menschen, die sich dafür begeistern

So sehr Politik und Themenführer die Digitalisierung der Industrie auch vorantreiben: Für Professor Stowasser vom Institut für angewandte Arbeitswissenschaft fehlt in Deutschland – insbesondere im Mittelstand – die Bereitschaft, sich für Veränderungen nicht nur notgedrungen zu öffnen, sondern diese als Chance für ein besseres Arbeiten zu nutzen: „Dabei nimmt die Digitalisierung an Fahrt zu. In diesem Zuge gibt es auch dementsprechende Innovationen. Und Mitarbeiter brauchen andere Qualifikationen für den Wandel. Wesentlich ist dabei das Interesse an Veränderung. Wenn Lean Management richtig gedacht wird, geht es auch um die Lust, Arbeitsplätze zu verbessern. Und Digitalisierung ist nur eine Weiterführung dessen. Denn wir verbessern unsere Arbeit durch Digitalisierung."

Digitalvision gibt Orientierung

„Es gibt psychologische Bedingungen für den Wandel," sagt Stowasser, „eine Kultursache, wenn man so will. Das kann nur funktionieren, wenn allen die Vorteile der Digitalisierung bewusst sind. Wenn Unternehmen konsequent wären, benötigten sie eine Digitalvision, die aufzeigt, wohin man gemeinsam will und um sich daran zu orientieren. Leider haben viele Unternehmen noch nicht einmal eine ‚einfache' Vision."

Mehr Komplexität fordert mehr Flexibilität

Nach Stowasser werden wir nicht am Wandel scheitern: „Doch wir tun uns weiterhin schwer, wenn es um den Wandel der Arbeitswelt geht. Ein Beispiel ist die Flexibilisierung der Arbeitszeit." „Was jedoch fehlt," analysiert der Direktor des ifaa, „ist die kulturelle Diskussion. Wir müssen darüber reden, was das für arbeitspolitische Konsequenzen hat, was das für Faktoren wie Arbeitszeit und Qualifizierung bedeutet, wie die Ausbildung aussehen muss, welche Auswirkungen die Digitalisierung auf Führung und Mitbestimmung hat."

Zudem gibt es weiteren Wandel: „Wir müssen uns damit abfinden, dass sich Arbeit auch unabhängig von der Digitalisierung wandeln wird. Denn die Märkte werden komplexer. Wir müssen flexibler sein, wenn es um den Bedarf der Kunden und um die Gestaltung der Arbeit geht."

Insbesondere letzteres werde spannend: „Der demografische Wandel, auch Gleichberechtigung und Zuwanderung, führen zu völlig gemischten Mitarbeitersituationen, auf die man sich einstellen muss. Arbeiten muss allein schon deswegen flexibler, gesünder und digitaler werden." Für Stowasser ist klar: „Der Wandel ist unabdingbar, egal, ob wir eine Kultur des Wandels haben oder nicht."

Mehr Orientierung an den Mitarbeitenden

Der demografische Wandel und die gesellschaftlichen Veränderungen drängen die Orientierung an den Mitarbeiterinnen und Mitarbeitern immer weiter in den Vordergrund. Verändern werden sich auch die qualitativen und quantitativen Anforderungen an Personalentwicklung und Qualifikation der Beschäftigten.

> *„Egal, ob wir heute von Digitalisierung sprechen oder vor 30 Jahren von Lean Management: Der Wandel steht und fällt mit der Kultur. Und diese Kultur des Wandels fehlt oft im Mittelstand. Mit der Kultur ist ganz konkret die Bereitschaft gemeint, sich des Themas anzunehmen, von Führungskräften zu fordern, dass sie Vorbild für den Wandel sind, und die Menschen mitzunehmen."*
>
> Prof. Dr. Sascha Stowasser

Resilienz erforderlich

Individuelle Resilienz

Eine Stärkung der Widerstandsfähigkeit von Beschäftigten ist wichtig, weil diese sich positiv auf die Gesundheit und damit auf die Leistungsfähigkeit von Individuen auswirkt. Resiliente Beschäftigte sind zufriedener mit ihrem Arbeitsplatz, zeigen mehr Engagement und sind produktiver. Dies verdeutlicht die Relevanz, Maßnahmen zur Stärkung der individuellen Resilienz in die Personal- und Organisationsentwicklung zu integrieren. Insgesamt profitiert eine Organisation von resilienten Beschäftigten, da diese auch zur Förderung der organisationalen Resilienz beitragen.

Der Begriff „Resilienz" stammt ursprünglich aus der Physik und bezeichnet in der Werkstoffkunde die Fähigkeit eines Werkstoffes, sich verformen zu lassen und dennoch in die ursprüngliche Form zurückzufinden – von lat. „resilire", „zurückspringen, abprallen". In der Psychologie bezeichnet Resilienz die Fähigkeit, widerstandsfähig gegenüber äußeren Belastungen und Krisensituationen zu sein und sie ohne anhaltende Beeinträchtigung durchzustehen. Resilienz ist die erfolgreiche Verhaltensanpassung bei der Bewältigung potenziell sicherheitskritischer Situationen, beispielsweise durch die Entwicklung und Nutzung erfolgreicher Strategien, die Nutzung und Erweiterung bestehenden Wissens, Flexibilität auf mentaler, emotionaler und Verhaltensebene, den Einsatz erlernter Fähigkeiten oder die Mobilisierung bislang ungenutzter Ressourcen. Dies setzt Wahlmöglichkeiten und Handlungsalternativen sowie ein positives Selbstbild mit Erwartung an sich selbst voraus.

Als „Mutter der Resilienzforschung" gilt Emmy Werner, Professorin für Entwicklungspsychologie an der Universität in Berkeley, die über einen Zeitraum von mehr als 40 Jahren die Entwicklung von 700 Kindern auf der Hawaii-Insel Kauai begleitet hat. Ein Teil der Gruppe wuchs dabei unter äußerst schwierigen Bedingungen auf.

Diese sogenannte Kauai-Studie (1955–1995) belegt, dass sich Kinder trotz hoher Risikofaktoren wie Armut, chronische Krankheit eines Elternteils oder Kindesmisshandlung, stressreicher kritischer Lebensereignisse wie Scheidung der Eltern und auch nach schweren Traumata wie Krieg und Katastrophen gut entwickeln können.

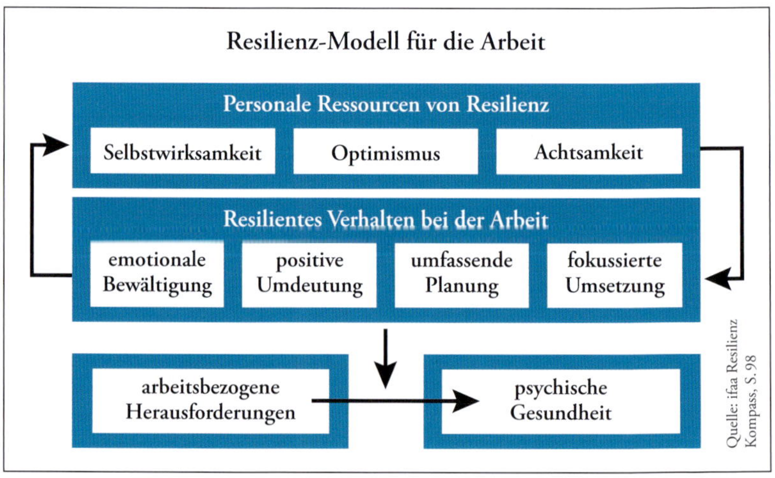

Während Resilienz ursprünglich als Persönlichkeitseigenschaft gesehen wurde, werden heute stärker Ansätze vertreten, die Resilienz als veränderliches Konstrukt sehen, welches erlernbar ist.

Von Roman Soucek und seinen Mitautoren wurde 2016 ein Instrument entwickelt, welches vier Facetten resilienten Verhaltens bei der Arbeit aufgreift:

- Die erste Facette ist die emotionale Bewältigung. Sie umfasst einen erfolgreichen bzw. konstruktiven Umgang mit den eigenen emotionalen Reaktionen wie Unruhe oder Ärger als Folge von kritischen, schwierigen oder unerwarteten Ereignissen.
- Die Wahrnehmung dieser Situation als eine Chance, die eigenen Fähigkeiten herauszufordern, Kompetenzen einzubringen und weiterzuentwickeln stellt die zweite Facette dar: positive Umdeutung.
- Im dritten Schritt – der umfassenden Planung – soll das Verhalten entsprechend geplant werden, wobei mehrere Möglichkeiten zur Lösung eines Problems herangezogen werden.
- Schließlich geht es um die fokussierte Umsetzung. Hier wird das Verhalten zielgerichtet zur Bewältigung dieser Situation eingesetzt und der Lösungsansatz ausdauernd verfolgt.

Diese Facetten resilienten Verhaltens hängen mit den personalen Ressourcen wie berufliche Selbstwirksamkeit, Optimismus und Achtsamkeit zusammen und können zur psychischen Gesundheit beitragen.

Organisationale Resilienz

Viele Forscher verstehen unter organisationaler Resilienz mehr als nur die Summe der Resilienz der Beschäftigten. Resiliente Organisationen ergreifen beispielsweise Vorsichtsmaßnahmen gegen bevorstehende Probleme, wie zum Beispiel Trainings zur Bewältigung von Notfallsituationen oder Geschäftspläne und Strategien für konjunkturelle Einbrüche. Auch eine umfassende Kommunikationsstruktur, ein lebendiges Netzwerk oder achtsame Führung können die Widerstandsfähigkeit eines ganzen Betriebes erhöhen.

Wirkebenen von Resilienz im Arbeitskontext

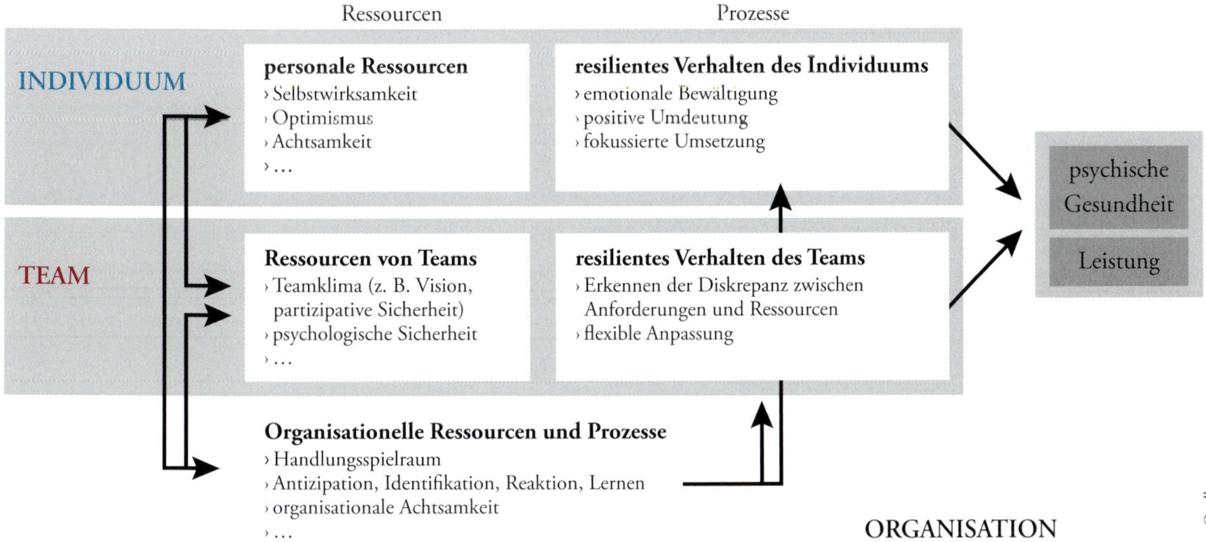

Quelle: ifaa Resilienz Kompass, S. 99

Resilienzforscher wie Soucek gehen davon aus, dass die Resilienz nicht auf einen einzigen Punktwert für eine Organisation gebracht werden kann, sondern mindestens auf drei verschiedenen Ebenen bewertet werden muss. So wirkt die individuelle Resilienz (aufgeteilt in die personalen Ressourcen und das resiliente Verhalten) auf die Resilienz eines ganzen Teams, aber auch auf die Ebene der Organisation ein. Auf der organisationalen Ebene spielen dann die verschiedenen betrieblichen Handlungsfelder eine Rolle, die wiederum immer in Wechselwirkung mit der Ebene des Individuums und des Teams stehen.

Der Bedarf an Resilienz wird als steigend angesehen, da die allgemeinen Anforderungen des Marktes, wie durch Globalisierung oder Digitalisierung, steigen und somit Organisationen überleben, die sich auf die sogenannten Megatrends vorbereiten und sich entsprechende Bewältigungsstrategien zu eigen machen können. Diesen Ansätzen ist eine Fokussierung auf positives Denken und Ressourcen gemein. Die betriebswirtschaftlichen Aspekte in Organisationen werden aber oft vernachlässigt.

Die Corona-Pandemie zeigt uns, wie wichtig eine gewisse Widerstandsfähigkeit seitens der Beschäftigten und Unternehmen ist. Resilienz wirkt sich nicht nur positiv auf die Gesundheit und Leistungsfähigkeit von Individuen aus, sondern auch auf die Krisenfestigkeit und Überlebensfähigkeit ganzer Organisationen und Unternehmen. Es gilt, die Belegschaft auf Veränderungsprozesse durch beispielsweise den Einsatz neuer Technologien vorzubereiten, indem Unternehmen ihre Beschäftigten dabei unterstützen, eine positive – vielleicht sogar neugierige – Einstellung gegenüber Unbekanntem und zunehmender Komplexität zu entwickeln.

Ausblick in die Arbeitswelt der Zukunft

Seit jeher spiegelt die Arbeitswelt gesellschaftliche Strömungen, technologische Umwälzungen und kulturelle Normen wider. Gegenwärtig diskutierte Einflussfaktoren und Trends sind – so wurde es in einer ifaa-Metaauswertung der Trendforschung extrahiert – unter anderem die vernetzte Digitalisierung, die Globalisierung und die ökologische Nachhaltigkeit. Kombiniert mit den unternehmerischen Erfolgsfaktoren prägen die Trends den Korridor, die Motivation und die Zielsetzung für die Arbeitsgestaltung der Zukunft.

Arbeitswelt wird individueller

Wesentliche Gestaltungsparadigmen der zukünftigen Arbeitswelt sind: Die immer kraftvoller werdende Flexibilisierung, Vernetzung und Individualisierung der Arbeit. Dimensionen der Flexibilisierung sind Arbeitsort, Arbeitszeit und Arbeitsstrukturen. Resultierend daraus entwickeln sich vielfältige Szenarien von mobilen und vernetzten Arbeitssystemen.

Durch die vernetzte Digitalisierung entstehen zahlreiche Wege zur Neugestaltung von Arbeit und damit auch Potenziale für die Ergonomie und den Arbeitsschutz. Die Bedürfnisse, auf den demografischen Wandel zu reagieren und der gesellschaftliche Wertewandel drängen die Orientierung an der Mitarbeiterschaft immer weiter in den Vordergrund. Verändern werden sich auch die qualitativen und quantitativen Anforderungen an Personalentwicklung und Qualifikation der Beschäftigten.

Arbeitszeit wird flexibler

Die Arbeitszeit der Zukunft wird immer flexibler und individueller. Es gilt, die Arbeitszeit so zu gestalten, dass sie einerseits einen wirtschaftlich effizienten, bedarfsorientierten Personaleinsatz sicherstellt und andererseits die individuellen Arbeitszeitpräferenzen der Beschäftigten berücksichtigt.

„Wir gestalten die Arbeitswelt der Zukunft – kompetent und praxisnah."

Finanzielle Sicherheit im Alter bleibt ein zentrales Bedürfnis: Die betriebliche Altersversorgung ist nach wie vor die am weitesten verbreitete Zusatzleistung. Weitere Schwerpunkte bilden die Weiterbildung, Verpflegung und Gesundheitsvorsorge.

Der Arbeitgeber hilft vermehrt im Haushalt mit: Das Angebot zur Unterstützung durch Haushaltsdienstleistungen wie Einkaufs-, Reinigungs- oder Bügelservices hat sich im Vergleich zur Erhebung im Jahr 2017 verzehnfacht.

Die Verbreitung von Eltern-Kind-Büros, Jobsharing und Fahrrädern/E-Bikes hat sich mehr als verdoppelt. Hier zeigt sich, dass man Wünschen der Beschäftigten nach einer besseren Vereinbarkeit von Beruf und Privatleben sowie nach mehr Flexibilität stärker entgegenkommt.

Neben einem fixen monatlichen Grundentgelt wird den Beschäftigten der Metall- und Elektroindustrie eine Vielzahl weiterer monetärer und nicht monetärer Anreize geboten.

Unternehmen legen Wert auf Arbeitgeberattraktivität: Die Top 3 für die Gewinnung und Bindung von Fach- und Führungskräften sind Flexibilität hinsichtlich der Gestaltung von Arbeitszeit und -ort, eine marktgerechte Grundvergütung und Aufstiegsmöglichkeiten.

Mitarbeitergespräche und Leistungsbeurteilungen sind ein zentrales Personalentwicklungs- und Führungsinstrument: Rund 85 Prozent der Unternehmen führen regelmäßig Mitarbeitergespräche und 65 Prozent führen eine Leistungsbeurteilung mit Entgeltrelevanz durch.

AKTUELLE THESEN ZUR ARBEITSWELT DER ZUKUNFT

Eine zunehmende Anzahl an Unternehmen unterliegt einem permanenten Wandel. Gute Arbeitsgestaltung und erfolgreiche gesundheitliche Prävention sind auch im permanenten Wandel möglich.

Agile Arbeit und die Nutzung auch einzelner agiler Arbeitsmethoden können gesundheitserhaltend wirken, wenn entsprechende Rahmenbedingungen im Unternehmen vorhanden sind. Sie sind zudem förderlich für Motivation, Leistung und Produktivität.

Parallel zu klassischen Aufbauorganisationen existieren agile Organisationselemente. Die Aufgabe der Führung ist es, die passenden Einsatzgebiete von agiler Führung zu analysieren und dabei Konfliktpotenziale so gering wie möglich zu halten, damit sich das Unternehmen an Veränderungen schnell anpassen kann.

Die volkswirtschaftliche Bedeutung der Schicht- und Nachtarbeit nimmt weiter zu, auch aufgrund steigender Nachfrage nach Dienstleistungen und dem Einsatz kapitalintensiver Produktionseinrichtungen. Schichtplangestaltung auf der Basis arbeitswissenschaftlicher Kriterien hat einen wesentlichen Einfluss auf die Gesundheit und Leistungsfähigkeit. Flexible, gesundheits- und bedarfsgerechte Schichtarbeit ist planbar. Um den Veränderungen der Arbeitswelt gerecht zu werden, sollten jedoch die neu gewonnenen arbeitswissenschaftlichen und arbeitsmedizinischen Ansätze und Erkenntnisse konstruktiv diskutiert werden.

Mobiles Arbeiten gewinnt weiterhin an Bedeutung und trägt bei richtiger Gestaltung zu einer besseren Vereinbarkeit der Lebensbereiche bei und ist somit ein wesentlicher Attraktivitätsfaktor für deutsche Unternehmen im Wettbewerb um Fachkräfte. Mobiles Arbeiten bietet zudem noch ungenutztes Potenzial für verschiedene Branchen. Wir gehen davon aus, dass sich in Zukunft der Anteil der Beschäftigten, die orts- und zeitflexibel arbeiten, noch stark erhöhen wird. Datenverfügbarkeit, die Sensorik und Vernetzung von Maschinen und Fernsteuerung sowie Fernwartung ermöglichen, dass auch Tätigkeiten in der Produktion zunehmend flexibilisiert und somit auch ortsunabhängig ausgeführt werden können.

Die Unternehmen tragen sowohl eine nach innen als auch eine nach außen gerichtete Verantwortung für Nachhaltigkeit. Eine authentische Darlegung dieses Verantwortungsbewusstseins wird durch unterschiedlichste Einflüsse – politisch, gesellschaftlich, wissenschaftlich – weiter an Bedeutung gewinnen. Anforderungen an Tätigkeiten werden sich durch das steigende Nachhaltigkeitsbewusstsein verändern. Um der Komplexität, welche mit der Nachhaltigkeitsdiskussion einhergeht, gerecht zu werden, werden sich veränderte Berufsbilder, Fachkräfte mit spezieller Ausbildung und entsprechende Qualifizierungsangebote etablieren (müssen).

Traditionelle Arbeitszeitmodelle stoßen an ihre Grenzen. Die Transformation der neuen Arbeitswelt erfordert zunehmend eine weitere Flexibilisierung der Arbeitszeit. Der normale Achtstundentag und die Fünftagewoche verlieren weiter stark an Bedeutung.

Arbeitszeiten müssen so flexibel und bedarfsgerecht gestaltet sein, dass sie Unternehmen im globalen Wettbewerb die notwendige Beweglichkeit einräumen und damit langfristig Arbeitsplätze sichern. Zukunftsfähige Ausgestaltung der Arbeitszeit ist ein wichtiges Instrument für die Zukunfts- und Wettbewerbsfähigkeit des Wirtschaftsstandortes Deutschland.

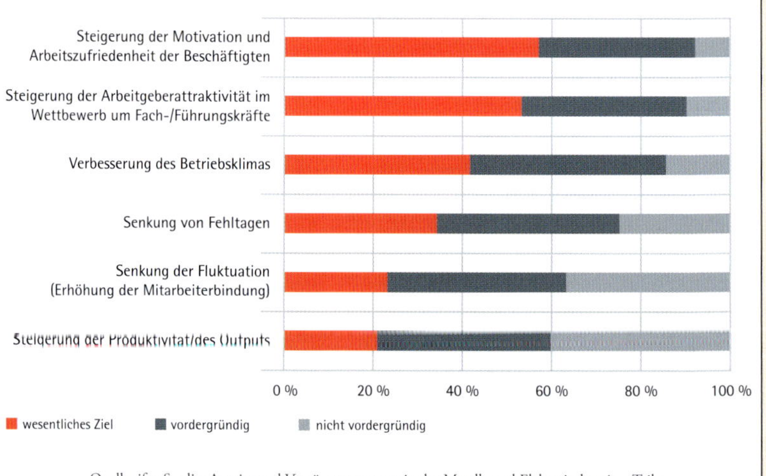

Quelle: ifaa-Studie: Anreiz- und Vergütungssysteme in der Metall- und Elektroindustrie – Teil 2

Doppelte Flexibilität: Die flexible und individuelle Arbeitszeitgestaltung, welche sowohl für Unternehmen als auch für Beschäftigte vorteilhaft ist, muss zwei Perspektiven gleichermaßen berücksichtigen: die betriebliche Flexibilität zur stets zuverlässigen und wirtschaftlichen Erfüllung von Kundenbedürfnissen und die individuelle Flexibilität der Beschäftigten hinsichtlich einer lebenssituationsspezifischen Arbeitszeit wie zum Beispiel bei der Betreuung von Kindern oder der Pflege kranker Angehöriger.

Echte Flexibilität ist nur mit Arbeitszeitkonten zu erreichen. Eine formal und organisatorisch im Unternehmen verankerte Flexibilität kann nur dann alle Potenziale entfalten, wenn Steuerung und Verwaltung der Arbeitszeit mithilfe von Arbeitszeitkonten vorgenommen werden.

Eine weitere Flexibilisierung von Arbeitszeiten ist gewünscht und notwendig. Dies kann nur innerhalb zukunftsweisender gesetzlicher und/oder tariflicher Rahmenbedingungen, welche die aktuellen wirtschaftlichen und gesellschaftlichen Veränderungen aufgreifen, umgesetzt werden.

Es gibt kein Patentrezept für Arbeitszeitgestaltung. Zahlreiche Kombinationen von Kriterien und Aspekten, wie zum Beispiel Arbeitsorganisation, kurze Reaktions- und Lieferzeiten, Reaktion auf saisonale und konjunkturelle Auslastungsschwankungen, Chronobiologie, Alter, Geschlecht und persönliches Risikoprofil sind ausschlaggebend für eine bedarfs- und gesundheitsgerechte Arbeitszeitgestaltung. Die Herausforderung auf betrieblicher Ebene liegt darin, die jeweiligen betrieblichen Anforderungen mit den Wünschen und Bedürfnissen der Beschäftigten abzugleichen und optimal aufeinander abzustimmen.

Die Bedeutung von Arbeitsgestaltungskompetenzen wächst. Eine zunehmende Autonomie oder Eigenverantwortung der Beschäftigten bei der Gestaltung von Arbeitszeit, -ort, -aufgaben und -abläufen geht mit einem „Mehr“ an Verantwortung für die eigene Gesundheit einher.

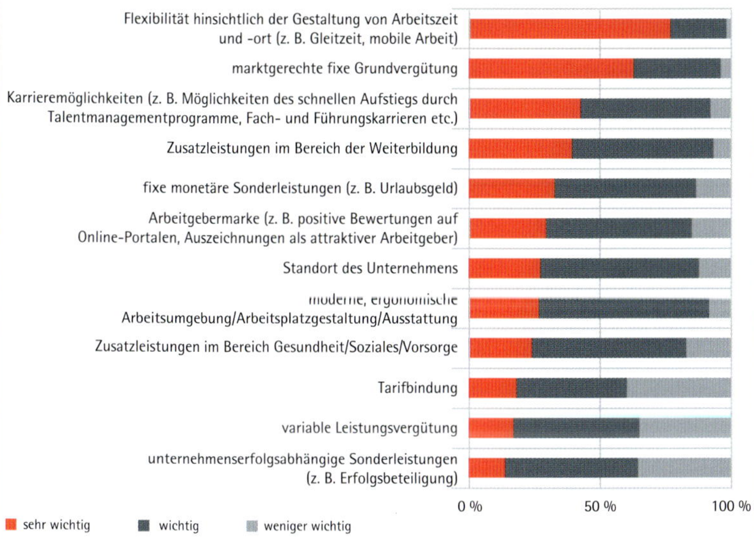

Quelle: ifaa-Studie: Anreiz- und Vergütungssysteme in der Metall- und Elektroindustrie – Teil 2

Bedeutung von Anreizen und Zusatzleistungen

Der Begriff „Zusatzleistungen“ wird häufig mit dem aus dem englischen Sprachgebrauch stammenden Begriff „Fringe Benefits“ gleichgesetzt. Dies sind Sachleistungen, insbesondere Waren und Dienstleistungen, die der Arbeitgeber freiwillig und über das vereinbarte Entgelt hinaus seinen Beschäftigten anbietet. Zusatzleistungen haben zwei wesentliche Merkmale: die Freiwilligkeit – ein rechtlicher Anspruch auf Zusatzleistungen besteht nicht – und der Sachbezug – Vergütung in nicht monetärer Form.

Sie gewinnen durch den demografischen Wandel und den damit verbundenen Fachkräftemangel an Bedeutung – besonders, wenn hinsichtlich des monetären Entgelts wenig Verhandlungsspielraum besteht. Dann werden Zusatzleistungen häufig Bestandteil von Vertrags- und Gehaltsverhandlungen. Dies gilt auch für Angebote zur flexiblen Gestaltung von Arbeitszeit und ort.

Die Abbildung zeigt die Bedeutung, welche die Studienteilnehmer den einzelnen Maßnahmen zur Gewinnung und Bindung von Fach- und Führungskräften zuschreiben. Flexibilität wird als das wichtigste Thema – noch vor einer marktgerechten Grundvergütung auf Platz 2 – gesehen: 98 Prozent sehen dieses Thema als sehr wichtig oder wichtig an. Dieser Trend lässt sich bereits in der Gestaltung von Tarifverträgen erkennen, beispielsweise in der Metall- und Elektroindustrie, in denen teilweise monetäre Entgeltbestandteile in freie Zeit umgewandelt werden können. Daneben werden in den Freitexten weitere Faktoren genannt wie das Betriebsklima, der Umgang der Führungskräfte mit den Beschäftigten und der Beschäftigten untereinander sowie Transparenz und Fairness, schon im Recruiting-Prozess.

Von einer Erweiterung des Angebots erhoffen sich die Unternehmen in erster Linie eine Steigerung der Motivation und Arbeitszufriedenheit bei den Beschäftigten, eine Steigerung ihrer Attraktivität als Arbeitgeber im Wettbewerb um Fach-/Führungskräfte sowie ein verbessertes Betriebsklima.[11]

DENKFABRIK IFAA

Das Institut für angewandte Arbeitswissenschaft e. V. – kurz ifaa – ist das Forschungsinstitut der Metall- und Elektroindustrie zur Gestaltung der Arbeitswelt der Zukunft. Die Aufgabenstellung ist seit der Gründung im Jahre 1962 nahezu unverändert. Das Institut erarbeitet kontinuierlich seit über 50 Jahren Lösungen für die Mitgliedsverbände und deren Mitgliedsunternehmen der Metall- und Elektroindustrie, um den stetigen Strukturwandel erfolgreich zu bewältigen und somit die Wettbewerbsfähigkeit zu erhalten und zu verbessern.

Gegründet wurde das Institut im Anschluss an den Beschluss der Mitgliederversammlung des Gesamtverbandes der Arbeitgeberverbände der Metall- und Elektroindustrie e. V. vom 9. Juli 1962. Ziel und Zweck des Instituts sollte es sein, den Mitgliedsverbänden und der Industrie arbeitswissenschaftliche Erkenntnisse und Lehren sowie lohn- und arbeitstechnische Verfahren zu vermitteln und dadurch zur Steigerung der Arbeitsproduktivität der Unternehmen beizutragen.

Schwerpunkte sind die Entwicklung wissenschaftlich fundierter und praktisch anwendbarer Methoden zur Arbeitsvorbereitung, Fertigungssteuerung und Entlohnung sowie die Erfassung, Vertiefung und Verbreitung des gesammelten und erarbeiteten Gedankengutes durch eine umfassende Dokumentation.

Nur erfolgreiche Arbeit ist gute Arbeit

Die vier Dimensionen der Arbeit

Unternehmen orientieren sich am Wettbewerb, versuchen, das beste Preis-Leistungs-Verhältnis anzubieten und sich gegen die Konkurrenz durchzusetzen. Um dieses Ergebnis optimal zu erreichen, braucht es den höchstmöglich intelligenten Umgang mit Zeit. Außerdem ist Arbeit das Angebot zur sinnvollen Selbstverwirklichung und stiftet auf der Basis persönlicher Kompetenzen auch Sinn im individuellen Leben. Deswegen brauchen Unternehmer leistungsorientierte Arbeit und am Kundenbedarf orientierte Arbeitszeit. Nur wenn ein Unternehmen erfolgreich ist, kann es gute Arbeitsbedingungen schaffen und erhalten.

Individualisierung relevant

Zum gesellschaftlichen Wandel gehört der Trend zur Individualisierung – bei Kunden und Mitarbeitern. Jeder Mensch hat eigene Wünsche und Anforderungen – und die sind nicht länger einheitlich, sondern vielfältig. Gerade

Quelle: HESSENMETALL Magazin Nr. 1 Digitale Transformation steuern, S. 39

die junge, digital affine Generation hat wenig Verständnis dafür, gewohnte Freiheiten bei der Arbeit und der Gestaltung der Arbeitszeit abzugeben. Dabei ist auch klar, dass der Hauptleistung eines Arbeitgebers (Entgelt) immer eine entsprechende Gegenleistung des Arbeitnehmers (Arbeitszeit, Ergebnisse) gegenüber steht.

Gleichzeitig ist in unserer komplexen Industrie Teamarbeit unabdingbar, denn nur das zusammenwirkende Know-how unserer gut ausgebildeten Mitarbeiter führt zu Ergebnissen, die unseren Wirtschaftsstandort weiter stärken. An Flexibilität können M+E-Unternehmen Vieles möglich machen – sofern die Tätigkeit das zulässt, die Arbeit erledigt wird und ein gesicherter Betriebsablauf gewährleitet ist.

Starre Einheitsregeln passé

Trotzdem werden in Produktionsabteilungen Zeitvorgaben, Präsenzarbeit und Schichtpläne auch weiterhin notwendig sein. Diese sind essentiell für den Wirtschaftsstandort Deutschland und dürfen ihre Bedeutung nicht durch höhere Flexibilitätschancen in anderen Bereichen verlieren. Daher darf Flexibilität keine arbeitnehmerorientierte Einbahnstraße sein. An erster Stelle stehen die Bedürfnisse unserer Kunden, denn sie bestimmen darüber, ob und wann überhaupt Arbeit vorhanden ist. Arbeitsort und Arbeitszeit müssen entsprechend auf diesen Zweck fokussiert gewählt werden. Insofern sind Alleinentscheidungen oder einseitige Ansprüche des einzelnen Arbeitnehmers in Bezug auf Arbeitsort und Arbeitszeit nicht zielführend.

Klar ist: Starre Einheitsregeln passen nicht mehr. Wo immer möglich, müssen Öffnungsklauseln betrieblich passgenaue und die individuellen Bedürfnisse der Mitarbeiter treffende Regelungen zulassen. Autonom organisierte Gruppen sind eine Möglichkeit, die Bedürfnisse des Arbeitgebers und die der Arbeitsnehmer zu erfüllen. So verhilft der Gruppenerfolg zu mehr Zeitsouveränität des Einzelnen.

Erfolgreiche Zukunft braucht flexiblere Arbeitszeiten

Mobiles Arbeiten, Homeoffice, Vertrauensarbeitszeit – die Möglichkeiten flexibler Arbeitszeitgestaltung sind so vielseitig wie nie zuvor. Doch orientiert sich das aktuelle Arbeitszeitrecht an einer starren Pauschalregelung für Fließbandarbeiter. Damit ist weder den Arbeitnehmern noch den Arbeitgebern gedient. So kann die deutsche Wirtschaft die rasant voranschreitende Digitalisierung der Arbeitswelt nicht bewältigen, weder zukunfts- noch wettbewerbsfähig bleiben.

Flexibilisierungsbedarf beim Arbeitszeitgesetz

In der deutschen Metall- und Elektro-Industrie sind die Beschäftigten mit den Gestaltungsspielräumen, die sie von ihren Arbeitgebern für ihre Arbeitszeit bekommen, sehr zufrieden. So das Ergebnis einer umfassenden Arbeitgeberumfrage von Gesamtmetall aus 2017. Das Erstaunliche ist, dass auch die zeitgleiche Umfrage der IG Metall zu ähnlichen Ergebnissen kommt. Die Hälfte aller Arbeitnehmer erklärt, ihre Arbeitszeit gut planen zu können, ein weiteres Viertel, es wenigstens manchmal zu schaffen. Aber sowohl Mitarbeiter als auch Arbeitgeber wollen, dass sie Arbeitszeiten an das moderne Leben und die digitale Transformation anpassen können. Knapp 70 Prozent der Arbeitgeber sehen deswegen Flexibilisierungsbedarf beim Arbeitszeitgesetz. Im Land mit den weltweit zweitniedrigsten Arbeitszeiten fordern die Arbeitgeber die Modernisierung des Arbeitszeitgesetzes als zentralen Faktor für die Wettbewerbsfähigkeit der Metall- und Elektro-Unternehmen. Schließlich bestimmen die Kunden die Arbeitszeiten. Nur so können die Unternehmen ihren Geschäftserfolg nachhaltig erhöhen und die Beschäftigung vor Ort sichern oder sogar ausbauen.

Moderne Arbeitssysteme räumen den Beschäftigten ein hohes Maß an Flexibilität ein. Mehr Flexibilität ermöglicht mehr individuelle Zeitsouveränität, um Beruf und Privatleben zu vereinbaren. Prinzipiell müssen autonome, kundenverantwortliche Gruppen die erfolgreiche Orientierung der Arbeit an den Kundenbedürfnissen mit den individuellen Wünschen der Arbeitnehmer ausbalancieren. Dann ermöglichen moderne Arbeitszeitmodelle, die vertraglich vereinbarte Arbeitszeit mit individuellen Bedürfnissen wie Kinderbetreuung, Angehörigenpflege oder Ehrenamt in Einklang zu bringen. Die Beteiligten können flexible Arbeitszeiten, die beiden Seiten gerecht werden, jedoch nur umsetzen, wenn der Gesetzgeber das Arbeitszeitrecht mit seinen starren Pauschallösungen endlich modernisiert. Genau das fordern die Arbeitgeber der Metall- und Elektro-Industrie und ihr Arbeitgeberverband in Hessen, HESSENMETALL.

Vorgeschriebene Ruhezeit ist problematisch

Erforderlich sind eine Verringerung der gesetzlich vorgeschriebenen Ruhezeit sowie eine Regelung zur Unbedenklichkeit kurzfristiger Unterbrechungen. Es ist nicht einzusehen, dass die Zählung der 11-stündigen gesetzlichen Ruhezeit immer neu beginnt, wenn ein Mitarbeiter abends oder am Sonntag gelegentlich seine Mails checkt, um vorbereitet sein Tag- oder Wochenwerk anzugehen. Den Tarifparteien müssen größere Handlungsspielräume eingeräumt werden, um Beschäftigten mehr Souveränität in ihrer Arbeitszeitgestaltung bieten zu können.

Besser: wöchentliche Höchstarbeitszeit, nicht tägliche

Ein limitierender Faktor bleibt auch die werktägliche Höchstarbeitszeit. Der deutsche Gesetzgeber hat den Spielraum der maßgeblichen EU-Arbeitszeitrichtlinie nicht hinreichend genutzt. Dagegen werden eine bessere Vereinbarkeit von Beruf und Privatleben und eine

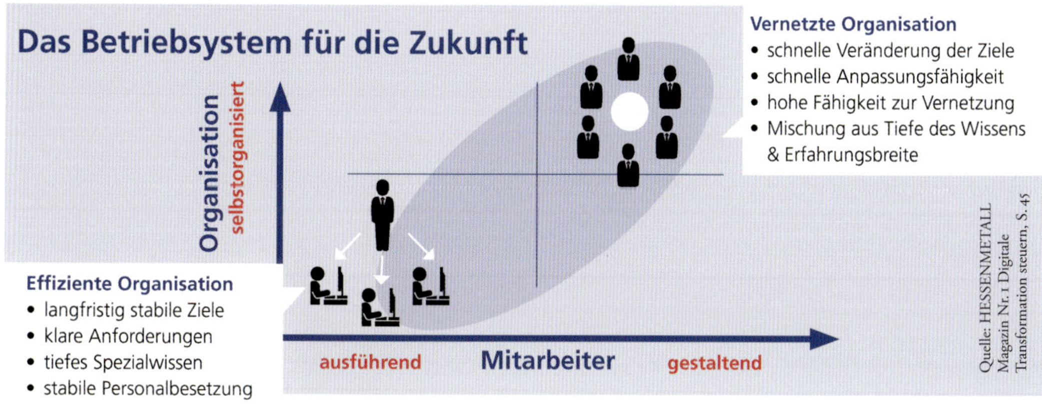

Stärkung der betrieblichen Abläufe durch die Umstellung von einer täglichen auf eine wöchentliche Höchstarbeitszeit erreicht. Die Beschäftigten arbeiten nicht mehr, sondern im Einzelfall kann die Beschäftigungszeit flexibler verteilt werden.

Aufzeichnungspflichten der Arbeitgeber stehen in der betrieblichen Praxis neuen Arbeitszeitmodellen entgegen. Im beiderseitigen Interesse ist die Aufzeichnungspflicht auf die Beschäftigten zu übertragen, um die Eigenverantwortung der Arbeitnehmer zu stärken. Ein wesentliches Flexibilisierungsinstrument der Unternehmen im digitalen Zeitalter bleibt die Arbeit auf Abruf. Eine Modernisierung ist für eine schnelle Reaktionsfähigkeit der Wirtschaft unerlässlich. Die im Teilzeit- und Befristungsgesetz enthaltenen Regelungen, insbesondere die Ankündigungsfrist von vier Tagen, werden den Änderungen im Kundenverhalten nicht mehr gerecht.

Der Ball liegt im Feld des Gesetzgebers. Pauschale gesetzliche Regelungen werden dem nötigen Interessenausgleich nicht mehr gerecht. Dringend gebraucht wird ein stabiler Rahmen mit Spielräumen und Schutzrechten, welcher der Vielfalt der modernen Arbeitswelten entspricht – und der dann von den Sozialpartnern und Betriebsparteien durch Tarifverträge branchenspezifisch und durch Betriebsvereinba-

PHASE 1	PHASE 2	PHASE 3	PHASE 4	PHASE 5
Ortsgebundene Arbeit	**Flexible Arbeit als Ausnahme**	**Umbruch und Ablösung**	**Mobil-flexible Arbeit etabliert**	**Netzwerkunternehmen**
Arbeit ausschliesslich am Standort	Arbeit zu Hause als Ausnahme, aber keine Norm	Experimente mit verschiedenen Arbeitsformen	Regelungen und Infrastruktur vorhanden	Abgestimmte virtuelle Arbeit, Organisation als Projektstruktur
Feste Arbeitszeit		Unübersichtlich	Abnehmende Trennung zwischen Arbeit und Privatleben	Mobil-flexible Arbeit als Norm
Ausgeprägte Hierarchien				Weniger Regeln

Quelle: HESSENMETALL Magazin Nr. 2, S. 19, Schulze et al., 2014 Fachhochschule Nordwestschweiz. Befragung von 423 Unternehmen der deutsch- und französischsprachigen Schweiz.

Fünf Phasen auf dem Weg zur Arbeitswelt 4.0

rungen unternehmensangepasst ausgestaltet werden kann. Politik und Sozialpartner müssen diese Veränderungsprozesse durch eine konstruktive Rahmensetzung gestalten, um auch in Zukunft attraktive, sichere und wettbewerbsfähige Arbeitsbedingungen nicht nur in der hessischen Metall- und Elektro-Industrie zu gewährleisten.

Zukunft der Arbeit: Der Geist ist aus der Flasche

Der Teamerfolg mit Zeitsouveränität, Vertrauensarbeitszeit, Eigenverantwortung und Erfolgsorientierung, geleitet von einer souveränen Führungskraft, ist die Stellschraube für die Zukunft der Unternehmen. Im Interview der FAZ am 21. August 2021 mit Dirk Pollert, HESSENMETALL Hauptgeschäftsführer, zeigt sich: Kontrollettis haben keine Zukunft mehr. Denn mittlerweile sind nicht mehr alle Büros besetzt und nicht jeder sofort greifbar.

„Die Unternehmen der hessischen M+E-Unternehmen waren bereits vor der Corona-Pandemie die Treiber der digitalen Arbeitswelt. Die Erfolgsfaktoren waren und sind weiterhin mobiles Arbeiten, Assistenzsysteme, autonome, sich selbst einteilende Gruppen, die Nutzung der Digitaltechnologien bis zu KI-Anwendungen wie Machine Learning." Dirk Pollert kann selbstbewusst für die Industrie sprechen: „Ausgangspunkt für künftiges Arbeiten sind immer die Geschäftsmodelle, Produkte und Dienstleistungen der Unternehmen. Davon werden Prozesse und Arbeitsaufgaben der Beschäftigten bestimmt. Auch hängt es davon ab, in welcher Dosage zukünftig mobil gearbeitet werden kann. Dabei gilt über den Daumen: Je näher an der Produktion, desto weniger mobil." Dabei sagen die Mitgliedsunternehmen, dass dort, wo es die Arbeitsaufgabe zulässt, pro Woche durchaus zwei bis drei Tage mobil gearbeitet werden kann.

DR. THOMAS BRUNN

- TB M+E Digital Consulting, Kelkheim
- Ehemaliger Stv. Vorstandsvorsitzender von HESSENMETALL und Verhandlungsführer HESSENMETALL (1. 6. 2012–8. 9. 2020)
- Ehemaliger Verhandlungsführer M+E Mitte (10. 1. 2014–8. 9. 2020)[12]

Auch Produktionsarbeitsplätze verändern sich

„In der Produktion ist es grundsätzlich schwerer mobil oder vom Homeoffice aus zu arbeiten," sagt der HESSENMETALL Hauptgeschäftsführer. „Aber Rufbereitschaft per App, Fernwartung oder auch Gleitzeit auch im Schichtbereich eröffnen für den Produktionsmitarbeiter ebenso Flexibilisierungschancen. Der Hauptpunkt ist das Arbeiten in autonomen Gruppen. Erstrebenswert ist dabei die freie Selbsteinteilung zu Schichten über EDV-Systeme. Das funktioniert vor allem dann, wenn das Team insgesamt die geforderte Leistung bringt. So erhält der Einzelne Zeitsouveränität und damit Mehrwerte." Eine weitere Entwicklung sind Assistenzsysteme, durch die das Arbeiten weniger körperlich anstrengend wird. „Auch schaffen Datenbrillen,

„Kontrollettis haben keine Zukunft“

FRANKFURT In der Industrie werden neue Arbeitsformen erprobt. Dort sind jedoch liberalere und flexiblere Arbeitszeitgesetze nötig, sagt Dirk Pollert, der Hauptgeschäftsführer des Unternehmensverbands Hessenmetall.

In allen Wirtschaftsbranchen wird derzeit leidenschaftlich über „New Work“, „Arbeit 4.0“, mobiles Arbeiten und andere neue Konzepte der Zusammenarbeit geredet. Auch in der Metall- und Elektroindustrie?
Wir sehen uns ohnehin als Treiber der digitalen Arbeitswelt, auch schon vor Corona. Dabei geht es um mobiles Arbeiten, Nutzung von Assistenzsystemen, autonom arbeitende Gruppen und die Nutzung aller Digitaltechnologien, vom 3-D-Druck über das Internet der Dinge und Robotik bis hin zu Künstlicher Intelligenz. Ob man all dem nun einen neuen Begriff namens „New Work“ oder Ähnliches überstreift, ist nicht entscheidend.

Hat Corona nichts verändert?
Doch, natürlich, die Pandemie hat für eine neue Dynamik gesorgt. Jene Unternehmen, die vorher schon mobile Arbeitsplätze und virtuelle Konferenzen hatten, kamen schneller durch die Krise als andere. Aber am Grundprinzip hat sich durch die Pandemie nichts geändert: Es kommt dabei aber immer auf das jeweilige Geschäftsmodell und vor allem auch auf die richtige Dosierung an. Das kommt mir in der Debatte oft zu kurz.

Was ist an New Work in der Industrie möglich? Sie können doch schlecht Produktion ins Homeoffice verlagern.
In der Produktion selbst geht es tatsächlich um anderes, zum Beispiel um eine Rufbereitschaft per App oder um Gleit-
…it im Schichtbetrieb, bei der man nicht
…ie Minute genau anfängt. Der Haupt-
…t das Arbeiten in autonomen
…ei denen man sich zum Bei-
…ibel in Schichten einteilen
…nn, wenn das Team ins-
…te Leistung bringt.
…er egal, wer wann
…Unternehmen
…haring von
…Desk-
…ischs,
…m

Aber für wie viele Beschäftigte in der Industrie ist das überhaupt denkbar?
Wir haben in unserem Verband 650 Mitgliedsunternehmen mit 130 000 Beschäftigten in Hessen, tatsächlich sind von denen nur zwischen 40 und 50 Prozent in der reinen Produktion tätig. Der Anteil hat kontinuierlich abgenommen.

Weniger als die Hälfte?
Ja, denn wir haben zugleich immer mehr Bereiche und Unternehmen, die Dienstleister für die Industrie sind und etwa Software oder Datenauswertung rund um die Produktion anbieten. Viele Unternehmensstandorte in Rhein-Main haben auch gar keine Produktion, sondern nur Forschung oder Vertrieb, das gilt etwa für die Siemens-Zentrale in Frankfurt oder Schaeffler Aftermarket in Langen. Dass Industriearbeitsplätze in erster Linie nur am Band zu finden sind, ist schon lange nicht mehr der Fall.

Aber warum müssen Sie in der Industrie überhaupt die bisher üblichen Arbeitsprozesse verändern?
Es geht darum, neue Dienstleistungen um Produkte anbieten zu können oder auch die Produktion flexibel nach individuellen Kundenwünschen auszurichten – Stichwort Losgröße eins. Mobiles Arbeiten etwa ist tatsächlich kein Selbstzweck, es geht darum, die Arbeit schneller, flexibler und kundennäher umzusetzen. Die virtuellen Meetings zum Beispiel haben gezeigt, dass man den Kunden weniger den Anreiseweg und mehr die Beziehungspflege schuldet. Alles geht aber auch nicht virtuell, unvorhergesehene Treffen oder Ideen gibt es so kaum, die
…kundenakquise geht über das Netz
…hwierig, oder auch die Planung
…Prozesse und Projekte.

…die hessische Industrie?
…t einfach zu beantwor-
…nmetall sehr unter-
…n als Mitglieder
…Maschinen-
…zu IT-An-
…Thema
…eis-

tieren können, dass nicht mehr alle Büros besetzt sind und jeder sofort greifbar ist. In Zukunft wird es darum gehen, weniger den Weg vorzugeben, wie man ein Ziel erreicht. Sondern das Ziel klar zu definieren und den Rahmen für dessen Erreichung zu schaffen. Führungen müssen sich noch viel mehr als bisher mit ihren Teams darüber verständigen, was für die Beschäftigten möglich und was für die Arbeitsaufgabe nötig ist. Das ist für alle ein Lernprozess, zweifellos. Aber das geht am besten einvernehmlich.

Betriebsräte und Gewerkschaften werfen Ihnen vor, dass es tatsächlich nur darum gehe, dass Arbeitnehmer mehr arbeiten und mehr belastet werden.

Dirk Pollert ist Hauptgeschäftsführer des Verbands der Metall- und Elektro-Unternehmen Hessen (Hessenmetall).
Foto Junker

Arbeitszeitmodelle unterliegen der Mitbestimmung und werden mit Betriebsräten vereinbart. Insofern gehe ich davon aus, dass dies verantwortungsbewusst geschieht. Im Übrigen haben auch die Betriebsräte ein Interesse daran, dass es dem Unternehmen gut geht, das ist schließlich die beste Möglichkeit, Beschäftigung zu sichern oder sogar auszubauen.

Den Mitarbeitern wird dann aber auch deutlich mehr zugemutet, oder nicht?
Flexibles Arbeiten erfordert eigenverantwortlichere Mitarbeiter. Wer mobil arbeitet, muss selbst entscheiden, wann er eine Pause macht oder das Handy ausschaltet. Da ist jeder gefordert. Wir wollen ja keine Entgrenzung zwischen Privatem und Dienstlichen. Aber wir müssen auch anerkennen, dass die Lebenswirklichkeiten sich geändert haben.

Wer entscheidet künftig, wann wie lange gearbeitet wird? Der Chef?
Grundsätzlich sollte das Prinzip der doppelten Freiwilligkeit gelten, dass also beide Seiten zustimmen. Aber das muss natürlich ausgerichtet werden an den Arbeitszielen des Teams oder der Abteilung. Völlig frei zu entscheiden, wann ich arbeite, kann es also auch nicht geben. Und in Ausnahmefällen muss es möglich sein, dass alle die Ärmel hochkrempeln und mehr schaffen. Dafür kann man später Freizeitausgleich nehmen. Und dafür müssen wir auch den Rechtsrahmen ändern.

Meinen Sie Ihre Forderung, die Obergrenze für die tägliche Arbeitszeit abzuschaffen – Sie wollen nur noch eine Obergrenze von 48 Stunden in der Woche?
Ja. Das Arbeitszeitgesetz ist nicht mehr zeitgemäß, denn es ist vor allem von Misstrauen geprägt. Dabei hat der Lockdown doch gezeigt, dass die Menschen gut eigenverantwortlich arbeiten können. Aber derzeit ist es gesetzlich wegen der täglichen Acht-Stunden-Obergrenze schlicht nicht erlaubt, zum Beispiel an drei Tagen in der Woche elf Stunden zu arbeiten, am Donnerstag den Rest und dafür dann Freitag frei zu machen. Die Menschen haben sich im Homeoffice auch daran gewöhnt, zwischendurch Privates machen zu können, etwa die Waschmaschine laufen oder Handwerker reinzulassen. Wenn das möglich ist, muss es auch erlaubt werden, dass außerhalb der offiziellen Arbeitszeit kurz gearbeitet wird. Das fände ich nur fair.

Die Forderung einer Arbeitszeitreform erheben Unternehmensvertreter seit vielen Jahren. Warum glauben Sie, dass sie nun wirklich kommt?
Laut meiner Stellenbeschreibung ist Zuversicht Pflicht. Und die Bundestagswahl bietet ja die Chance auf politische Veränderung. Viele Unternehmen sind da schon längst weiter als die Politik. Wir haben ja kein Erkenntnisproblem, sondern vor allem ein Umsetzungsproblem. Die positiven Erfahrungen aus der Corona-Zeit sollten den Boden für eine Reform bereitet haben.

Die Fragen stellte **Falk Heunemann.**

Verband und Branche im Wandel

359 000 Hessen sind in der Industrie be-
…häftigt, das ist etwa jeder siebte Be-
…ftigte in dem Bundesland. Größter
…ber des Sektors sind dabei die
…d Elektrounternehmen, zu
…lieferer ebenso gehören
…uer und Gießereien.
…nternehmen ist im
…**nmetall** organi-
…mit der Ge-
…träge aus-
…pt-

Neben der klassischen Tarifpolitik kümmern sich Pollert und der Verband seit mehreren Jahren zunehmend um das Thema Transformation der Wirtschaft, insbesondere die Bewältigung des digitalen Wandels, Nachhaltigkeitsmanagement, Fachkräftesicherung und neue Arbeitsformen.

So bietet das Bildungswerk der hessischen Wirtschaft inzwischen eine berufsbegleitende Weiterbildung zur „Digitalisierungsfachkraft in der Produktion“ an, in der Arbeitnehmer neue Technologien, Prozesse und Geschäftsmodelle der Industrie 4.0 kennenlernen.
…dem kooperiert Hessenmetall seit
…mit der Technischen Universität
…dt bei Forschung und Weiterbil-
…beim Branchentreff Hessen-
…ptember in der Frankfur-
…wird es abermals um
…he Intelligenz und
fahe.

Interview von Dirk Pollert und Falk Heunemann (FAZ-Redaktion), erschienen am 21. 08. 2021

IoT-Gateways und Machine Learning wissenszentrierte Arbeitsplätze, vermeiden Fehler und machen die Arbeit in der Produktion abwechslungsreicher und ergonomisch besser."

Gemeinsam mit Bosch Rexroth, der TU Darmstadt und dem eigenen Bildungswerk konzipierte HESSENMETALL einen zertifizierten Weiterbildungslehrgang zur „Digitalisierungsfachkraft Produktion". Weitere solche Weiterbildungsmöglichkeiten werden folgen – wie beispielsweise der Lehrgang zum Data Scientist. „Das zeigt: Neue Arbeitsplätze und Berufsfelder werden entstehen und viele Tätigkeiten sich erheblich ändern. Deswegen müssen wir die Beschäftigten mitnehmen."

Teamarbeit im Mittelpunkt

Der Wunsch nach mobilem Arbeiten ist häufig groß. „Ein verständliches Bedürfnis Vieler! Die Schlüssel dafür sind Eigenverantwortung, Zeitsouveränität, Gleitzeit auch im Schichtbetrieb, Selbsteinteilung und auch E-Learning-Tools. Im Fokus stehen aber immer der Arbeitserfolg und die korrekte Erfüllung der jeweiligen Arbeitsaufgaben. Dies geht nur im Team durch einvernehmlich passende betriebliche Regelungen."

Produkte und Dienstleistungen werden immer individueller und komplexer – für die M+E-Industrie vor Ort eine Riesenchance: „Denn wir wissen: Ohne Industrie wird es keinen Wohlstand geben. Denn industrielle Arbeitsplätze sind das Fundament unseres Wohlstands. Schließlich ist die Hebelwirkung für Handel, Dienstleistung und Handwerk enorm."

Wichtig ist Erfolg – und nicht Anwesenheit

Führungskräfte haben die entscheidende Rolle, damit Aufgaben und Erfolge in der digitalen Arbeitswelt noch besser umzusetzen sind: „Absolut. Ich hatte im Januar 2017 der FAZ zu meinem Start bei HESSENMETALL ein Interview gegeben und gesagt: ‚Man schuldet Erfolge und nicht Anwesenheit' – dort, wo es die Arbeitsaufgabe zulässt. Dieser Geist ist also längst aus der Flasche!" Für Pollert müssen Führungskräfte heute Hindernisse für die Mitarbeiter beseitigen, gemeinschaftliche Ziele mit Teams vereinbaren und Freiräume für kreatives Arbeiten schaffen. Im Fokus steht allein der Arbeitserfolg, nicht der Weg dorthin.

Videokonferenzen statt Präsenzmeetings und Dienstreisen, mobiles Arbeiten, agile Methoden und E-Learning-Tools an wissenszentrierten Arbeitsplätzen – all das hat geholfen, besser durch die Corona-Pandemie zu kommen. „Aber es bleibt doch auch viel auf der Strecke wie echte Kundenbeziehungen, das Gewinnen neuer Kunden und das Durchdringen komplexer Projekte. Es wird zukünftig auf die richtige Mischung ankommen. Klar ist aber, dass wir alle gemeinschaftlich anpacken und hart arbeiten müssen, um weltweit wettbewerbsfähig zu sein und zu bleiben. Wir haben ja nicht nur die Folgen der Corona-Krise, sondern zudem einen Strukturwandel erfolgreich zu gestalten. Technologieoffenheit und realistische zeitliche Ziele sind dabei sehr hilfreich."

Win-Win-Situation durch Flexibilität

Beim Thema zukunftsorientierte Arbeitszeitgestaltung gab es entscheidende Entwicklungen in der jüngeren Vergangenheit: „Zeitsouveränität, Vertrauensarbeitszeit, Eigenverantwortung und Erfolgsorientierung sind dabei die Stellschrauben für den gemeinsamen Erfolg." Es soll mittelständische Betriebe mit über 100 Arbeitszeitmodellen in einem Werk geben. „Aber: Wer während der Arbeitszeit Privates erledigen darf, muss auch außerhalb der Arbeitszeit kurze berufliche Tätigkeiten erledigen dürfen. Das geht aber mit unserem Arbeitszeitgesetz nur völlig unzureichend. Wir halten es für nicht mehr zeitgemäß, denn es ist vor allem durch Misstrauen geprägt. Doch hat der Lockdown gezeigt: Menschen können gut eigenverantwortlich arbeiten. Aber derzeit ist es gesetzlich wegen der täglichen 8-Stunden-Obergrenze schlicht nicht erlaubt, zum Beispiel an drei Tagen in der Woche elf Stunden zu arbeiten, am Donnerstag den Rest und dafür dann Freitag freizumachen. Eine solche Möglichkeit fände ich nur fair."

Die Corona-Krise hat bewiesen: „Unsere Mitarbeiter wollen gestalten sowie Privates und Berufliches in gute Balance bringen. Wir müssen anerkennen, dass sich die Lebenswirklichkeiten geändert haben. Aber: Wer zwei bis drei Tage in der Woche mobil arbeitet, der muss davon ausgehen, dass sich der Büroarbeitsplatz ändert. Denn es kann nicht erwartet werden, dass weiterhin ein Einzelbüro freigehalten wird. Stattdessen sind Desk Sharing und Car Sharing notwendige Weiterentwicklungen der digitalen Arbeitswelt."

Dialog unterstützt Strukturwandel

„Wir sind mit passenden betrieblichen Regelungen zu Kurzarbeit, Arbeitsschutz und Pandemieplänen gut durch die Krise gekommen. Außerdem haben wir wertvolle Tarifverhandlungen Corona-konform im kleinen Kreis mit Augenmaß geschafft", fasst HESSENMETALL Hauptgeschäftsführer, Dirk Pollert, zusammen: „Dies gibt Planungssicherheit in herausragend schwierigen Zeiten. Unsere Unternehmen brauchen in der Zukunft viel Geld, um in Technologietransfer und Innovationen zu investieren. Dies wird eine große Herausforderung. Deswegen plädieren wir dafür, Unternehmenssteuern auf weltweit wettbewerbsfähige 25 Prozent zu begrenzen. Denn wir wollen vor Ort, hier in Hessen und Deutschland, erfolgreich sein."[13]

„Ohne Industrie kein Wohlstand. Industrielle Arbeitsplätze sind das Fundament unseres Wohlstands. Ihre Hebelwirkung für Handel, Dienstleistung und Handwerk ist groß."

Dirk Pollert, HESSENMETALL
Hauptgeschäftsführer

Fachkräftesicherung – den Rohstoff menschliche Intelligenz sichern

Digitalisierung, strukturelle Veränderungen, Corona-Pandemie – die aktuellen Zeiten des Umbruchs machen sich auch bei der Fachkräftesicherung bemerkbar und führen zu einem Wandel der Bedarfe innerhalb der Unternehmen. In den Fokus rückt der Mangel an Personal mit Expertise und Fachwissen im IT-Bereich.

Eine zentrale Frage für die Mitgliedsunternehmen ist zudem: Welche Kompetenzen benötigt der Betrieb und wie nimmt man die Mitarbeiterinnen und Mitarbeiter auf dem Weg mit? Zweifelsohne setzen die Unternehmen der Metall- und Elektro-Industrie in Zukunft auf die Ausbildung als zentrales Instrument zur Nachwuchswerbung. Hier sind die Angebote weiterhin vorhanden, wie unsere Ausbildungsplatzbörse zeigt: Im Schnitt sind pro Monat über 600 Ausbildungsstellen in Hessen verfügbar.

Das alles macht deutlich: Der Fachkräfte- und Nachwuchsbedarf bleibt eine der größten Herausforderungen für die M+E-Industrie in Hessen – gerade angesichts der digitalen Transformation. Mit unseren Services im Bereich der Nachwuchssicherung, der dualen Ausbildung und der Weiterbildung unterstützen wir die Mitgliedsunternehmen durch Veranstaltungen, Projekte, Mitmachaktionen und Publikationen und bauen zudem die virtuellen Angebote aus. Alle Aktivitäten bündeln wir in der Toolbox Fachkräftesicherung und im Serviceportal.

Ergänzend bietet das Bildungswerk HESSENMETALL ein breites und vielfältiges Qualifizierungsportfolio an. 1969 beschritt HESSENMETALL das Neuland Bildung: durch die Gründung des Bildungswerks HESSENMETALL, das der Nukleus für die gesamte Gruppe Bildungswerk der hessischen Wirtschaft wurde. Heute ist die Gruppe Bildungswerke die größte außerschulische Bildungsinstitution in Hessen. Mit mehr als 1 000 festangestellten Beschäftigten und fast ebenso vielen freien Mitarbeitenden.

Nachwuchs gewinnen

Der Wettbewerb um Talente ist eine Daueraufgabe für unsere M+E-Unternehmen, die vor allem MINT-Nachwuchskräfte suchen. An Mathematik, Ingenieurwesen, IT und Naturwissenschaften interessierte Jugendliche sind schon immer willkommen, in Zeiten der demografischen Herausforderung noch viel mehr. Unsere Mitgliedsunternehmen investieren deshalb Zeit und Geld, um solche Jugendlichen für sich und eine duale Ausbildung oder ein duales Studium zu gewinnen. Dabei wollen wir die Personal- und Ausbildungsverantwortlichen mit unseren Mitmach-Angeboten unterstützen.

Unser Angebot reicht von einer gut bestückten Ausbildungsplatzbörse über Hightech-InfoTruck-Einsätze an Schulen, zielgruppengenaue Online-Plattformen für Schülerinnen und Schüler, Jugendliche, die ein Ingenieursstudium anstreben, sowie Eltern und Lehrkräfte, Auftritte auf regionalen Ausbildungs- und Studienmessen und das Vermitteln von Unternehmen als Gastgebern für die besten Schülerinnen und Schüler bei den Spitzenwettbewerben des hessischen Kultusministeriums in Mathematik und Physik. Wir entwickeln dieses Angebot, das auf inzwischen mehr als 30 Jahre Erfahrung aufbauen kann, kontinuierlich weiter.

Nachwuchsgewinnung

Das HESSENMETALL-Nachwuchssicherungsprogramm

Für die Mitgliedsunternehmen von HESSENMETALL stehen die in der Abbildung gezeigten Maßnahmen zur Kontaktanbahnung und zur Rekrutierung von Nachwuchs bereit.

Neue Online-Angebote rund um InfoTruck-Einsätze

In einem üblichen Jahr erreicht unser M+E-InfoTruck an über 80 Einsatztagen knapp 10 000 Schülerinnen und Schüler, über regionale Messeauftritte 40 000 Interessierte, mit unserer Ausbildungsplatzbörse für durchschnittlich 400 Angebote für Ausbildungsplätze und duale Studienplätze pro Monat 90 000 Besucher. Der zweigeschossige InfoTruck der Metall- und Elektro-Industrie besucht hessische Schulen und bietet Berufsorientierung zum Erleben und Anfassen von über 40 Ausbildungsberufen – vom Anlagenmechaniker über den Mechatroniker und Fachinformatiker bis hin zum Kaufmann für Digitalisierungsmanagement.

Videoblogger-Taskforce

Videoblogger-Taskforce holt Jugendliche ab

Vlogger-Taskforce auf Social Media

Dieses Modul für die Nachwuchswerbung bietet regelmäßige Beiträge rund um Bewerbung, Ausbildung und duales Studium in der hessischen M+E-Industrie von Auszubildenden und dual Studierenden aus den Unternehmen auf Social-Media-Kanälen. Azubis und dual Studierende aus unseren Mitgliedsunternehmen nehmen Jugendliche aus Schulen und Hochschulen mit in ihren beruflichen Alltag. Neben konkreten Informationen über Einstiegsvoraussetzungen und Ausbildungsinhalte geben sie Tipps zur Bewerbung und Prüfungsvorbereitung, aber auch Hintergrundinformationen über Werte, Ziele und die Anfangsjahre der Firma. Auch berichten sie von unterhaltsamen und liebenswerten Erlebnissen im Unternehmen.

Durch die Inhalte auf Instagram, YouTube und Facebook werden junge Menschen früh abgeholt und haben über einen längeren Zeitraum teil am lebendigen Alltag in echten Unternehmen. So bringen wir die Firmen aus dem Industriegebiet ins Wohnzimmer der Familien oder aufs Smartphone der Schülerinnen und Schüler.

Die Vlogger-Taskforce schließt eine Social-Media-Lücke im umfassenden Nachwuchssicherungsprogramm von HESSENMETALL. Inzwischen nehmen ein knappes Dutzend Mitgliedsunternehmen daran teil. Die teilnehmenden Unternehmen nutzen die Beiträge des Teams zudem für ihre eigenen Kanäle. Der Kampagnenstart war im August 2020. Mittlerweile zählen wir knapp 500 Abonnenten auf Instagram und rd. 3 500 auf Facebook.

Jubiläum: 2 Jahre Vlogger-Taskforce – Event bei Samson und Jubiläumsvideo

Schon seit zwei Jahren nehmen Auszubildende unserer Mitgliedsunternehmen Jugendliche mit in ihre Unternehmen und zeigen wie Ausbildung in der Metall-, Elektro- und IT-Industrie

aussieht. Das wurde im Juli 2022 gefeiert – mit den Vlogger-Teams von Kamax, sera, Leica Microsystems, Bosch Thermotechnik, Carl Cloos Schweißtechnik, Samson und HESSENMETALL.

Beim Vlogger-Event hatten die Teams neben den monatlichen virtuellen Redaktionskonferenzen die Gelegenheit, sich auszutauschen. Informativ zudem: der Impuls-Workshop von Juliane Benad zum Thema Social Media und den Dos und Don'ts auf Social Media. Der Workshop lieferte auch Ideen, worauf man achten kann, wenn man über die eigene Ausbildung vloggt. Im Anschluss daran bekamen die Vlogger/innen eine Führung durch das Rolf Sanvoss Innovation Center von Samson. Das moderne Entwicklungsprüfzentrum im Bereich der Ventiltechnologie deckt die Prüf- und Entwicklungstätigkeiten des gesamten SAMSON-Konzerns ab und steht gleichzeitig als Forschungs- und Zertifizierungsplattform für SAMSON-Kunden und -Partner zur Verfügung. Allein die Größe der Prototypen und Ventile war für die Teilnehmerinnen und Teilnehmer beeindruckend.

Standesgemäß rundete ein Food-Truck samt Burgern und kühlen Softdrinks das Jubiläum ab.

Wegen der Pandemie haben wir den Truck mit einem Videokonferenzsystem nachgerüstet. Das ermöglicht den live zugeschalteten Unternehmen, virtuell über ihre Ausbildungsmöglichkeiten zu informieren. Um komplett auf Online-Angebote umzusteigen, haben wir den „M+E-Berufe-Stream“ entwickelt, der interaktive Berufsorientierung bietet – in enger Kooperation mit unseren Mitgliedsunternehmen jeweils vor Ort und hessenweit ausgerollt. So stellte beispielsweise Continental seine Ausbildungsberufe den Schülerinnen und Schülern der Anne-Frank-Schule in Frankfurt vor. Zwei Tage lang haben die Neuntklässler die Berufswelt der Metall- und Elektro-Industrie kennengelernt. Per Videokonferenz erhielten die Jugendlichen der Realschule einen Einblick in die vielfältigen Ausbildungsmöglichkeiten. Der Gang durch die Lehrwerkstatt per Live-Video zeigte sehr anschaulich die Arbeitsplätze der verschiedenen Lernfelder für den Beruf Mechatroniker/in.

Ausbildungsplatzvermittlung

So setzt sich HESSENMETALL dafür ein, dass angehende Auszubildende das Angebot der Stellenbörse www.ausbildung-me.de wahrnehmen.

Partnerschaft mit Eintracht Frankfurt

Eintracht Frankfurt und HESSENMETALL haben Mitte 2019 eine enge Partnerschaft für die Nachwuchswerbung vereinbart. Der Fokus der Zusammenarbeit liegt auf der Stärkung des hessischen Mittelstands und der Zusammenarbeit im Bereich der Digitalisierung und Innovationsförderung. So bietet Eintracht Frankfurt allen Mitgliedsunternehmen die Möglichkeit, sich mit eigenen Projektideen in die Kreation des Digitalzentrums Arena of IoT einzubringen. Dabei stehen vier Innovationsfelder im Zentrum des Digitalisierungsprojekts: Smart

Building, Energiemanagement, Smart Stadium und Mobilität.

Wie schon 2019 stand der M+E-Info-Truck auch am 31. August 2022 wieder direkt vor dem Hauptportal der Deutsche Bank Park in Frankfurt anlässlich des Saisonauftakts der Eintracht Frankfurt. Die Saisoneröffnung hat immer Volksfestcharakter, weil vor dem Spiel – in diesem Jahr zum Abschied von Alex Meier – Eltern mit ihren Kindern immer viel Zeit mitbringen und ansprechbar sind für die Ausbildungsberufe in der Metall- und Elektro-Industrie. Auch in diesem Jahr wurden wir gesehen und haben viele gute Gespräche mit Jugendlichen, Eltern und Berufsschullehrern geführt, viele Interessierte in den Truck eingeladen sowie Popsockets verteilt. Bei unserer Polaroid-Aktion wurden über 70 Andenkenfotos an unserem HESSENMETALL-Stand gemacht. Groß und Klein haben die Chance

genutzt, den Moment vor dem Spiel festzuhalten und sich an unserem Stand umzusehen. Das Andenkenpolaroid war zugleich ein kleiner Fotoflyer, der auf die Ausbildungsplatzbörse und den Berufseinstiegs-Account auf Instagram verwiesen hat. Allen hat es viel Spaß gemacht. Wir waren – wie uns die Besucher bestätigten – auch der Aussteller mit dem sichtbarsten Auftritt für die 35 000 Besucher.

Duale Ausbildung

Duale Ausbildung gestalten

Junge Nachwuchskräfte auszubilden ist seit jeher das Herzstück der Fachkräftesicherung in der M+E-Industrie. Die Ausbildung in der M+E-Industrie nimmt sich weiter der Zukunftsthemen, wie etwa der digitalen Transformation, an, wie die Anpassung der IT-Berufsordnungen zeigt.

Alle M+E-Ausbildungsberufe sind zukunftsrelevant

Viele positive Signale verzeichnet der Ausbildungsmarkt der Metall- und Elektro-Industrie (M+E) in Hessen. „Die Unternehmen setzen auf den Nachwuchs“, weiß Sebastian Kühnel, Geschäftsführer Bildung, Digitales und Technologietransfer von HESSENMETALL: „Jugendliche, die einen Ausbildungsplatz suchen, haben gute Chancen. Auch die Übernahmequote liegt wieder bei über 90 Prozent. Das ist ein sehr positives Signal.“ So halten drei Viertel der Unternehmen am Angebot an Ausbildungsplätzen fest oder erhöhen die Anzahl der Plätze sogar. Doch nicht alle wurden besetzt: „Die eine Hälfte hat alle Ausbildungsplätze wie geplant besetzt, die andere Hälfte konnte das nicht. Es scheiterte in der Regel an zu wenigen oder ungeeigneten Bewerbungen.“

Dabei sind generell alle M+E-Ausbildungsberufe zukunftsrelevant und anpassungsfähig: „Klar ist, dass der Bedarf gerade an IT-Fachkräften stetig wächst und sich das auch in der Ausbildung widerspiegelt. Der Trend setzt sich ganz gewiss fort. Wichtig wird sein, digitale Grundkompetenzen zu vermitteln, die auch über das reine Jobprofil hinausgehen, sei es zum Verständnis von Geschäftsprozessen, zur Digitalisierung von Geschäftsmodellen oder auch zur daten- und plattform-basierten Wertschöpfung.“
Sebastian Kühnel fordert deswegen: „Weil wir in Zeiten der technologischen Dynamik leben, muss sich das Ausbildungssystem künftig inhaltlich und methodisch flexibel weiterentwickeln. Das gilt im Übrigen auch für den dualen Partner, die Berufsschulen.“

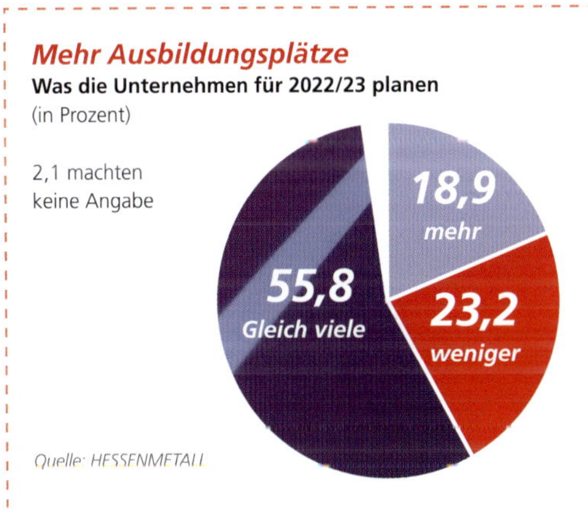

Ausbildung in Zeiten von Corona: Beispiel Opel Automobile GmbH in Rüsselsheim

Die Entwicklungen rund um die Corona-Pandemie haben auch die Ausbildungsabläufe in den HESSENMETALL-Mitgliedsunternehmen stark beeinflusst. Vorübergehend schloss auch Opel in Rüsselsheim die Berufsausbildung im Werk und schickte alle Auszubildenden ins „mobile Lernen“. „Das war auch für uns eine völlig neue Situation“, so Opel-Ausbildungsleiter Carsten Brust. In seinem Team betreuen 31 Ausbilderinnen und Ausbilder 209 Auszubildende und 55 dual Studierende.

Das „mobile Lernen“ basiert auf der Betriebsvereinbarung zum mobilen Arbeiten des Unternehmens. Darauf aufbauend stimmten die Ausbilder mit ihren Auszubildenden jeweils das Vorgehen ab – genutzt wurden E-Mail-Kommunikation oder Videokonferenzen. Dass einige Azubis und auch ein Ausbilder wenige Wochen zuvor durch ihre Teilnahme am DIGITALazubi des Bildungswerks der Hessischen Wirtschaft wichtige Zusatzqualifikationen erworben hatten, war laut Brust dabei ein glücklicher Umstand. Denn so hatten die Jugendlichen bereits gelernt, wie man berufs- und auch firmenübergreifend Projekte durchführen kann. Zudem kannten sie viele Hilfsmittel wie Programme für Videokonferenzen, Präsentationen oder Planung.

Zur Vorbereitung auf die Abschlussprüfungen kamen schließlich gut 50 Auszubildende unter strengen Gesundheitsmaßnahmen wieder zurück ins Werk. Vorbereitete Arbeitsplätze standen bereit, um den Mindestabstand einzuhalten. Auch die Laufwege im Gebäude und den Treppenhäusern wurden mit Einwegregelungen neu eingerichtet.[14]

Beste Zukunftsperspektiven für Nachwuchs: zum Ausbildungsstart noch viele freie Stellen

Sebastian Kühnel, Geschäftsführer Bildung, Digitales und Technologietransfer

Die Umfrage zum Start des Ausbildungsjahrs 2022/2023 des Arbeitgeberverbands HESSENMETALL zeigt, wie angespannt die Ausbildungssituation für die Unternehmen ist: Mehr als die Hälfte der befragten Unternehmen konnten bisher nicht alle angebotenen Ausbildungsstellen besetzen. „Der Mangel an Nachwuchs birgt ein Risiko für die Zukunft“, sagt HESSENMETALL Hauptgeschäftsführer Dirk Pollert. „Unsere Unternehmen wollen mehr ausbilden, bekommen aber zu wenige Bewerbungen oder finden nicht die passenden Auszubildenden.“

Die Ergebnisse der Umfrage verdeutlichen: Die Situation ist für Ausbildungsinteressierte hervorragend. Dies zeigt auch die Übernahmequote. 94 Prozent der Auszubildenden, die in diesem Jahr ihre Ausbildung abgeschlossen haben, wurden in eine Beschäftigung übernommen. „Das ist eine starke Quote und zeigt, dass die Unternehmen auf ihren Fachkräftenachwuchs setzen“, kommentiert Pollert. Die Ausbildungsbereitschaft ist weiterhin hoch: Rund 90 Prozent der Unternehmen halten am Ausbildungsplatzangebot fest oder wollen sogar noch aufstocken. Zwei von drei M+E-Unternehmen mit aktuell noch offenen Ausbildungsplätzen planen weiterhin, diese Stellen kurzfristig zu besetzen.

Übernahme von Azubis – zukünftige Fachkräfte
Auch planen mehr als drei Viertel der befragten Unternehmen, Auszubildende in ihre Betriebe zu übernehmen, so wie es auch ursprünglich vor der Corona-Pandemie geplant war. Über zwei Drittel der Unternehmen gaben an, diese in einem unbefristeten Beschäftigungsverhältnis einzustellen. Die Übernahmequote ist damit vergleichbar mit den Vorjahren.

iPad statt Berichtsheft: Bei ZEISS SMT starten Auszubildende voll digital in die Arbeitswelt

Ein Berichtsheft, von Hand geschrieben, das man im Betrieb und in der Berufsschule vorlegen muss? Das ist bei ZEISS SMT in Wetzlar schon lange passé. Die Berichte werden von den Azubis digital verfasst und gehen online zum Ausbilder und zu den Lehrern.

„Ich arbeite komplett papierlos, schreibe alles ins iPad und Aufgabenblätter aus der Schule scanne ich ein, weil sie so nicht verloren gehen", erzählt Ozan Subatli. Der 22-Jährige lernt Feinoptiker bei ZEISS SMT in Wetzlar, einem Wegbereiter für die Halbleiter-Industrie, und ist bereits im zweiten Ausbildungsjahr. Engagierte junge Menschen wie Subatli oder auch Tom Rustler, der bei SMT Industriemechaniker lernt und wie sein Kollege einen guten Realschulabschluss hat, sind deshalb sehr willkommen. „Es ist schon faszinierend, an der beeindruckenden Technologie von SMT so nah dran zu sein", sagt Rustler stolz.

Das eigene iPad, das auch er zu Beginn der Ausbildung bekam, war für ihn wie das Tüpfelchen auf dem i: „Wir waren damals alle baff, als jeder so ein Tablet mit Tastatur in die Hand gedrückt bekam, auf dem man sogar mit einem Stift schreiben kann, und das wir auch privat nutzen dürfen", erinnert sich der 17-Jährige. Inzwischen ist für ihn wie für Subatli der Umgang damit längst selbstverständlich und beide wollen das handliche Gerät mit dem Elf-Zoll-Monitor nicht mehr missen. Schon seit einigen Jahren stellt man Azubis bei ZEISS SMT Tablets zur Verfügung.

Eigene Lernplattform
„Unsere Produktion wird immer digitaler, Maschinen sind zunehmend miteinander vernetzt, wir arbeiten am papierlosen Büro." Ausbildungsleiter Burkhard Kramer betont: „Da dürfen wir doch in der Ausbildung der Entwick-

lung nicht hinterherhinken". Er ist begeistert davon, wie unkompliziert sich die jungen Leute auf das digitale Handwerkszeug einlassen: „Sie sind mit elektronischen Geräten aufgewachsen und das merkt man einfach", erläutert der Diplom-Ingenieur.

Die Auszubildenden haben Zugriff auf die eigene ZEISS-Lernplattform, kommunizieren übers Tablet mit ihren Ausbildern, der Personalabteilung, Lehrern und Mitschülern. Sie erhalten darüber neue Aufgabenstellungen, können ZEISS-interne Apps nutzen und Filme sehen, die zum Beispiel zeigen, wie man fräst oder eine optische Linse poliert. Manche Azubis nutzen es sogar, um über Social-Media-Kanäle für ihren Ausbildungsberuf zu werben. Aber vor allem werden die Minicomputer genutzt, um Maschinen zu programmieren, denn auch das will gelernt sein. Und jederzeit sind die Azubis an jedem Ort in der Lage, den Lernstoff oder auch bereits Erlerntes anzusehen.

Das neue Wissen heißt Verstehen

„Aber wir wollen kein Wissen auf Vorrat. Wir möchten, dass sie selbstständig in der Lage sind, Wissen überall abzurufen und dieses dann zu kombinieren, zu transferieren sowie in Teams kritisch zu hinterfragen und kreativ weiterzudenken." Der schnelle Wandel erfordert es, sich zukünftig neue Inhalte stets selbst anzueignen. „Das Lernen auf Vorrat war früher, heute müssen wir flexibel in der Aneignung von Wissen sein. Das neue Wissen heißt Verstehen!", erläutert Organisationsentwickler Thomas Schnell, der in der Personalabteilung der ZEISS-Zentrale in Oberkochen mit daran arbeitet, die Aus- und Weiterbildungsangebote im Konzern an die fortschreitende Digitalisierung anzupassen. Natascha Baumann, Personalleiterin von ZEISS SMT in Wetzlar, fasst zusammen: „Die technologischen Veränderungen sind inzwischen in

allen Unternehmensbereichen wirklich rasant und das Thema lebenslanges Lernen bekommt eine ganz neue Dimension." Carl ZEISS SMT, die ZEISS-Sparte Semiconductor Manufacturing Technology, gehört zu den führenden Zulieferern für die Halbleiter-Equipment-Industrie. Grundlage ist die hoch spezialisierte Expertise in den Bereichen Optik und Optoelektronik. Heute bildet das Unternehmen an vier Standorten in Deutschland aus, unter anderem in Wetzlar.

Qualifizierung anbieten

Die digitale Transformation führt zu veränderten Geschäftsmodellen und Arbeitsprozessen in den Betrieben. Unmittelbar damit ist die Weiterbildung und Qualifizierung der Mitarbeiterinnen und Mitarbeiter in den Betrieben verknüpft, um Weiterbildungsangebote zu entwickeln und Chancen aufzuzeigen – zum Beispiel beim Thema Kurzarbeit und Qualifizierung oder durch Informationen und Beratung zu Fördermöglichkeiten, die von staatlicher Seite mit dem Qualifizierungschancengesetz bestehen. Nicht zuletzt wartet das Bildungswerk der Hessischen Wirtschaft mit einem breiten Weiterbildungsangebot auf, zum Beispiel mit dem Zertifikatslehrgang Industrie 4.0.[15]

50 Jahre Bildungswerk der Hessischen Wirtschaft. Lebenslanges Lernen mit dem Bildungswerk

Bildung ist der Schlüssel zur Freiheit
„Das Bildungswerk ist gut darin, Trends zu erkennen und schnell darauf zu reagieren", stellt **Désirée Derin-Holzapfel**, Geschäftsführerin von friedola Living und friedola, 1888 im Ausblick zum runden Jubiläum fest. Sie ist Familienunternehmerin in der fünften Generation, im Ehrenamt Vorstandsvorsitzende des Bildungswerkes der Hessischen Wirtschaft (BWHW). „Aber davon unabhängig ist Bildung, auch berufliche Bildung, für die Gesellschaft, wie auch für die Unternehmen und jeden Einzelnen, eine der zentralen Zukunftsfragen. Sie ist deshalb so wichtig, damit wir konkurrenzfähig bleiben." Schließlich muss jeder Einzelne seinen Platz im Berufsleben finden „und damit einen wichtigen Schlüssel zu Zufriedenheit und gesellschaftlichen Teilhabe, vielleicht sogar zum eigenen Glück finden. Genau hierfür leistet das Bildungswerk einen wichtigen Beitrag. Und deshalb trage auch ich hier gerne meinen Teil bei."

Sie beschreibt das Bildungswerk als dynamische Organisation mit bodenständiger Tradition: „Eines meiner derzeitigen Lieblingsseminare ist der Crashkurs zur Gestaltung der digitalen Transformation in Unternehmen. So etwas brauchen wir gerade jetzt. Mich begeistern insgesamt die Vielfalt des Angebots, die Innovationsfähigkeit der Mitarbeitenden und damit die Anpassungsfähigkeit und Leistungsfähigkeit des BWHW."

Bildungswerk fördert Karrieren
„Das Bildungswerk unterstützt seit 50 Jahren Menschen und Unternehmen, das Land und die Gesellschaft in Hessen dabei, sowohl den persönlichen als auch den wirtschaftlichen Erfolg zu sichern." Wolf Matthias Mang, Präsident der VhU, freut sich bei der Jubiläumsveranstaltung über den großen Erfolg der Einrichtung.

„Weil im Schulsystem häufig das Wissen um die betrieblichen Bildungsbedarfe fehlt, wurde diese Bildungs- und Marktlücke von den Unternehmerverbänden 1972 mit dieser besonderen Bildungsinstitution geschlossen. Das war schon damals eine Alleinstellung – und ist es noch heute."

Zahlreiche Zielgruppen
Damals standen naturgemäß noch nicht jene Themen im Vordergrund, die heute in der Angebotspalette zu finden sind. Dennoch ging es von Anfang an um Bilden, Beraten, Integrieren und Vernetzen. „Dieser ziemlich umfassende und sich harmonisch ergänzende Vierklang ist für das Bildungswerk noch heute gültig. Eine weitere Alleinstellung sind die komplementären Zielgruppen – mit Schülern und Lehrkräften, mit Ausbildungssuchenden und Ausbildenden, mit Arbeitssuchenden und Beschäftigten und auch mit Arbeitgebern, Weiterbildern und Fachkräftesuchern. Und besonderes Augenmerk liegt auf Menschen mit speziellen Handicaps: wie Jugendliche mit Schulschwierigkeiten, Menschen mit Behinderung oder fehlenden Deutschkenntnissen. Denn sie sind wichtig."

Mittler schafft Win-Win-Stationen
Alle, die an Bildung interessiert sind, werden durch das Bildungswerk gefördert und nach Neigung und Fähigkeiten ein möglichst passender Ausbildungs- und Arbeitsplatz für sie gefunden. „Die dafür erforderlichen Unterstützungsleistungen zuvor sind typische Aufgaben der Beschäftigten des Bildungswerks. Aber auch den Unternehmen, und allen, die auf der Suche nach Fachkräften sind, will das Bildungswerk helfen: durch Vermittlung oder Qualifizierung." Eine Mittlerfunktion des Bildungswerks, die zu Win-Win-Situationen führt.

Verdiente Anerkennung und großer Dank
„Mich beeindruckt der Umfang der Tätigkeiten auf so vielen Ebenen, die Wachstumsdynamik, das konsequente Qualitätsmanagement, das Behaupten in einem schwierigen Markt – und nicht zuletzt der wirtschaftliche Erfolg, der jedes Jahr neu erkämpft werden muss. Diese Leistungen nötigen mir und der gesamten VhU großen Respekt ab. Deshalb möchte ich für die VhU und ihre Verbändefamilie aus 88 Mitgliedsverbänden über alle Branchen hinweg Ihnen heute die verdiente Anerkennung und unseren großen Dank überbringen. Auf die nächsten 50 erfolgreichen Jahre", so Mang.

Arbeitswelt in 4-D

Mit vielen Herausforderungen jonglieren: Geteiltes Wissen hilft!

Unternehmen müssen mit vielen Herausforderungen gleichzeitig jonglieren. Und die Herausforderungen sind enorm: Die Arbeitswelt in 4-D – die Ds stehen für die großen Themenfelder Demografie, Digitalisierung, Dekarbonisierung und die durch Putins Krieg in der Ukraine verschärfte Deglobalisierung – sorgt für beträchtlichen Transformationsbedarf. Viel Gesprächsstoff für rund 150 Vertreter von Metall- und Elektro-Unternehmen aus Hessen, Rheinland-Pfalz und dem Saarland, die auf Einladung der Verbände der Metall-

„Multiple Krisen machen die Herausforderungen, vor denen wir stehen, sehr sichtbar. Ihre Gleichzeitigkeit erschwert den Transformationsbedarf. Treiber bleibt die Digitalisierung."

Dr. Hans-Peter Klös, Geschäftsführer und Leiter Wissenschaft, Institut der deutschen Wirtschaft (IW) Köln

und Elektro-Industrie von M+E MITTE im Juli 2022 in die Alte Lokhalle nach Mainz kamen. Aber einig waren sich die Teilnehmer darin: Geteiltes Wissen hilft, diese Intensität und Häufung besser zu bewältigen.

Dr. Hans-Peter Klös, Geschäftsführer und Leiter Wissenschaft am Institut der deutschen Wirtschaft (IW) in Köln, zeigte, wie sich die Arbeitswelt in Deutschland verändert hat: „Die Welt durchlebt multiple Krisen, von Corona über den Strukturwandel bis zum Ukraine-Krieg, und in dieser Zeit werden die Herausforderungen, vor denen Wirtschaft und Gesellschaft stehen, sehr sichtbar." Trotz aller Probleme werde Deutschland die Arbeit nicht ausgehen.

Arbeitnehmer-Arbeitsmarkt ante portas

Entgegen allen Prognosen hat die Wirtschaft aktuell einen Höchststand an Beschäftigung erreicht. Der Wissenschaftler beobachtet, dass sich der Arbeitsmarkt zu einem Arbeitnehmer-Arbeitsmarkt entwickelt: „Schon jetzt gehen Unternehmen verstärkt in den Wettbewerb um Arbeitskräfte". Bei der Arbeitsmarktordnung sei eine deutlich stärkere Orientierung auf zentrale technologische Trends und auf veränderte Anforderungen an die Arbeitsorganisation erforderlich. Dies betreffe Arbeitszeiten, Arbeitsorte, Arbeitsformen und Arbeitsinhalte. Die Palette an Maßnahmen zur internen, externen und räumlichen Flexibilisierung werde durch die Digitalisierung breiter, mit Blick auf Mitarbeiterbindung und gewinnung aber auch erfolgskritischer. Weiterbildung wird laut Klös eine noch größere Bedeutung erhalten, damit Unternehmen schneller auf neue Bedarfe reagieren können: „Neue Schlüsselkompetenzen sind digitale Fähigkeiten, Problemlösefähigkeit, Kreativität, Initiative und Empathie."

Neue Arbeitswelt schon längst real

Auch die Unternehmen sehen die Veränderung: „Klare Hierarchien, feste Arbeitszeiten im Büro und vorgegebene Prozesse sind Relikte einer überkommenen Arbeitswelt", weiß Rainer Welzel, Personalleiter Siemens Südwest. Sein Credo: „Arbeit sollte da stattfinden, wo sie am besten erledigt werden kann".

Auch Annika Roth, Geschäftsführerin der Blechwarenfabrik Limburg mit 400 Beschäf-

„Gerade bei der Digitalisierung können wir von Jüngeren so viel lernen."

Rainer Wetzel, Personalleiter Südwest Siemens

„Konsequent Ökologie, Ökonomie und Soziales im Blick behalten, um wettbewerbsfähig zu bleiben."

Annika Roth, Geschäftsführerin
Blechwarenfabrik Limburg

tigten, kennt den digitalen Umbau. So ist die neue Fabrik des Unternehmens energetisch auf dem modernsten Stand. Bei der Produktion wurde auf umfassende Digitalisierung gesetzt, was die Arbeitswelt stark veränderte: „Wir haben keine Einzelprozesse mehr, die gesamte Fabrik ist jetzt sozusagen ein großer Prozess." Umfassende Transparenz im gesamten Prozess sorge für Effizienz im Betrieb sowie Verständnis und Motivation: „Diese Anforderung war ein wichtiger Faktor für den Erfolg des Großprojekts, denn die Menschen fühlten sich eingebunden und verstanden."

Über die „Erfolgskomponente" Mitarbeiter beim Wandel einer traditionell organisierten Logistik zu einer selbststeuernden, zukunfts- und kundenorientierten Industrielogistik informierte Christian Pflüger, Leitung Global Logistics HUB Europe West bei Festo. Im Werk Rohrbach hat Festo seit 2019 die Organisationsstruktur der Logistik umgestellt. Die Dock-to-Dock-Verantwortung führte dazu, dass alle Beschäftigten in den Gesamtprozess vom Eingang bis zur Übergabe an die nächste Station eingebunden sind. Zudem wurden viele Prozesse, wie die LKW-Steuerung, digitalisiert. „Das Projekt soll Blaupause für weitere Veränderungsprozesse im Konzern sein", so Pflüger.

Mitarbeiter sind zwingend einzubinden

Seiner Meinung nach stehen Unternehmen immer wieder vor der Herausforderung, Prozesse neu zu ordnen. Abläufe müssten angepasst und effizienter gemacht und Verantwortlichkeiten neu definiert werden: „All das hat keinen Sinn, wenn die Menschen im Unternehmen nicht ausreichend eingebunden werden. Sonst funktionieren die Management-Instrumente wie Dock-to-Dock-Verantwortung oder Eskalations-Kaskaden nicht." Für ihn steht fest: „Wir Manager sind, was das Gelingen angeht, die unwichtigsten Personen im Prozess."

Auch GDELS Bridge Systems in Kaiserslautern, Weltmarktführer in militärischen Brückensystemen mit rund 400 Beschäftigten, setzt bei der Modernisierung des Unternehmens auf die Belegschaft. Die eigens geschaffene Digita-

„Die Digitalisierung beginnt mit Umdenken bei allen Beteiligten."

Christian Pflüger,
Leiter Global Logistics Westeuropa
bei Festo in St. Ingbert

lisierungs-Gruppe „Diggy-Group“ agiert unabhängig von den vorhandenen Hierarchien. Simone Scholl, KVP-Verantwortliche und Leiterin der Diggy-Group, wählte die Mitglieder nicht aus: „Sie mussten sich auf die Plätze im Team in einem eigenen Verfahren bewerben. Aus allen Abteilungen und Bereichen wurden dann Vorschläge zur Digitalisierung gesammelt, ausgewählt, in Projekte umgewandelt und schließlich umgesetzt.“

Spaß bei der Digitalisierungs-Journey

Immer wurde abteilungsübergreifend gearbeitet, der wirtschaftliche Aspekt aber nie außer Acht gelassen. In der Lackiererei wurde eine digitale Schichtdicke-Messung und Dokumentation zur Qualitätssicherung eingeführt. In der Entwicklung sind inzwischen AR-Brillen Standard, um Fehler zu finden und Verbesserungen anzustoßen, bevor ein neues Produkt hergestellt wird. Auch ein virtuelles Testgelände wurde angelegt, exakt dem realen Gelände nachempfunden. Hier üben auch Kunden vor der Inbetriebnahme etwa die Errichtung einer Pontonbrücke über ein Gewässer. Das Fazit von Simone Scholl: „Digitalisierung bedeutet vor allem, nicht nur darüber zu reden, sondern einfach damit anzufangen. Nehmen Sie die Mitarbeiter mit auf die Reise und haben Sie auch Spaß.“

„Die Mitarbeiter und eine eigene Strategie sind wichtiger als die besten Berater.“

Simone Scholl, LeiterIn KVP bei GDELS Bridge Systems Kaiserslautern

» Auch Netzwerkplattform für IT-Anwender & -Anbieter

2017 — » Neuland Erfahrungsaustausche

Seit 2017 können nun neben Metall- und Elektro-Betrieben auch IT-Unternehmen und Startups dem Verband beitreten.

HESSENMETALL erweitert sich um die Netzwerkplattform für IT-Anwender und IT-Anbieter. Es können nun neben Metall- und Elektro-Betrieben auch IT-Unternehmen und Startups dem Verband beitreten.

Es gibt dafür zahlreiche neue Formate. Den Startschuss gibt das 1. IT-Forum.

Neue Formate rund um IT und Industrie 4.0 sind:

- Arbeitskreise zu Digitalisierung und Technologietransfer mit Hochschulpartnern
- Fachveranstaltungen (IT-Foren, IT-Personalkongresse, Energieeffizienzkongresse, usw.)
- Broschüre Digitale Arbeitswelt
- KI-Umfrage und KI-Check
- Serviceportal Digitalisierung
- Innovations- und Förderberatung
- Beratungs- und Netzwerkpaket für Startups

» Vernetzung durch Kooperationen

2018 — » Neuland Innovationsaustausche

Februar 2018: Kooperation mit Technischer Universität Darmstadt.

Juni 2019: Die Universität Kassel und die Bezirksgruppe Nordhessen vereinbaren eine enge Zusammenarbeit.

Juni 2019: Partnerschaft mit Eintracht Frankfurt

Der Fußball-Bundesligist Eintracht Frankfurt und HESSENMETALL gehen eine mehrjährige Partnerschaft ein. Ziel ist es, durch gemeinsame Events die Digitalisierung voranzutreiben, Kooperationen der Mitglieder mit der geplanten „Arena of IoT" (Internet of Things) zu stiften und die Reichweiten des deutschen Social Media-Meisters für die Nachwuchssicherung zu nutzen.

September 2019: Die Technische Hochschule Mittelhessen (THM) und die Bezirksgruppe Mittelhessen unterzeichnen einen Kooperationsvertrag.

Januar 2021: HESSENMETALL, die Bezirksgruppe Rhein-Main-Taunus und die Frankfurt University of Applied Sciences (Frankfurt UAS) beschließen eine Kooperationsvereinbarung – die nunmehr 4. – zur Beschleunigung von Innovationsprozessen durch Technologietransfer.

HESSENMETALL und die Gruppe Bildungswerke der hessischen Wirtschaft bauen ihre Kooperation zu einer **Systempartnerschaft** aus. In der Folge entstehen zahlreiche Weiterbildungsformate zur Digitalisierung für die Mitgliedsunternehmen: von Fachkraft 4.0 bis M hoch 3.

2021 — » **Neuland Diversity:** Frauen in Führungspositionen

Das HESSENMETALL-Netzwerk „Frauen in Führungspositionen" startet am 20. Januar 2021 auf Initiative von Dr. Ariane Reinhart, Vorstandsmitglied und Arbeitsdirektorin der Continental AG.

Es folgten Dr. Bettina Volkens, ehemals Arbeitsdirektorin der Lufthansa Group, und Tanja Gönner, CEO GIZ. Das Netzwerk trifft sich unter der Federführung von Isabelle Himbert (Arno Arnold GmbH) und Sabine Stoll Wewior (Bildungsabteilung HESSENMETALL) in verschiedenen Networking- und Veranstaltungsformaten vier Mal im Jahr zum Austausch. Schon im ersten Jahr wuchs das Netzwerk auf über 80 weibliche Führungskräfte aus den Mitgliedsunternehmen.

2022 — » **Neuland Digitaler Wissenstransfer**

- KI-Filme Bildungswerk mit Prof. Buxmann, 2023 Nachhaltigkeitsfilme
- Relaunch Online-Welten
- MEIN Netzwerk, Matching-Plattform
- Automotive Studie 2022 für Spätsommerforum

MAGAZIN

HESSENMETALL

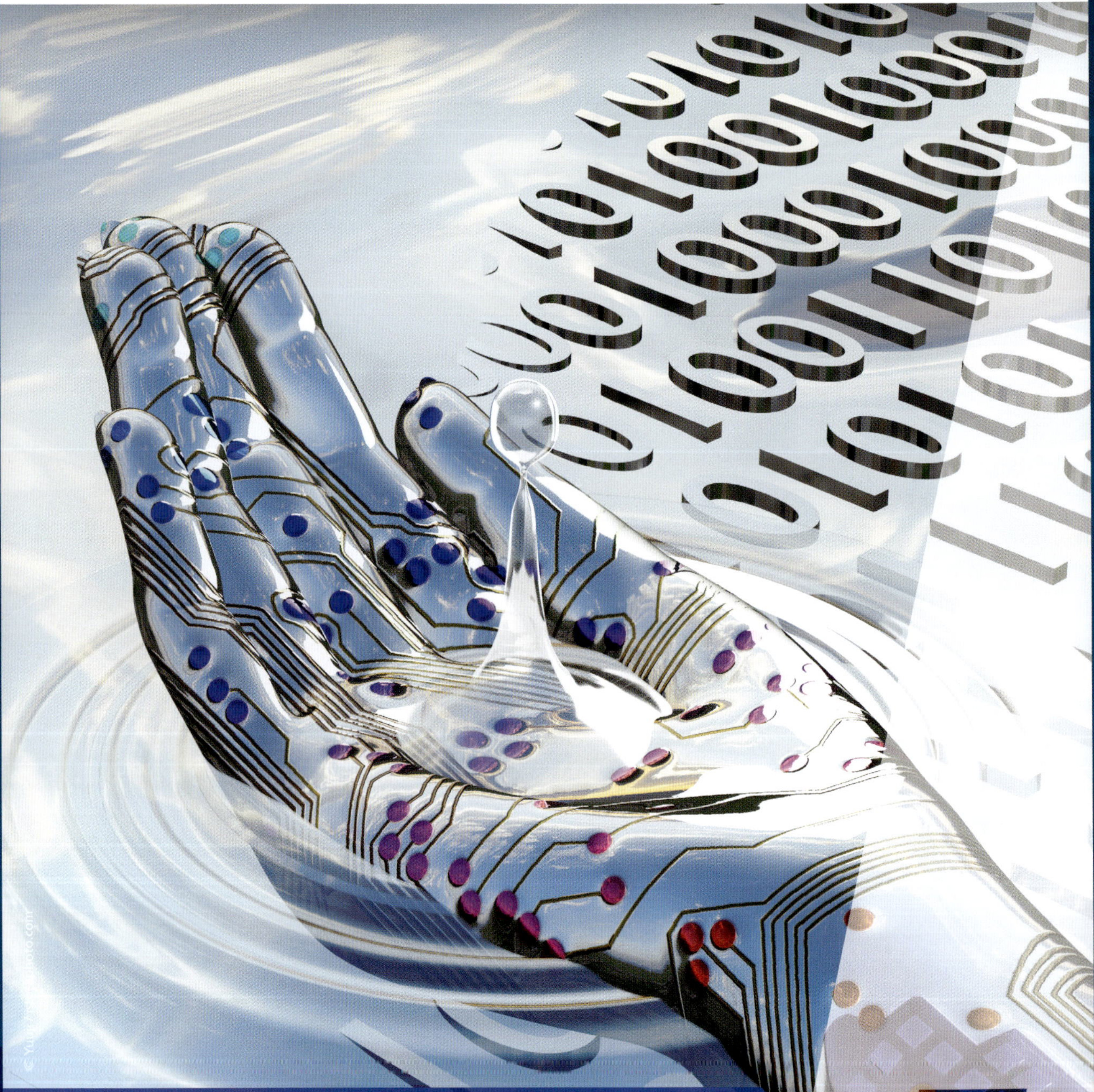

DURCHSTARTEN:

NACHHALTIG & MIT KÜNSTLICHER INTELLIGENZ

Kreative Lösungen für gesundes Wachstum und eine klimafreundliche Welt

5

2021/2022

5 INNOVATIONS-AUSTAUSCH DURCH GETEIL-TES WISSEN

Neuland erschließen: Innovationsaustausch durch geteiltes Wissen

„Austausch Innovation“ lautete der Titel des Wissenschafts-Talks auf dem Hessenforum 2022. Gesucht wurden Lösungen und Best-Practice-Beispiele für einen anwendungsbezogenen Technologietransfer.

Eingeladen waren die Lenker aller vier Partner-Hochschulen:

- Professorin Dr. Tanja Brühl, Präsidentin TU Darmstadt
- Professor Dr. Frank E. P. Dievernich, Präsident Frankfurt University of Applied Sciences
- Dr. Oliver Fromm, Kanzler Universität Kassel
- Professor Dr. Matthias Willems, Präsident TH Mittelhessen.

Die Wissenschaftler beschrieben die diversen Expertisen der Bildungsstätten und die vielfältigen Kooperationsmöglichkeiten mit der hessischen Wirtschaft. Hauptgeschäftsführer Dirk Pollert erläuterte anschließend die Bedarfe der Mitgliedsunternehmen. Einig waren sich alle: Technologietransfer ist keine Einbahnstraße, **sondern ein wechselseitiger Innovationsaustausch**: „Innovative Geschäftsmodelle und Produktivitätssprünge gelingen uns vielfach durch die Zusammenarbeit mit IT-Unternehmen und Hochschulen sowie einer fehlertoleranten Kultur der Sinnhaftigkeit. Das ermöglicht Kurs zu halten, wenn man ständig neu priorisieren muss, wie man mit den vielfältigen Herausforderungen von Kriegsfolgen, Pandemiefolgen, Lieferkettenengpässen und der großen digitalen Transformation umgehen muss“, so Wolf Matthias Mang in seinem Impuls zum Einstieg.

Was wünschen sich unsere Unternehmen von den Hochschulpartnern und wie hilft HESSENMETALL?

HESSENMETALL unterstützt Mitgliedsunternehmen auf dem Weg in die Zukunft – durch Plattformen zum Technologietransfer in den Themen Digitales, KI, Nachhaltigkeit. Unsere Mitglieder sehen – neben der aktuellen Bewältigung der Pandemie und den Folgen des Kriegs in der Ukraine – die größten Herausforderungen der Zukunft bei Fachkräftesicherung und Digitalisierung. Häufig wird das mit diesen Schlagwörtern beschrieben: Digitalisierung, Dekarbonisierung, Demografie. Diese Themen waren schon vor den zusätzlichen Stressoren Pandemie und Krieg mittel- und langfristige Herausforderungen und sind es immer noch, analysierte HESSENMETALL Hauptgeschäftsführer Dirk Pollert zu Beginn des Talks die Situation bei den Mitgliedern: „Was wir hier leisten können, sind drei wesentliche Bausteine: Vernetzung, Wissensvermittlung und Support. Das alles können wir nicht aus uns heraus, denn wir sind keine Fachleute für hochspezialisierte technologische Fragestellungen. Hier kommen wir deshalb als eine Plattform des Technologietransfers ins Spiel, indem wir sowohl regional als auch hessenweit unsere Unternehmen mit den Hochschulen als Forschungs- und Innovationsmotoren zusammenbringen. Dort existiert das vertiefte und anwendungsorientierte Wissen, das für unsere Mitgliedsunternehmen zukunftsentscheidend ist.

Mit seinem unmittelbaren und ungefilterten Zugang zu Hessens größter Industrie ist HESSENMETALL in der einzigartigen Position, Brücken zwischen Wissenschaft und Wirtschaft zu bauen – ein Alleinstellungsmerkmal, das echten Mehrwert für alle Seiten stiftet. Hightech-Wissen kommt an und wird umgesetzt, weil die Streueffekte bei HESSENMETALL eher gering sind. „Damit will ich sagen, die Dichte an ‚Daniel Düsentriebs‘ ist bei uns branchenbedingt sehr hoch und der Industriefokus nahezu sortenrein“, so Pollert.

HESSENMETALL bietet Dreiklang

Unsere Zielsetzung ist ein Dreiklang aus **Vernetzung**, **Wissensvermittlung** und **Support**. In diesem Dreieck sind alle Hochschulkooperationen angelegt, allerdings achten wir hier darauf, dass es für beide Seiten passt. Denn Technologietransfer, mit dem starken Fokus auf Anwendung, kann nur gelingen, wenn die Beteiligten nah am jeweiligen Bedarf zueinander finden. Trotz dieses „bottom-up"-Gebots gibt es mittlerweile verschiedene Formate und Instrumente, die sich in allen Kooperationen entwickelt haben.

Beispiel Vernetzung: Über die Kooperationen mit unseren Hochschulen bieten wir unterschiedliche Arbeitskreise an, in denen es darum geht, dass Unternehmen und Hochschulforschende themenorientiert zueinander finden. Beispiele dafür sind: Mit der TU Darmstadt haben wir Arbeitskreise zu den Themen KI und Nachhaltigkeit. Gemeinsam mit der FUAS gibt es drei Treffen pro Jahr, etwa zu Digitalisierung im industriellen Remote-Service, zu wirtschaftlichen/betrieblichen Aspekten der Digitalisierung, zu IT- und Netzwerksicherheit und technischem Datenschutz in Unternehmen.

Auch den **Transfer über Startups**, die aus den Gründungsinitiativen der Hochschulen entstehen, und unseren etablierten Mitgliedsunternehmen haben wir im Blick und bringen beide Seiten mit unserem Matching-Event „startups@ hessenmetall" und vielen anderen Aktivitäten für mehr Sichtbarkeit und Austausch zusammen. Tech-Startups bedeuten Technologietransfer pur, weil sie fertige Lösungen bieten, die für Unternehmen unmittelbar implementierbar sind. Hier die Brücke zu unserer klassischen Industrie zu schlagen, ist eine Win-win-Situation für alle Seiten. Wir freuen uns deshalb sehr, dass einige solcher Ausgründungen bereits unsere Gemeinschaft bereichern: beispielsweise COMPREDICT und HCP Sense von der TU Darmstadt oder Dedrone und eoda von der Universität Kassel. Um hier als **Innovationsbeschleuniger** zu fungieren, bauen wir unsere

Zusammenarbeit mit den Gründerzentren der Hochschulen sukzessive aus. Wir verzahnen sozusagen das Startup-Ökosystem Universität mit dem von HESSENMETALL. In 2022 waren wir deswegen im Oktober bei HIGHEST auf dem Startup & Innovation Day 2022 vertreten.

Beispiel Wissensvermittlung: Natürlich steckt in Technologietransfer auch immer die Vermittlung von Wissen. Das findet praxisnah in Arbeitskreisen statt, aber auch in unseren impulsgebenden Formaten. So gab es seit 2018 insgesamt fast 80 Veranstaltungen, insbesondere Workshops, Seminare und Foren von HESSENMETALL, bei denen Experten aus unseren Hochschulkooperationen mit fachlichen Inhalten und neuesten Forschungsergebnissen in erheblichem Maße zum Gelingen der Events beigetragen haben. Hinzu kommen beispielsweise Lehrgänge und Filmreihen.

Bei unseren IT-Foren setzen wir innovative Themen und Trends: So war beim 9. IT-Forum zur effizienten Produktion in Wetzlar Professor Guckert von der THM zu Gast, der einen Einblick in die Forschung zur intelligenten Software in Planung und Produktion gab. Professor Sadeghi von der TU Darmstadt sprach beim 10. IT-Forum Ende 2021 über Informationen zur Cybersicherheit und Professor Schneider von der FUAS beim 11. IT-Forum 2022 über den Trend zum Cloudcomputing.

Beispiel Support: HESSENMETALL bietet konkrete Unterstützungsformate, die bei den Hochschulkooperationen mitgedacht werden – gerade, wenn es nicht nur um Wissen, sondern auch um wirklichen Transfer von technologischen Entwicklungen geht, die zu richtigen Innovationsprojekten führen. Mit der TU Darmstadt haben wir etwa das Programm „**Wir lassen Ihre Ideen abheben**" aufgesetzt, mit dem unsere Mitglieder die Möglichkeit haben, F&E- Projektideen direkt mit einem Professor oder einer Professorin zu matchen und weiterzuentwickeln. Wir haben mehrere Beratungspartner am Start, die konkret bei der Strukturierung und Umsetzung solcher Innovationsprojekte und der Formulierung und Abwicklung von gemeinsamen Anträgen unterstützen können – beispielsweise wegen Fördergeldern. Und wir haben Angebote zur Qualifizierung von Mitarbeiterinnen und Mitarbeitern über unser Bildungswerk im Programm, bei denen wir die Expertise von Professoren und Professorinnen einbinden, wie auch das Know-how aus Unternehmen selbst.

Hessenforum 2022

Unsere Unternehmen brauchen Informationen, Impulse, Wissen und Kooperation

Wir bekommen Bedarfe zurückgespielt und die sind sehr heterogen. Sie hängen vom Wissens- und Aktivitätsstand des Unternehmens selbst, von der Größe des Unternehmens, von der Ausrichtung und der Dauer auf dem Markt ab. Naturgemäß ist ein KMU mit 20 bis 30 Mitarbeitern im F&E-Bereich anders aufgestellt als ein Unternehmen mit eigener Forschungsabteilung. Ein Startup hat andere Herangehensweisen als ein seit Jahrzehnten auf dem Markt operierendes Familienunternehmen.

Gemeinsam ist jedoch allen das Interesse an Informationen, an Impulsen und auch an etwaigen Kooperationen. Was heißt das?

- Wir haben sehr viele Unternehmen, die einen großen Bedarf haben, sich grundlegend über Entwicklungen und Trends zu informieren.
- Zugleich ist das Interesse groß, zu erfahren, wie die Erkenntnisse aus der Forschung konkret implementiert werden können. Also, wie kann man Innovationen zum Beispiel im Produktionsprozess umsetzen?
- Wie machen es andere Unternehmen?
- Lassen sich aus dem Wissen neue Produkte oder gar neue Geschäftsmodelle ableiten?
- Welche Entwicklungen und Trends gefährden möglicherweise sogar das eigene Geschäftsmodell?

„Ideen-, Wissens- und Technologietransfer (WTT) sind unsere Kern-Mission. Deshalb gründeten wir das House of Science and Transfer, kurz HoST. Dort wollen wir Ideen, Wissen und Technologien aus der Frankfurt UAS leichter in die Praxis bringen und gleichzeitig Ideen, Wissen und Impulse aus der Praxis aufnehmen. Wir adressieren das HoST als einen Ort partizipativen Transfers – denn Transfer geht nur gemeinsam.“

Professor Dr. Frank E. P. Dievernich, Präsident der Frankfurt University of Applied Sciences (Frankfurt UAS)

Frankfurt UAS

Alle diese Fragen verbinden unsere Unternehmen auch mit dem Wissenstransfer aus Forschung und Entwicklung und hierfür sind auch die Impulse aus den Hochschulen essentiell.

Wichtig ist unseren Unternehmen auch **der Zugang zu gut ausgebildeten Fachkräften** sowie die **Themen Qualifizierung** und **Weiterbildung von Mitarbeitern und Management**. In puncto akademische Fachkräfte sind die Hochschulen erste Anlaufstelle. Hier steht HESSENMETALL noch am Anfang der Kooperationen, weil wir zunächst den Fokus auf die Transferthemen gerichtet haben. Wir können uns gemeinsame Stellenbörsen für optimales Matching vorstellen. Generell verschwimmen die Grenzen zwischen Innovation und Qualifizierung immer mehr und HESSENMETALL sieht hier eine immer aktivere Rolle der Hochschulen. Deshalb setzen wir auch stark auf den Ausbau unserer gemeinsamen Angebote zwischen Hochschulen und dem Bildungswerk der Hessischen Wirtschaft, um gezielt den Bedarfen unserer Unternehmen in diesen Bereichen entgegenzukommen.

Gerade der Informations- und Wissenstransfer als wichtiger Teil des Technologietransfers funktioniert: „Die Saat ist gelegt und was wir sehen, ist ein stetiges, organisches Wachsen, das sich auch im Wissenstransfer bewährt hat. Also Step by Step ist hier unser Motto – im wechselseitigen Innovationsaustausch“, fasst Dirk Pollert zusammen.

Die Frankfurt UAS als Netzwerk Technologietransfer

„Innovations-Partnerschaften dienen dazu, unkompliziert in den direkten Kontakt und den Austausch mit Hochschulen oder Universitäten für angewandte Wissenschaften zu kommen.“ Professor Frank Dievernich beschreibt die Situation: „Gerade für kleine und mittelständische Unternehmen sind solche Kontakte wichtig, weil sie in der Regel über keine eigenen klassischen Forschungs- und Entwicklungsabteilungen verfügen. Also bieten wir uns als eine Art verlängerte Werkbank im Sinne von Innovations- und Produktions-Forschung an, um

gemeinsam anwendungsorientierte Forschung und Entwicklungsarbeit zu betreiben."

Einladung an Unternehmen

Forschungsanfragen sollen im House of Science and Transfer (HoST9) in Projekte münden, bei denen gemeinsam an einer Thematik gearbeitet wird." Dievernich formuliert weiter: „Dieses Haus ist eine Einladung und wir sagen: ‚Liebe Unternehmen, hier sind wir mit unseren unterschiedlichen Forschungsrichtungen. Wie können wir helfen?'" Doch die Universität geht noch einen Schritt weiter und bietet auch Weiterbildung an: „Wissenschaftliche Weiterbildung ist eine logische Konsequenz, wenn wir über Wissenstransfer reden. Wir können gut unterstützen bei Digitalisierung und Industrie 4.0 bis hin zur Fragestellung, wie die Industrie durch technische Lösungen bei der Zukunft des Alterns helfen kann. Wir sind stark in Ingenieurwissenschaften und in Sozialwissenschaften, forschen in diesen Bereichen auch fächerübergreifend. Daraus können Schulungen resultieren, aber auch Inhouse-Seminare." Allein der Fachbereich Wirtschaft und Recht hat über 1 000 Praxiskontakte, die Ingenieurwissenschaften noch deutlich mehr.

Praxisrelevante Projekte

Interessant ist auch das **Projekt „Raus aus der Hochschule!"**: „Warum nicht mal **mit einem Unternehmen vor Ort über Industrie 4.0 reden, über Augmented Reality oder über remote-basierte Geschäftsmodelle?** Gerade in diesem Bereich haben wir ganz aktuell starke Forschungsprojekte, die sich mit den Möglichkeiten von AR-gestützten Dienstleistungen beschäftigen, die gerade bei KMU auf besonderes Interesse stoßen, weil in diesem Bereich mit verhältnismäßig geringen Investitionen erste Schritte in Richtung Industrie 4.0 und Smart Services gegangen werden können."

Im House of Logistics and Mobility, dem HOLM, hat die Frankfurt University of Applied Sciences zudem eine Förderanlage: „Dort können wir zeigen, wie Industrie 4.0 funktioniert und was das bedeutet. Die Beantwortung von Fragen wie ‚Ist das was für mich?', ‚Löst das meine Probleme?' oder ‚Wie finanziere ich das?' sind für uns oft ein guter Einstieg."

Forschung für die Arbeitswelt der Zukunft

Arbeitswelten und Belegschaften verändern sich – besonders bei international aufgestellten Firmen. „Wir beschäftigen uns damit, wie sich Menschen verändern und was das für Unternehmen bedeutet, nicht zuletzt, wenn es um Führung geht. Auch hat Arbeit bei Jüngeren einen anderen Stellenwert. **Führung in der Zukunft und Mixed Leadership** sind bei uns bereits seit Jahren Forschungsthema inkl. einem eigenen Studiengang. Seit etwa drei Jahren bieten wir dazu auch Weiterbildung an. Wir haben dafür eine eigene Akademie gegründet, die unter anderem von der Lufthansa unterstützt wird. Auch das gehört zu unseren Spezialitäten: die Fragen zur Führung der Zukunft und im digitalen Zeitalter."

Mut zur Selbstständigkeit

Wir wollen beim Themenfeld **Entrepreneurship** deutlich zulegen und es zu einem wichtigen Profil-Merkmal der Hochschule ausbauen. **Im House of Science and Transfer** schaffen wir eine Gründeratmosphäre mit Co-Working Spaces für Studierende und Räumen für Startups." Mittlerweile gibt es auch einen Studiengang Entrepreneurship für den vier zusätzliche Professuren im Bereich Entrepreneurship ausgeschrieben werden. „So bringen wir **den Geist des Unternehmertums in die Lehre aller Fachbereiche ein.** Wir wollen dazu motivieren, auch scheinbar ungewöhnlichen Ideen, die durch den interdisziplinären Ansatz aufkommen, Raum zu geben. Kurz: Wir wollen Mut machen zur Selbstständigkeit."

Prof. Dr. Frank E. P. Dievernich, Präsident der Frankfurt University of Applied Sciences (Frankfurt UAS)

Die Frankfurt University of Applied Sciences zählt aktuell 650 Beschäftigte und 310 Lehrende in 63 Instituten, wissenschaftlichen Einrichtungen und Forschungsbereichen. Rund 15 500 Studierende aus über 100 Nationen nutzen die Angebote der vier Fachbereiche und aktuell 72 Studiengänge. Starke Forschungsschwerpunkte sind Care, Gesundheit und Diversität; Digitalisierung und Informations-/Kommunikationstechnologie sowie Mobilität und Logistik. Die Frankfurt UAS ist Gründungsmitglied des Konsortiums Hochschulen in europäischen Metropolregionen („U!REKA") und verfügt in forschungsstarken Bereichen über das Promotionsrecht.

Die Technische Hochschule Mittelhessen: Talente. Technik. Zukunft.

„Innovationskraft und Technologieführerschaft allein reichen für unternehmerischen Erfolg nicht aus. Eine auf die unternehmerischen Ziele ausgerichtete Arbeitsorganisation darf nicht vernachlässigt werden." Professor Matthias Willems, Präsident der Technischen Hochschule Mittelhessen, fordert dagegen „einen intelligenten Mix und auch die Bereitschaft, Gewohntes immer wieder zu überdenken: Manchmal fehlt es am Mut, Neues früh auszuprobieren, um Produkte schneller zur Marktreife zu führen. Und dennoch sind viele mittelhessische Unternehmen im Hinblick auf die Digitalisierung schon sehr gut unterwegs – von ‚Predictive Maintenance' beim Betrieb von Anlagen oder Maschinen bis zur Anwendung von Künstlicher Intelligenz."

„Oft ist die Übertragung der in den Unternehmen vorhandenen Kompetenzen auf neue Anwendungsgebiete der Schlüssel zum Erfolg. Die vorhandene technische Expertise ist extrem wichtig, um sich etwa mit Hilfe von Künstlicher Intelligenz neue Geschäftsfelder zu erschließen. Neuerungen gelingen vor allem dann, wenn man Köpfen aus verschiedenen Disziplinen Raum gibt, gemeinsam kreativ zu werden."

Prof. Dr. Matthias Willems, Präsident der Technischen Hochschule Mittelhessen (THM)

Denken in Geschäftsmodellen

„Wir haben unsere Hochschule unter das Motto ‚Talente. Technik. Zukunft.' gestellt und richten alle Aktivitäten entsprechend aus." Die THM versteht sich nicht als reine Bildungseinrichtung: „Wir sind auch **Technologie- und Wirtschaftsqualifizierer**. Neben dem reinen Lehrbetrieb gibt es jede Menge Unterstützung für junge Talente und ‚Macher'. So entstehen Lernfabriken oder Makerspaces wie in Gießen und Friedberg. Neuerungen gelingen aus meiner Sicht vor allem dann, wenn man Köpfen aus verschiedenen Disziplinen Raum gibt, gemeinsam kreativ zu werden. So haben sich bei uns schon viele tolle studentische Projekte mit interdisziplinärem Ansatz entwickelt."

Dafür lobt die Institution auch Wettbewerbe aus, etwa den Ideencontest THM IDEECO. „Uns geht es darum, dass junge Leute neue Ideen generieren, sie ausprobieren und sich und das Projekt weiterentwickeln und idealerweise ihr eigenes Startup gründen. Inzwischen haben wir sogar einen eigenen Master-Studiengang ‚Future Skills und Innovation' für dual Studierende sowie einen Masterstudiengang ‚Digital Business'."

Besonders freut es den Präsidenten der THM, wenn sich aus Ideen völlig neue Anwendungen ergeben – oder sogar neue Unternehmen: „So hat gerade ein junges Studentenpaar ein Patent angemeldet und damit ein Unternehmen angestoßen. Ihr System **BEBBS verhindert Schwelbrände durch das Überhitzen von Streckdosen, die Hauptursache für Hausbrände**. Das System erkennt Brände in elektronischen Geräten selbsttätig, meldet die Gefahr via App, akustisch und auch visuell, und löscht den Brand bei ausbleibendem Eingreifen, bevor ein Feuerwehr-Einsatz nötig wird. 2021 gewannen sie damit – neben etlichen anderen Auszeichnungen – den Hessischen Gründerpreis, die höchste Auszeichnung für Gründungswillige in Hessen. Das macht mich stolz."

Technische Hochschule Mittelhessen

Interdisziplinäre Ideengeber

„Viele Unternehmen, egal ob aus Maschinenbau-, Elektrotechnik-, Vakuumtechnik oder auch Optik-Industrie, sind schon in neuen Geschäftsfeldern unterwegs. Sie sind dabei, ihre Produkte mit den Möglichkeiten von **Sensorik**, **Kameratechnik** und **Digitalisierung** aufzurüsten." Vor allem Nischenspezialisten behaupten so ihre Technologieführerschaft: „Und genau dabei unterstützen wir sie, etwa durch Projektarbeiten. Oft ist der Schlüssel zum Erfolg die Übertragung der in den Unternehmen vorhandenen Kompetenz auf neue Anwendungsgebiete. Die vorhandene technische Expertise ist extrem wichtig, um sich etwa mit Hilfe von Künstlicher Intelligenz neue Geschäftsfelder zu erschließen."

Auch schafft das duale Studium ein Netzwerk von knapp 1 000 Unternehmen. „Manchmal setzen wir die Ideen aber auch einfach nur um oder entwickeln sie weiter. Bei allem denken wir sehr interdisziplinär."

Eng verzahnt mit der Wirtschaft

„80, vielleicht sogar 90 Prozent der Akademiker in vielen Industrieunternehmen hier in Mittelhessen kommen von der THM." Die Technische Hochschule Mittelhessen ist intensiv verbunden mit der Wirtschaft. „Wir verfügen über 900 Kooperationspartner in der Wirtschaft – vom Global Player bis zum kleinen, inhabergeführten Betrieb. Zudem sind wir sehr stark im Bereich Forschung mit einer ungeheuren Forschungstiefe. Über die Partnerschaft mit den Universitäten Gießen und Marburg kann man bei uns promovieren."

Ziel der Kooperation mit HESSENMETALL ist es, Forschung, Entwicklung, Recruiting und Weiterbildung in der Region voranzutreiben. „Außerdem soll durch die Zusammenarbeit der Wissenstransfer von der THM in die M+E-Industrie weiter verstärkt werden. **Wir haben bereits einen Arbeitskreis für Digitalisierung und Technologietransfer mit zwei Professoren ins Leben gerufen. Prof. Dr. Christian Überall** hat die Stiftungsprofessur Industrie 4.0/Digitalisierung inne und **Prof. Dr. Gerrit Sames** die Professur für Allgemeine BWL. Sie begleiten den Arbeitskreis fachlich und liefern Input aus ihren Forschungsgebieten, sodass Themen wie IT-Security oder Business Analytics behandelt werden können."

HESSENMETALL Mittelhessen unterstützt das Ausbildungsprogramm ProTHM, das möglichen zukünftigen Hochschullehrkräften durch eine engere Anbindung an Unternehmen mehr Praxiswissen vermitteln soll. „Alles in allem ist das eine tolle Zusammenarbeit: Wir kommen an Kooperationspartner und erfahren mehr über deren Know-how und die Firmen profitieren von unserem Wissen und finden gute Entwicklungspartner."

Prof. Dr. Matthias Willems, Präsident der Technischen Hochschule Mittelhessen (THM)

Die Technische Hochschule Mittelhessen (THM) ist mit aktuell rund 18 000 Immatrikulierten die größte Hochschule für angewandte Wissenschaften in Hessen. An den drei Standorten Gießen, Friedberg und Wetzlar sowie an sechs Außenstellen bietet sie fast 80 Studiengänge, die zu den internationalen Abschlüssen Bachelor und Master führen. Zum fachlichen Spektrum gehören klassische Ingenieurdisziplinen, Bio- und Gesundheitswissenschaften, Informationstechnik und Wirtschaftswissenschaften. Die Forschung der THM setzt vielfach auf Kooperation mit Partnern aus der regionalen Wirtschaft und zeichnet sich durch ihre Anwendungsnähe aus.

„Wenn Praxis und Theorie dauerhaft aufeinandertreffen, können sich phantastische Symbiosen und Möglichkeiten entwickeln – wenn man es zulässt. Gemeinsam trägt man so zu wirtschaftlichem Erfolg bei."

Dr. Oliver Fromm, Kanzler der Universität Kassel

Universität Kassel: Qualität, Dialog und Zusammenhalt

„Wissenstransfer ist keine Einbahnstraße. Dauerhafte Kooperationen, in denen Wissen und Erfahrung in beide Richtungen geteilt werden, stärken die Unternehmen und die Universitäten. Gemeinsam trägt man so zu wirtschaftlichem Erfolg bei." Dr. Oliver Fromm, Kanzler der Universität Kassel, weiß: „Wir sind nicht so kostengetrieben wie Unternehmen. Wir dürfen und wir müssen in gemeinsamen Projekten auch Fragen stellen. Bringen wir neue Leute aus verschiedenen Wissensgebieten hinein, ergeben sich oft völlig neue Fragen, neue Ansätze oder es kommen auch neue Tools ins Spiel wie etwa aus dem Bereich der Künstlichen Intelligenz."

Vorzeigetechnik aus Hessen

„Das Fachgebiet Gießereitechnik der Universität Kassel zählt zu den führenden Forschungs- und Bildungseinrichtungen für Gießereitechnik international, dank sowohl grundlagenorientierten als auch industriell ausgerichteten Forschungsprojekten. Diese dienen vor allem der zielgerichteten Entwicklung und Charakterisierung neuer Leichtbau-Werkstoffe und -Anwendungen auf Aluminium- und Magnesiumbasis sowie innovativer Technologien und Verfahren zu deren gießtechnischen Herstellung und Verarbeitung." Aktuell verfügt die Universität Kassel allein im Gießereibereich über ein Fördernetzwerk von etwa 30 Unternehmen: „Sie erhalten hier im vorwettbewerblichen Stadium Zugang zu praxisorientierter Forschung. Wir machen Vorschläge, wo wir Schwerpunkte setzen könnten, und die Industrie wirkt mit.

Lebendige Gründer-Mentalität

„Gründer-Mentalität ist unsere andere unternehmerische Dimension. Wir haben schon lange eine **sehr aktive Gründungsförderung. 2015 haben wir mit der Stadt Kassel den Science Park auf dem Campus errichtet**, als zentralen Ort für wissensbasierte Unternehmensgründungen und eine Bühne, um Financiers, potenzielle Partner und Kunden kennen-

Universität Kassel

zulernen. Mittlerweile nutzen den Science Park zwischen 40 und 50 Startups aus der Universität oder mit starkem Universitäts-Bezug." Ein erfolgreiches Beispiel ist die Firma Revolute mit einem innovativen Getriebemechanismus für Fahrräder und Pedelecs, der in abgewandelter Form auch in Autos verbaut wird. Mittlerweile beschäftigt das Unternehmen zehn Mitarbeiter

Technologieführerschaften der Universität Kassel

„Wir haben für die Universität Kassel zwei Forschungsfelder definiert, in denen wir ganz besondere Schwerpunkte setzen. Das sind multifunktionale Materialien – die Bandbreite reicht von leitfähigen Kunststoffen über Metall-3-D-Druck bis zur Nanotechnologie. Insbesondere die Bereiche Maschinenbau, Elektrotechnik und Bauingenieurwesen, die bei uns traditionell sehr stark sind, bringen sich hier ein, aber auch Disziplinen wie Architektur oder Physik."

Der andere Schwerpunkt ist Nachhaltigkeit. „Dies hat an unserer Universität eine lange Tradition über alle Disziplinen hinweg und ist gerade für die Industrie über die Jahrzehnte immer interessanter geworden. Eine herausragende Story ist die Firma SMA, die aus der Elektrotechnik der Universität hervorgegangen und im Bereich Solarenergie-Technik erfolgreich ist."

Kooperation für technologische Partnerschaften

„Mit HESSENMETALL verbindet uns eine langjährige, auch auf der persönlichen Ebene vertrauensvolle Zusammenarbeit. HESSENMETALL unterstützt uns dabei, Angebote der Universität aus Forschung und Lehre in die Unternehmen zu tragen. Der enge Draht, den HESSENMETALL zu den Mitgliedsunternehmen hat, ist dabei sehr unterstützend." Dr. Fromm abschließend: „Mit der Kooperationsvereinbarung haben wir uns vorgenommen, die technologischen Partnerschaften noch intensiver zu entwickeln."

Dr. Oliver Fromm, Kanzler der Universität Kassel

Die Universität Kassel ist mit aktuell rund 23 000 Studierenden und über 3 000 Beschäftigten seit 1971 Motor der Region Nordhessen. Schwerpunktthemen der wissenschaftlichen Arbeit sind Umwelt-, Klima- und Energieforschung, Informationstechnik-Gestaltung, Nanostrukturwissenschaften und Bildungsforschung. Über 60 Fachgebiete mit Umweltschwerpunkt verleihen der Hochschule ein unverkennbares Profil. Noch in diesem Jahr soll das Institute for Sustainability eröffnet werden, ein in Deutschland einzigartiges wissenschaftliches Zentrum, das zu nachhaltiger Entwicklung und Transformation forschen und lehren wird. Die Universität Kassel ist mit unzähligen Partnern in der Region in Forschungskooperationen und über den Wissenstransfer verbunden.

Technische Universität Darmstadt: Best-Practice im anwendungsbezogenen Technologietransfer

Die Technische Universität Darmstadt war **die erste Universität, die mit HESSENMETALL einen Kooperationsvertrag geschlossen hat**. „Für uns als Technische Universität", sagt Professorin Dr. Tanja Brühl, Präsidentin der Technischen Universität Darmstadt, „ist der **wechselseitige Austausch** mit der Wirtschaft elementar. Und er gilt für alle unsere drei Dimensionen: die **Forschung**, die **Lehre** und den **Transfer**. Natürlich haben wir einen Schwerpunkt in der Grundlagenforschung. Diese muss für uns aber letztlich irgendwann zur Anwendung führen."

Sie berichtet, dass 80 Prozent der Studierenden nach ihren Abschlüssen in der südhessischen Wirtschaft arbeiten: „Hier findet ein Transfer an Potenzialen statt, aber es bleiben die Kontakte und die Vernetzung – und damit eine gewisse Rückkoppelung. Und schließlich genügt uns Technologietransfer, in dem wir eine sehr lange Tradition haben, schon lange nicht mehr. Er muss sich ausbauen zu einem viel um-

„Wir denken sehr stark interdisziplinär, das ist eine Stärke, die in Zukunft noch wichtiger sein wird und dem German Engineering Auftrieb geben wird. Damit auch Unternehmen von dieser Stärke profitieren, möchten wir ein Transfer-Informationssystem aufbauen. Die Idee: per Knopfdruck sehen, wer was in den Unternehmen braucht. So lassen sich Forscher und Entwickler mit den Anwendern viel leichter zusammenbringen."

Professorin Dr. Tanja Brühl, Präsidentin der Technischen Universität Darmstadt & Professor Dr.-Ing. Jens Schneider, Vizepräsident für Transfer und Internationalisierung der Technischen Universität Darmstadt

fassenderen **Wissenstransfer** – über die Technikwissenschaften hinaus in die Gesellschaftswissenschaften hinein."

Außenwirkung durch Technologietransfer

Neben Forschung und Lehre bildet Technologietransfer die dritte zentrale Säule der Technischen Universität Darmstadt. „**Exchange for Innovation**" ist dabei ein weiterer relevanter Begriff: „**Erst der Austauschprozess ermöglicht die Innovation und damit auch neue Geschäftsmodelle.**"

Alleinstellungsmerkmale durch Tradition und Größe

„Exemplarisch nenne ich für viele zwei Schwerpunktprojekte", so die Präsidentin: „Im **Bereich Künstliche Intelligenz** setzen wir schon in der Forschung akademische Exzellenzstandards. Jetzt haben wir uns mit ‚hessian.AI', dem hessischen Zentrum für Künstliche Intelligenz, vorgenommen, Spitzenleistungen in Forschung, Bildung, Praxis und Führung im Bereich der Künstlichen Intelligenz zu fördern. Auch hier wollen wir beides gleichzeitig: Wirtschaftswachstum ermöglichen und die Lebensbedingungen der Menschen verbessern."

Außerdem ist die Technische Universität Darmstadt stark in Energieforschung: „Wir haben im **Schwerpunktbereich Energieforschung** mit **Clean Circles** ein fächerübergreifendes Projekt. Hier prüfen wir beispielsweise, wie Eisen zusammen mit seinen Oxiden in einem Kreislauf als kohlenstofffreier chemischer Energieträger genutzt werden kann, um Wind- und Sonnenenergie zu speichern."

Professorin Brühl nennt relevante **Alleinstellungsmerkmale** der Institution: „Wir setzen immer auf eine **problemzentrierte Interdisziplinarität** aus der größere Innovationssprünge

Technische Universität Darmstadt

kommen. Wir haben eine lange **Tradition in anwendungsorientierter Forschung**. Wir fokussieren uns bei allem darauf, einen **gesellschaftlichen Beitrag** zu leisten. Und wir haben **die erforderliche Größe**: als Forschungscluster mit 310 Professoren und auch bei der technischen Infrastruktur." Professor Dr.-Ing. Jens Schneider, Vizepräsident für Transfer und Internationalisierung, ergänzt: „Wir sind der Hub, um Tech- und Deep Tech-Technologien bis zu einer gewissen Reife und sogar bis zur Marktreife zu entwickeln. Um zum Beispiel eine einfache Plattform, wie sie große Online-Händler nutzen, aufzubauen, braucht man nur wenig technisches Know-how. **Geht es aber um Lösungen für komplexe Themen wie die Energieversorgung der Zukunft, braucht man einen langen Atem, um Lösungen zu entwickeln.**"

Allianzen mit der Wirtschaft

„Wir sind schon traditionell mit der Wirtschaft eng verknüpft, sind sehr kooperativ und interdisziplinär unterwegs." Schneider bekennt: „Deshalb macht uns die Kooperation mit HESSENMETALL auch großen Spaß, denn über den Verband als Plattform kommen wir in Kontakt mit noch mehr sehr unterschiedlichen Unternehmen."

Zudem baut die Technische Universität Darmstadt ihre Kooperationen mit Unternehmen in der Region und die Allianz mit den anderen Rhein-Main-Universitäten in Mainz und Frankfurt aus: „**Wir bauen gerade mit Merck eine gemeinsame Forschungsplattform auf, ein ‚Sustainability Hub' für nachhaltige Lösungen, die für alle Unternehmensbereiche von Merck sowie für alle Einheiten der Technischen Universität Darmstadt offen sein wird.**" Die Universität kann auf viele langjährige Kooperationspartner gerade bei großen Unternehmen verweisen, dabei geht es um IT, Software, Materialwissenschaften und chemietechnische Prozesse. Geforscht wird beispielsweise mit Global Playern wie Heraeus, der Software AG und auch mit Stellantis/Opel – ganz aktuell an Lichttechnologien.

„Über das Förderprojekt ‚Mittelstand-Digital – Strategien zur digitalen Transformation der Unternehmensprozesse' des BMWi haben wir das **Mittelstand 4.0 Kompetenzzentrum Darmstadt** ins Leben gerufen. Beteiligt sind vier unserer Institute, zwei Fraunhofer-Institute sowie die IHK Darmstadt Rhein Main Neckar und die Handwerkskammer Frankfurt-Rhein-Main." Professor Schneider erläutert weiter: „Mit kostenfreien und praxisorientierten Angeboten unterstützt dies gerade kleine und mittlere Unternehmen bei der Digitalisierung ihrer Geschäftsprozesse. Im Wesentlichen geht es um die Themenfelder Arbeit, Effizienz, Energie, Ideen und Sicherheit."

Deutsche Technologieführerschaft

„**German Engineering ist noch eine globale Marke.** Wir denken sehr stark interdisziplinär, das ist eine Stärke, die in Zukunft noch wichtiger sein und dem German Engineering Auftrieb geben wird. Es wäre fatal, wenn am Ende kein Geld mehr da wäre für Bildung und Forschung. Wir brauchen Innovationsökosysteme, in denen alles untereinander verknüpft ist. Nur so kann man wirklich Probleme lösen", fordert Professor Schneider.

Die Technische Universität Darmstadt ist eine Universität mit 25 000 Studierenden, 310 Professoren und Professorinnen und knapp 5 000 Beschäftigten. Seit der Gründung im Jahr 1877 zählt sie zu den am stärksten international geprägten Universitäten in Deutschland. Die große, problemzentrierte Interdisziplinarität zwischen Ingenieur-, Natur-, Geistes- und Sozialwissenschaften zeichnet Forschung und Studium an der TU aus. Der Schwerpunkt der Forschung liegt auf den drei Feldern Energy and Environment, Information and Intelligence, Matter and Materials.

Starke Startups und junge IT-Unternehmen aus Hessen ... als Teil von HESSENMETALL

Collage: © Sergey Nivens / © johnason / © Onur / stock.adobe.com

Meet our Startups

Die Digitalisierung ändert alles rasant: von den Produkten über Prozesse bis zu den Geschäftsmodellen. Schon heute ist die Metall- und Elektro-Industrie hoch digitalisiert. Neue IT-Mitgliedsunternehmen unterstützen die traditionelle Industrie bei der digitalen Transformation. Junge Unternehmen der Startup-Szene können den Betrieben helfen, den Wandel zu meistern. Neben den traditionsreichen Mitgliedsunternehmen zum Beispiel aus dem Maschinenbau oder der Automobil- und der Zulieferindustrie zählt HESSENMETALL inzwischen auch viele IT-Unternehmen zu seinen Mitgliedern.

Win-win-Gemeinschaft für IT-Anbieter und IT-Anwender

Durch das Internet der Dinge werden Produktionsanlagen miteinander vernetzt und die gesamte Wertschöpfungskette digitalisiert. Für die

Die Teilnehmer präsentieren digitale Projekte und innovative Produkte.

Mitglieder von HESSENMETALL ist Industrie 4.0 längst keine ferne Zukunftsmusik mehr. Im Gegenteil: Als Innovationstreiber der digitalen Produktion und Logistik sind die hessischen M+E-Unternehmen zentrale Akteure der Industrie 4.0. Inzwischen ist unsere M+E-Industrie selbst die größte Anwenderindustrie.

„Wir bringen IT-Anbieter und IT-Nutzer zusammen. So vernetzen wir Herstellerwissen mit Anwenderpraxis in einer konstruktiven Win-win-Gemeinschaft, die beide Seiten voranbringt – durch Austausch und Erweiterung von Digitalisierungswissen und den Zugang zu einem einzigartigen Netzwerk von über 680 Mitgliedsunternehmen aus Hessens größter und zukunftsorientierter Industrie", so Hauptgeschäftsführer Dirk Pollert auf einer der regelmäßigen Erfahrungsaustausche. Denn durch Synergieeffekte entstehen neue Chancen und Wachstumsmärkte in der Region. HESSENMETALL versteht sich deswegen als wechselseitige Nutzengemeinschaft.

NETZWERKPLATTFORM FÜR ZUKUNFTSFRAGEN

- **Wie sind eine vorausschauende Diagnose und die Instandhaltung von Anlagen möglich?**
- **Wie kann Künstliche Intelligenz Produktentwicklung und Montage verbessern?**
- **Wie ist Datensicherheit in der Plattformökonomie möglich?**
- **Gibt es digitale Komplettlösungen für komplexe Herausforderungen in der Logistik?**

Zum gemeinsamen Austausch über solche Zukunftsfragen der vernetzten Produktion bringt HESSENMETALL regelmäßig produzierende Unternehmen, IT-Anbieter und Startups bei interaktiven Veranstaltungen zusammen. Darüber hinaus ist der Verband Netzwerkplattform, Berater und politischer Akteur. Er bietet seinen Mitgliedern eine einzigartige Win-Win-Gemeinschaft mit Zugang zu Hessens leistungsstärkster Industrie.

WeAreGroup: „Unsere Kunden erhalten schneller Zugang zu neuen Geschäftsmodellen"

Die WeAreGroup GmbH in Gießen treibt die digitale Transformation führender Unternehmen und innovativer Startups voran. Zu diesem Zweck bietet sie fundierte Beratung und Softwareentwicklung rund um zukunftsweisende Technologien: Dazu zählen das Cloud Engineering im Umfeld von Financial Services, die Entwicklung von Künstlicher Intelligenz zur Unterstützung von Entscheidungen, innovative Internet of Things-Lösungen für die Industrie 4.0 sowie die Realisierung von Blockchain-Technologien zur nahtlosen Nachverfolgung von Vorgängen. Unternehmen, die ihre individuellen Prozesse digitalisieren und dabei abteilungsübergreifende IT-Anwendungen einsetzen möchten, finden auf dem Markt aktuell nur schwer bezahlbare Lösungen. Dies grundlegend zu verändern und die digitale Transformation sowie die damit einhergehende Softwareentwicklung kundenfreundlicher, effizienter und preiswerter zu gestalten, ist die Vision des Gründers Toni Barthel. Er bietet dabei einen Full-Service, bestehend aus Beratung, Softwareentwicklung und Kommunikationsdesign. Neben umfassender Technologiekompetenz und starken Partnerschaften legt die WeAreGroup großen Wert auf Beratungs- und Kommunikationskompetenz.

Warum wurden Sie Mitglied bei HESSENMETALL?

„Die Ziele von HESSENMETALL bei der digitalen Transformation in Hessen gehen mit den Zielen der WeAreGroup – die Digitalisierung für Unternehmen erschwinglich und verständlicher zu machen – einher. Wir können einen Mehrwert sowohl für HESSENMETALL als auch für die Mitgliedsunternehmen in Sachen zukunftsorientierte IT-Anwendungen bieten. Außerdem erhoffen wir uns, das breite und sehr gut aufgestellte Netzwerk in der Metall- und Elektroindustrie zu nutzen, um weiterhin die Region mit unserem Leistungsspektrum zu unterstützen und unsere Vision zu verwirklichen."

Toni Barthel, Gründer und Geschäftsführer
WeAreGroup GmbH, Gießen

Boldly Go Industries: „Wir begleiten Unternehmen durch den digitalen Wandel."

Als Entdecker von und Wegbereiter für Innovation und Technologie auf den Feldern Strategie, Design, digitale Daten und Technologie sieht sich Boldly Go Industries in Frankfurt. „Wir begleiten Unternehmen jeder Größe als Innovations- und Technologieberatung bei ihrer Veränderung durch den digitalen Wandel, von der Idee bis zur Realisierung von digitalen Innovationen", erklärt Gründer und Geschäftsführer Andreas Jamm. 2015 transformierte er sein Software-Entwicklungsunternehmen aufgrund veränderter Markt- und Kundenanforderungen hin zur Innovations- und Technologieberatung Boldly Go Indus-

tries. Gemeinsam mit den Kunden geht man seitdem neue Wege in der digitalen Geschäftswelt und schafft digitale Anwendungen und Dienste für die Zukunft.

Das Expertenteam aus Strategen, Desig nern, Data Scientists und Technologie-Beratern hilft und begleitet seit 2001 mittelständische Unternehmen und Konzerne in den Bereichen digitale Transformation, Internet of Things und Industrie 4.0. In mehr als 600 erfolgreich umgesetzten Projekten half Boldly Go Industries über 350 Unternehmen dabei, effizienter und profitabler zu arbeiten und zu produzieren.

Warum wurden Sie Mitglied bei HESSENMETALL?
„Uns hat die unkomplizierte Unterstützung der HESSENMETALL überzeugt. Gerade bei aktuellen Themen stand uns der Verband schnell und professionell zur Seite. Als Beratungsunternehmen mit dem Schwerpunkt Innovation und Technologie wissen wir zudem, wie wichtig der Austausch und die Zusammenarbeit in Netzwerken sind. HESSENMETALL ist für uns ein solches Netzwerk, in das wir unsere Erfahrungen einbringen, aber auch wertvolle Erkenntnisse erhalten. Wenn es um das Thema digitale Transformation geht, bieten wir uns als aktiver Sparringspartner im Verband an."

Andreas Jamm,
Gründer Boldly Go Industries GmbH, Frankfurt

inga: „Wir ermöglichen Bewerbungen ohne unnötige Hürden und endlosen Papierkram."

Bewerben ohne unnötige Hürden und endlosen Papierkram? inga, ein HR-Tech-Startup aus Frankfurt, macht das möglich – durch eine Art Bewerbungschat über Facebook. Eine Bewerbung zu schreiben ist eine Herausforderung und steht vielen Talenten im gewerblich-technischen Bereich bereits am Anfang der Stellensuche im Weg. „Für viele Menschen sind Lebenslauf und Anschreiben eine sehr hohe Hürde auf dem Weg zum Job", so inga-Geschäftsführerin

Corinna Haas. Und die Flut an Informationen, die Bewerber mühsam erstellen, haben Personaler dann nicht weniger mühsam zu entschlüsseln, um geeignete Kandidaten für eine offene Stelle zu finden. „Diese Hürde hält Talente daher häufig vom Schritt in den Traumberuf ab", stellte Haas bereits während ihrer Zeit als Recruiterin in einer Investmentbank fest. 2017 gründete sie deshalb inga, und seitdem können sich Talente per Facebook-Chat bewerben – ganz ohne Lebenslauf und Anschreiben. In einem automatisierten „Mini-Vorstellungsgespräch" lernen die Bewerber Aufgaben und Vorteile einer Stelle und ihren möglichen neuen Arbeitgeber erstmals kennen. Gleichzeitig werden sie gezielt nach den eigenen Wünschen und Ansprüchen an den neuen Job und ihren Qualifikationen dafür gefragt. Auf diese Weise finden beide Seiten ohne Umwege heraus, ob sie zueinander passen und ob sie sich näher kennenlernen möchten.

Warum wurden Sie Mitglied bei HESSENMETALL?
„HESSENMETALL bietet ein einzigartiges Netzwerk und ist damit eine tolle Plattform für den Gedankenaustausch – gerade mit mittelständisch aufgestellten Firmen. Hier kann es zu sehr fruchtbaren Symbiosen kommen. Wir helfen den Unternehmen, qualifizierte Fachkräfte für den gewerblich-technischen Bereich zu finden und sie helfen uns, unser Angebot durch ihr Feedback und ihre Erfahrung stetig zu verbessern."

Corinna Haas, Gründerin inga GmbH, Frankfurt

DARZ: „Wir verwahren vertrauliche Daten so sicher wie Gold."

Eine sichere Nutzung von Daten zwischen einzelnen Cloud-Diensten ermöglicht DARZ, das Darmstädter Rechenzentrum. Das IT-Unternehmen unterstützt seine Kunden bei der Digitalisierung und dem damit verbundenen Wandel, insbesondere wenn es um das Verarbeiten der ungeheuren Datenmengen geht, die infolge des technologischen Fortschritts anfallen. Herzstück des Unternehmens ist das eigene Rechenzentrum. „Hier sind die vertraulichen Daten so sicher verwahrt wie Gold", betont Vertriebsleiter Jevgenij Peyss. Schließlich befindet es sich im ehemaligen Tresorgebäude der Hessischen Landesbank. Bis 2005 lagerten dort die Geld- und Goldreserven des Landes Hessen. 2009 erwarb der Investor Sergey Mirochnik das Gebäude und baute es mit Partnern wie DVT Consulting und IBM zu einem der sichersten Green-IT-Rechenzentren Deutschlands aus. DARZ ist zertifiziert und erfüllt als Provider die höchsten Anforderungen an die Gebäude- und Datensicherheit. Beim Datenschutz unterliegt es dem deutschen Gesetz: „Wir haben erkannt, dass die eigenen Daten einem Unternehmen durchgehend zur Verfügung stehen müssen, deshalb gewährleisten wir unseren Kunden und Partnern einen unterbrechungsfreien und sicheren Zugang zu ihren Daten."

Warum wurden Sie Mitglied bei HESSENMETALL?

„Wir haben uns aus mehreren Gründen für HESSENMETALL entschieden. Zum einen nutzen wir HESSENMETALL gerne als Plattform, um mit anderen Unternehmen in Kontakt zu kommen und dadurch unser Netzwerk auszubauen. Zum anderen profitieren wir von den zahlreichen Informationen und Mitteilungen über aktuelle arbeitsrechtliche Themen, da wir so auf Veränderungen schnell und zielführend reagieren können. Dass HESSENMETALL uns zusätzlich auch noch bei individuellen Rückfragen mit Rat und Tat zur Seite steht, ist dann sozusagen noch die Kirsche auf der Torte."

Jevgenij Peyss, Leiter Vertrieb,
DARZ GmbH, Darmstadt

COMPREDICT: Der Lebensdauer-Check für Automobile

Die COMPREDICT GmbH wurde 2016 in Darmstadt gegründet und hat eine rein softwarebasierte Lösung entwickelt, um Ausfallwahrscheinlichkeiten und Restlebensdauern von Automobilkomponenten zu berechnen: die COMPREDICT-Suite.

Der erste Softwareteil der Suite ist das sogenannte Last- und Lebensdauer-Monitoring, welches durch Sensorfusion die auf die Komponenten wirkenden dynamischen Lasten berechnet und den aktuellen Komponentenzustand in Echtzeit bestimmt. Es verwendet die in jedem Serienfahrzeug verfügbaren Sensoren und Signale, benötigt keine zusätzliche Hardware und kann direkt in vorhandene Fahrzeugsteuergeräte implementiert werden. Die dadurch gene-

rierten Datenmengen und die dafür benötigte Rechenleistung sind dementsprechend niedrig. Nach Übersendung der Fahrzeugdaten an einen Back-End-Server werden im zweiten Softwareteil der Suite die Überwachung von kompletten Fahrzeugflotten und somit die Einführung eines kontinuierlichen Verbesserungsprozesses und von kundenorientierten Leichtbaumaßnahmen ermöglicht.

Für die Softwarelösung wurde COMPREDICT im Jahr 2017 vom Bundeswirtschaftsministerium beim Gründerwettbewerb als einziges Startup mit einem Hauptpreis und dem Sonderpreis für Big Data ausgezeichnet. Das Unternehmen arbeitet bereits mit weltweit namenhaften Automobilherstellern und -zulieferern zusammen und nimmt am Startup-Autobahn-Programm sowie am German Accelerator Tech Program teil.

IT-Seal: Schutzschild gegen Cyberkriminalität
Bei IT-Seal dreht sich seit 2012 alles um die Analyse der Unternehmenssicherheit rund um die Bereiche Cyberkriminalität und Social Engineering sowie Mitarbeiter Awareness. Die Forschung von David Kelm an der TU-Darmstadt konzentrierte sich darauf, wie man das Sicherheitsniveau eines Unternehmens standardisiert messen kann. Nach verschiedenen Preisen und Förderungen ging aus den Forschungsergebnissen 2016 die Gründung des Startups IT-Seal hervor, das sich heute nicht nur auf das anonyme Messen des Sicherheitsverhaltens, sondern vor allem auch auf das effektive Trainieren von Mitarbeitern spezialisiert hat.

Seitdem unterstützt IT-Seal Unternehmen aus verschiedensten Branchen wie Maschinenbau, Banken oder Krankenhäuser dabei, ihre Mitarbeiter nachhaltig abzusichern. IT-Seal hat ein innovatives Verfahren entwickelt, um aktuelle Cyber-Angriffe zu simulieren: Durch den Einsatz intelligenter Systeme und unter Zuhilfenahme von frei zugänglichen Informationen im Internet werden Angriffe generiert, die in-

dividuell auf einzelne Mitarbeiter zugeschnitten sind. Durch die Simulation dieser Angriffe trainiert IT-Seal die Mitarbeiter und erklärt ihnen, wie diese Angriffe zu erkennen sind und wie man sich verhalten sollte.

SFM Systems: Smarte Optimierer
Laufen alle Maschinen reibungslos? Wo klemmt es? Wie steht es um den Materialnachschub? Liegt alles im Zeitplan? Passen die Liefertermine noch? Was machen die Kosten? Das sind nur ein paar der vielen Fragen, die während einer laufenden Produktion immer wieder beantwortet werden müssen.

Um da leichter den Überblick zu behalten, bietet das Darmstädter Startup SFM Systems ein neues Werkzeug an: das Digital Teamboard. Dieses Software-Tool zur Digitalisierung der Produktion haben die Gründer Christian Hertle und Jens Hambach entwickelt.

Auch alte Maschinen sind schnell aufgerüstet

Die Hightech-Tafel sorgt dafür, dass man alle wichtigen Informationen im Blick hat, Fehler sofort erkennt und daraus sogar Maßnahmen ableiten kann. Fehlen bei älteren Maschinen die Voraussetzungen für die Digitalisierung, rüsten sie die Darmstädter Spezialisten mit Sensortechnik auf und schaffen so die Voraussetzung für die Einrichtung eines Teamboards.

„So bringen wir die Überwachung der Produktion, das Shopfloor-Management, auf das nächste Level“, erklärt Hertle. Das Teamboard wird für jeden Kunden neu aufgebaut und verbindet sämtliche Datenquellen in der Fabrik. Die Daten werden dann unter anderem mit Hilfe Künstlicher Intelligenz analysiert.

2018 starteten die beiden promovierten Ingenieure ihr eigenes Unternehmen als Ausgründung aus der Technischen Universität Darmstadt. Inzwischen beschäftigen sie zehn Mitarbeiter sowie etliche Studenten. „Wir verschaffen unseren Kunden wirtschaftliche Vorteile, und das kommt gut an“, so Hertle.

DAVID KELM: KEINE CHANCE FÜR DATEN-ABFISCHER

Verstehen Sie sich als Hacker?
Ja sicher, deshalb weiß ich, wie Angreifer ticken, und das ist wichtig für die Arbeit von IT-Seal. Die meisten von uns, inzwischen über 30 Mitarbeiter, sind begeisterte IT-ler. Und ja, auch sie wissen, wie man sich in fremde IT-Systeme einschleicht. Das machen wir in der Regel über sogenanntes Social Engineering per Phishing-E-Mails oder Telefon. Unter Social Engineering versteht man die Kunst, Menschen so zu manipulieren, dass sie vertrauliche Infos weitergeben oder potenziell gefährliche Dateien und Links öffnen. Viele unserer Kunden sind schockiert, wie leicht wir an vermeintlich gut geschützte Infos über ihr Unternehmen kommen. Sie vergessen, dass der Mensch Türen weit geöffnet lassen kann, wenn er kein Gespür für Angriffe hat.

Wie können Sie das Sicherheitsbewusstsein verbessern?
Durch Aufklärung und Schulung. Wir gehen dazu vor, wie reale Angreifer es auch tun würden. Im Internet und in den sozialen Medien suchen wir allgemein zugängliche Informationen über Personen in Schlüsselpositionen etwa in der Buchhaltung oder der Entwicklung, um so beim Ansprechen per Mail eine gewisse Vertrautheit zu wecken. Wenn man sich scheinbar gut kennt, öffnet man leichter den Anhang sogenannter Phishing-Mails, die – einmal geöffnet – im System Daten abgreifen und Schaden anrichten. Mit unserem zum Patent angemeldeten „Employee Security Index“ können wir das Sicherheitsbewusstsein der Mitarbeiter messen und nach Schulungen auch vergleichen.

Was sind denn die Klassiker?
Es verblüfft mich immer wieder, dass die alte Nummer mit niedlichen Katzenbildern im Anhang immer noch zieht. Aber letztlich ist genau das ja das Gemeine: Man schaut, was die Zielperson toll findet – und schlägt zu. Cyber-Kriminalität ist ein knallhartes Geschäft.

HCP Sense: Sensorlager für verbesserte Wartung

Ähnlich erfolgreich ist auch das Startup HCP Sense, das die Ingenieure Ansgar Thilmann, Georg Martin, Sarah Wicker und Tobias Schirra im Anschluss an ihre Promotion an der TU Darmstadt gründeten. Sie haben ein Sensorlager zur Erfassung von Lagerkräften und zur Überwachung des Schmierstoffzustands in Maschinen für unterschiedliche Szenarien entwickelt. Damit lassen sich Prozesse schnell und wirtschaftlich überwachen und die Überlastung von Bauteilen verhindern. Die Leistung von HCP Sense umfasst die Projektierung, den Einbau der

Sensoren sowie die Durchführung und die Auswertung der Messungen. „Wir liefern Wissen über die tatsächlich in der Lagerung wirkenden Kräfte und geben damit einen tieferen Einblick in die Maschinen", betont Thilmann.

Digitales Fachwissen gepaart mit einzigartiger Messtechnik

Er und sein Team sorgen auf diese Weise für eine verbesserte Wartungsqualität, finden Schwachstellen, verhindern ungeplante Stillstände und optimieren damit Maschinen oder Prozesse. Da das Sensorlager die gleichen Abmessungen aufweist wie ein konventionelles Lager, sind keine aufwendigen Änderungen nötig. Thilmann abschließend: „Digitales, mechanistisches und elektrotechnisches Fachwissen gepaart mit einzigartiger Messtechnik ist unsere Stärke."

WINNER 2022: TVARIT GEWINNT DEN START-UP AWARD AUF HESSENS GRÖSSTER DIGITALMESSE

TVARIT hat den ersten Preis bei dem „Start-UP Award" auf Hessens größter Digitalmesse, dem DIGITAL FUTUREcongress (DFC), gewonnen. Mit Softwarelösungen, die auf Künstlicher Intelligenz basieren, macht das 2019 gegründete Frankfurter Unternehmen die Produktion in Fertigungsunternehmen nachhaltiger und effizienter.

Mehr als 160 Algorithmen analysieren die Daten, die während eines Produktionsprozesses in einer Maschine anfallen. Daraus können Handlungsempfehlungen abgeleitet werden, um die Kosten zu reduzieren und Ressourcen zu schonen.

25 Gründerfirmen hatten ihre Geschäftsideen präsentiert. Das Siegerteam gewann den Hauptpreis: einen acht Quadratmeter großen Reihenstand im Wert von knapp 5 000 Euro bei einem kommenden DIGITAL FUTUREcongress und ein IT-Paket im Wert von 3 000 Euro.

„Wir gratulieren unserem Mitgliedsunternehmen TVARIT zu diesem grandiosen Erfolg. Das Startup bereichert nicht nur unseren Verband und unser Netzwerk, sondern unterstützt mit seinen innovativen Softwarelösungen die Industrieunternehmen bei der digitalen Transformation", freute sich Dirk Pollert, Hauptgeschäftsführer von HESSENMETALL.

„Der Verband vernetzt die Betriebe aus der klassischen M+E-Industrie mit der IT-Branche, und dafür ist der DIGITAL FUTUREcongress eine gelungene Plattform", meint Sebastian Kühnel, Geschäftsführer für Digitales und Technologietransfer bei HESSENMETALL.

Am Stand präsentierten sich neben TVARIT zwei weitere Mitgliedsunternehmen: die Startups Optalio mit Sitz in Eschborn sowie Heavy Data in Oberursel, ein Spezialist für die Digitalisierung von Waagen- und Lagerkonzepten. Außerdem erhielt man viele Informationen rund um die Serviceleistungen des Ver-bands und seine Angebote zu digitalen Themen.

Digitale Höhenflüge

Von der Drohnenabwehr bis zur Cloud – IT-Startups stärken die hessische Metall- und Elektro-Industrie im Strukturwandel. Beispielsweise diese sechs Startups, die im Umfeld der Universität Kassel entstanden sind. Sie beschäftigen zusammen knapp 200 Mitarbeiter und erwirtschafteten 2020 einen Umsatz von mehreren Millionen Euro. Mit pfiffigen Ideen auf der Basis digitaler Lösungen haben sie neue Geschäftsmodelle entwickelt.

MAPA-Tech: Dynamisch auf dem Weg zur Industrie 4.0

„Lange Lieferzeiten für Sondermaschinen, Anlagen und Schaltschränke sind nicht mehr zeitgemäß", sagten sich Lars Federau und Sven Illing und gründeten 2019 MAPA-Tech in Kassel. Mit den Kernkompetenzen in der mechanischen, elektrischen und pneumatischen Entwicklung und Konstruktion sowie der Software-Entwicklung hat das Unternehmen seitdem viele innovative Kundenprojekte realisiert. So beliefert MAPA-Tech mit eigenen Sonderanfertigungen namhafte Automobilhersteller, Zulieferer und ist Innovationspartner in der verarbeitenden und Prozess-Industrie.

Dabei ist hier Digitalisierung Trumpf. Denn Aufwand soll minimiert und Prozesse automatisiert werden. So werden zum Beispiel Stücklisten aus individuellen Kundenanfragen über firmeninterne Datenbanken mit aktuell 1,2 Millionen Einkaufspreisen abgeglichen und mit nur wenigen Klicks die Preise kalkuliert, wodurch kurzfristig umfangreiche Angebote selbst für Neuentwicklungen entstehen. Für die beiden jungen Unternehmer steht fest: Individuell, dynamisch, lösungsorientiert und fortschrittlich – diese Anforderungen beschreiben die Realität auf dem Weg zur Industrie 4.0.

Warum wurden Sie Mitglied bei HESSENMETALL?

„Wir sind direkt nach unserer Gründung beigetreten und rückblickend kann ich nun sagen, dass es die absolut richtige Entscheidung war und wir diese Empfehlung an jedes junge Unternehmen mit Mitarbeitern weitergeben."

3Dimetik: Nachvollziehbare Messergebnisse

3Dimetik in Kassel wurde gegründet, um Messtechnik etwas anders zu machen. Deswegen bereiten die Spezialisten die messtechnischen Daten beispielsweise in Form von Grafiken auch visuell auf. So wird offensichtlich, wo genau etwaige Abweichungen liegen und wo exakt nachzubessern ist.

Ziel von 3Dimetik sind effiziente Prozesse beim Kunden, die Entwicklungsschleifen von Produkten nach dem Versuch-und-Irrtum-Prinzip konsequent minimieren. Zum Handwerkszeug gehören optische, taktile und Oberflächenmessungen sowie Computertomografie/Röntgen. Weit über 5 000 Projekte, bei denen man die Kunden über den ganzen Entwicklungsprozess eines Produkts von der Idee bis zur Serienreife hinweg begleitete, wurden bisher erfolgreich abgewickelt.

Warum wurden Sie Mitglied bei HESSENMETALL?
„Bei einer ‚Speed-Dating-Veranstaltung' zum Kennenlernen verschiedener Angebote für Startups haben wir HESSENMETALL 2016, kurz nach unserer Gründung, kennengelernt und wir waren sofort begeistert von dem Angebot. Neben der sehr kompetenten Rechtsberatung schätzen wir den Verband als gute Plattform, um auch mit anderen Unternehmen in Kontakt zu kommen."

eoda: Daten in Mehrwerte verwandeln
eoda sieht sich als Partner von Unternehmen im Umfeld von Big Data, maschinellem Lernen und Künstlicher Intelligenz. Das Startup unterstützt ganzheitlich – von der Identifikation des richtigen Anwendungsfalls über die Datenanalyse und Interpretation der Ergebnisse bis zur Implementierung der entwickelten Lösung in Systeme.

„Effektivere Vertriebskampagnen, zuverlässigere Industrieanlagen oder optimierte Lagerbestände: Der Schlüssel zur Erreichung dieser Ziele liegt in den Daten", erklärt Geschäftsführer und Mitgründer Oliver Bracht. Als Chief Data Scientist hilft er Kunden, sich Daten zunutze zu machen und sich optimal aufzustellen. Dafür setzt eoda auf konsequenten Wissenstransfer, verständliche Vorgehensweisen und spürbare Erfolge – seit 2010 für Kunden wie Trumpf, Obi, Rewe oder Covestro. Bracht: „Daten in Mehrwerte zu verwandeln ist unser täglicher Antrieb, und mit Data Science legen wir den Grundstein für digitale Erfolgsgeschichten."

Warum wurden Sie Mitglied bei HESSENMETALL?
„HESSENMETALL bietet ein großartiges Netzwerk und die Plattform, um das Zukunftsthema Künstliche Intelligenz aktiv voranzutreiben und im Austausch mit den Mitgliedern wertvolle Einblicke in die aktuellen Herausforderungen und Vorhaben zu erhalten. HESSENMETALL verbindet Menschen und Unternehmen und ist damit für uns der Nährboden für Kreativität und Innovationskraft in der Digitalisierung."

HahnProjects: Digitale Werkzeuge auch für Nicht-Informatiker
Gemeinsam mit Kunden entwickelt Hahn Projects in Volkmarsen Cloud-basierte Lösungen für vereinfachte digitale Transformation und zum Nutzen neuer Geschäftspotenziale. Schwerpunkt ist die Optimierung von Instandhaltungs- und Fertigungsprozessen durch smarte Verknüpfung und Veredelung der Daten,

die in den Prozessen anfallen. „Dazu entwickeln wir moderne, individuelle Software-Lösungen für jedes Problem und achten darauf, dass diese digitalen Werkzeuge auch Nicht-Informatiker verstehen", erläutert Gründer und Geschäftsführer Marcel Hahn. Aktuell arbeitet man bei einem von der Bundesrepublik geförderten Forschungsprojekt mit, das Plattformen für kleine und mittlere Unternehmen bei der Durchführung von „kooperativen industriellen Dienstleistungen" unterstützt. Dabei geht es um Cloud-Anbindungen mehrerer Betriebe, die alle in einen Produktionsprozess rund um Herstellung und Wartung von Hochdruckrohren für Kraftwerke eingebunden sind. Über die Cloud lassen sich alle Prozessschritte nun über Firmengrenzen hinweg ohne Zeitverluste problemlos planen und durchführen.

Warum wurden Sie Mitglied bei HESSENMETALL?
„Das Netzwerk von HESSENMETALL ist ideal, um über den partnerschaftlichen Austausch zu erfahren, vor welchen Herausforderungen unsere Kunden in der digitalen Transformation stehen und wie wir mit unseren Tools ihren Weg so einfach wie möglich gestalten können."

teamnext | Media Hub: Zeitliche Freiräume schaffen für mehr Kreativität
teamnext | Media Hub hilft Organisationen, effizienter mit digitalen Assets wie Bildern, Videos oder Grafikdateien zu arbeiten, damit sie unter anderem leichter und schneller durch Suchmaschinen gefunden werden und dadurch ihre mediale Reichweite steigern. Der Zugriff auf die im Media Hub gelagerten Dateien ist jederzeit und an jedem Ort einfach möglich. Aufgrund der Erfahrung im Umgang mit KI-gestützten Bildanalyseverfahren und dem Bereich des maschinellen Sehens erleichtert der Media Hub Marketing- und PR-Teams die tägliche Arbeit, denn die KI-basierten Algorithmen analysieren, verschlagworten und vergleichen digitale Assets und helfen dabei, schneller das passende Motiv zu finden. „Damit schaffen wir neue zeitliche Freiräume für mehr Kreativität", weiß Geschäftsführer Moritz Bartling. Die Kunden kommen aus allen Bereichen, etwa aus der Industrie, der Verwaltung und dem Profisport.

Warum wurden Sie Mitglied bei HESSENMETALL?
„Innovation lebt vom gegenseitigen Austausch – was könnte also spannender sein als Zugang zu einem Netzwerk aus über 680 Industriebetrieben und aufstrebenden IT-Startups zu erhalten? Als Cloudanbieter eines digitalen Media-Hubs beschäftigen wir uns intensiv mit der Entwicklung KI-gestützter Bildanalyseverfahren und dem Bereich des maschinellen Sehens. Gerade in diesen hochinnovativen Themenkomplexen erhalten wir durch den Austausch mit der traditionellen Industrie wertvolle Impulse für die Weiterentwicklung des teamnext | Media Hubs."

Neue HESSENMETALL-Netzwerke

Auf dem Weg zur dritten Dimension, zum Netzwerk Arbeit 4.0, entwickelt HESSENMETALL seine Vernetzung immer weiter. Hier stellen wir Ihnen drei neue Netzwerke vor: für Frauen in Führungspositionen, Kommunikatorinnen und Kommunikatoren unserer Mitglieder und für Gestalter von Nachhaltigkeitsmanagement.

HESSENMETALL-Netzwerk: Frauen in Führungspositionen

Weibliche Karrieren verwirklichen

Das Netzwerk Frauen in Führungspositionen (HMFF) coacht seit seiner Gründung 2021 weibliche Führungs- sowie Nachwuchsführungskräfte von HESSENMETALL-Mitgliedsunternehmen und schafft für sie eine Plattform zum gemeinsamen Austausch. Dabei verfolgt das Netzwerk das Ziel, Frauen sichtbarer zu machen und ihnen das Rüstzeug mitzugeben, um Hürden zu überwinden und sich in ihrer Karriere zu verwirklichen.

Frauen in M+E sichtbarer machen

Die Initiative richtet sich an Frauen, die bereits in einer Führungsposition sind und an Frauen, die in Kürze eine Führungsposition innehaben werden. Geboten werden verschiedene Veranstaltungsformate und Networking-Möglichkeiten wie Impulsvorträge, Mentoring-Initiativen, Seminare und regelmäßige Get-togethers. Geleitet wird das Netzwerk von Sabine Stoll Wewior, Referentin Bildung HESSENMETALL, und Isabelle Himbert, Geschäftsführerin der Arno Arnold GmbH. Für die Kommunikation ist Talisa Dean, PR & Bildung HESSENMETALL Offenbach und Osthessen, zuständig.

Online-Kick-off: Dieses Potential zu verschenken, wäre fatal

Mit mehr als 40 engagierten Teilnehmerinnen ist das HESSENMETALL-Netzwerk Frauen in Führungspositionen Anfang 2021 mit einer fulminanten Auftaktveranstaltung gestartet. Zum Auftakt organisierten die Netzwerk-Initiatorinnen ein interaktives, digitales Event. Als Managerin und Vorbild eröffnete **Dr. Ariane Reinhart**, Mitglied des Vorstands und Arbeitsdirektorin von Continental sowie HESSENMETALL-Vorstandsmitglied, die Veranstaltung mit einem Impulsvortrag über die historischen Meilensteine der Gleichberechtigung in Deutschland. Daran angelehnt wurde im Plenum über Arbeitsmarkt und -alltag, Aufstiegschancen und die entsprechende Strategie von Continental diskutiert.

Diversität als Katalysator

„Diversity ist letztlich eine Frage des Mindsets eines Unternehmens“, berichtete Dr. Ariane Reinhart. „Auch bei Continental herrscht eine wertegetriebene Kultur“. Es gehe darum, festzustellen, wer für eine bestimmte Position am besten geeignet sei, auch in der Führung. „Es gibt diese Frauen und sie müssen die Möglichkeit haben, in diskriminierungsfreien Auswahlverfahren gefunden und eingesetzt zu werden.“

Startup-Veranstaltung 2022: Agilität und Erfahrung – der Austausch macht's

Die Themen, die die 23 Startups beim Netzwerkevent des Arbeitgeberverbandes HESSENMETALL im Juli 2022 beim Traditionsunternehmen Samson in Frankfurt präsentierten, zeigten eine enorme Bandbreite: Es ging um digitale Wareneingangskontrolle, Internetsicherheit, Künstliche Intelligenz fürs Büro, um 40 Prozent effizientere Kühlsysteme dank magnetischer Materialien, schlaue Sensoren und Wälzlager, Hilfe bei der Digitalisierung der Lagerbestände, virtuelle Teambuilding-Maßnahmen und vieles mehr.

Präsentationen im Minutentakt: moderiert von Katja Farfan, die für die Startup-Betreuung verantwortliche Referentin Digitales und Technologietransfer.

In kurzen Pitches von je zwei Minuten stellten die Startups ihre innovativen Lösungen vor. An Meeting-Points gab es in den anschließenden Pausen zudem Gelegenheit zum näheren Kennenlernen von traditionellen Betrieben der Metall- und Elektro-Industrie. Einige von ihnen, darunter Gastgeber Samson, präsentierten sich ebenfalls.

Bemerkenswerte Synergien

Spätestens beim Auftritt von Isabell Himbert, Geschäftsführerin von Arno Arnold in Obertshausen, war klar: Hier spielt die Musik, denn sie zeigte ein Bandoneon. Um solche Musikinstrumente mit auffälligem Faltenbalg zu fertigen, wurde das Unternehmen vor über 150 Jahren gegründet. Heute ist es dank konsequenter Investition in Optimierung und Veränderung von Produkten und Prozessen ein führender Innovationspartner für Maschinenschutz, der gemeinsam mit geeigneten Startups die Prozesse weiter verändern will.

Kennt die Startup-Welt aus eigener Erfahrung: Isabelle Himbert, Geschäftsführerin von Arno Arnold.

Der Mittelstand kann von jungen Unternehmen lernen – und umgekehrt, formulierte Gastgeber Dr. Andreas Widl, CEO und Vorstandsvorsitzender von Samson, in seinem Impulsvortrag: „Start-ups sind voller Agilität, Kreativität und unternehmerischer Kraft.

Organisiert die Zusammenarbeit mit Startups bei Schunk: Alexander Gatej.

Versteht sich auf Teambildung: Angelika Birk, Mitgründerin des Startups dreamteam.

Gab Einblick, wie Procter und Gamble mit Startups kooperiert: Dr. Peter Dziezok.

Erlebt Startups als Innovationsbeschleuniger: Dr. Chen Zhang von Continental.

Entwickelt Software-Roboter fürs Büro: Artem Fadin, Gründer von F-One Future of Work.

Stellte das Innovationsprojekt von Johannes Hübner vor: Florian Kern.

Aber sie brauchen neben einer Idee und Startkapital ein verkaufsfähiges Produkt und vor allem einen ersten Kunden". Dieser Kunde wiederum kenne die Anforderungen im Markt und könne damit die Energie und Dynamik eines Startups lenken: „Wenn Start-up-Unternehmen mit aufgeschlossenen, neugierigen Traditionsfirmen zusammenarbeiten, ergeben sich in jeder Beziehung ganz bemerkenswerte Synergien."

Netzwerken durch Innovationsprojekt

Dass dies erfolgreich sein kann, zeigte Florian Kern von Johannes Hübner in Gießen bei seiner Kurzpräsentation. 2017 wurde im Unternehmen das Innovationsprojekt „ab Idee ok!" ins Leben gerufen. Sieben Startup-Beteiligungen gibt es mittlerweile. Neben Kapital bietet Hübner den jungen Unternehmen auch Raum zum Arbeiten auf dem Firmengelände. „Durch die räumliche Nähe wird ein beidseitiger Austausch von Netzwerk, Know-how und Firmenkultur gewährleistet", so der Projektleiter.

Angeregtes Gespräch: Dr.-Ing. Alamir Mohsen von Lithium Designers und Samson-CEO Dr. Andreas Widl (rechts).

Neue Geschäftsmodelle fördern

„Solche Partnerschaften werden zum festen Bestandteil der strategischen Agenda von klassischen Unternehmen der hessischen Metall- und Elektro-Industrie, um Innovationen und neue Geschäftsmodelle zu fördern", bestätigt Sebastian Kühnel, Geschäftsführer für Bildung, Digitales und Technologietransfer bei HESSENMETALL in Frankfurt. Bei dem Verband ist, wie auch die Veranstaltung zeigte, der Wandel zu einer digitalen Win-win-Gemeinschaft von produzierenden Unternehmen, IT-Anbietern und Anwendern in vollem Gange. Und das kommt an: „Ich habe hier tolle Start-ups kennengelernt, deren Angebot gut zu uns passen könnte", erklärte beispielsweise René Leroux, Geschäftsführer von Satisloh in Wetzlar. Und Maurice Teltscher, CEO und Gründer des Startups pre/risq in Darmstadt, betonte: „Das war eine sehr wertige Veranstaltung, die allen viel gebracht hat."

Netzwerken: An mehr als 20 Mini-Ständen nutzten die Teilnehmer die Gelegenheit, die Firmen näher kennenzulernen.

Gedankenaustausch: Benedikt Sturm, CTO und Mitgründer von Optalio, und Julia Deutschmann von StartHub Hessen.

Diversität sei deshalb ebenfalls ein entscheidender Wirtschaftsfaktor und Katalysator für Innovation: „Ich mache auch immer wieder bei uns im Unternehmen die Erfahrung, dass diverse Teams sich gegenseitig zu Höchstleistungen motivieren“, sagte sie. „Dieses Potential zu verschenken, wäre fatal.“

Investition in die Zukunft

Ähnliche Ziele spiegelten sich auch im Gespräch mit Isabelle Himbert wider. Als Junior-Geschäftsführerin der Arno Arnold GmbH legt sie viel Wert auf Vielfalt in ihrem Team. „Ein gutes Team bildet den Grundbaustein, auf dem jede unternehmerische Aktivität beruht. Vielfalt und Toleranz hinsichtlich Geschlecht, Nationalität und Alter sowie gegenüber Menschen mit Behinderung haben bei Arno Arnold einen hohen Stellenwert“, sagte Isabelle Himbert. Und weiter: „Es liegt mir am Herzen langfristig und verantwortlich zu handeln. Deshalb lebe ich eine wertschätzende Personalpolitik vor. Ich bin der festen Überzeugung, dass dies eine Investition in die Zukunft ist.“

Mutig Verbündete suchen

Im März 2021 begrüßte das HESSENMETALL-Netzwerk Frauen in Führungspositionen **Dr. Bettina Volkens** als Ehrengast in einem Online-Event. Dr. Volkens ist die ehemalige Vize-Präsidentin der Vereinigung der hessischen Unternehmerverbände (VhU), war zuletzt Vorstandsmitglied der Deutschen Lufthansa AG und dort als Arbeitsdirektorin für die Bereiche Personal und Recht verantwortlich. Knapp 30 Teilnehmerinnen wählten sich bei der zweiten Veranstaltung des Netzwerks in das interaktive Online Meeting ein. Auch bei dieser Veranstaltung gab es für die Mitglieder des Netzwerks die Gelegenheit, sich mit einer inspirierenden Managerin auszutauschen.

„Von erfolgreichen Managerinnen zu lernen, ist für junge weibliche Führungskräfte eine große Chance“, eröffnete Isabelle Himbert die Veranstaltung. Arbeiten in einer Männerdomäne, Mitarbeiterführung, Selbstmarketing und Verhandlungsgeschick waren Leitthemen. Dr. Bettina Volkens formulierte dazu: „Der zentrale Begriff in allen Belangen ist für mich Mut, und das kann ich nicht oft genug betonen. Machen Sie sich groß, und suchen Sie sich weibliche und männliche Verbündete für Ihre Interessen.“

Doch wie bildet man diese Allianzen als Frau in einer Branche, die mehrheitlich von Männern vertreten wird? Dr. Volkens ging engagiert auf individuelle Fälle ein und auch hier bewegte sich der Dialog immer wieder hin zu Gesprächskultur und kulturellem Wandel in Unternehmen als Ganzes. Als Empfehlung

nannte Bettina Volkens: nachfragen, zuhören, Sachverhalte und jeweilige Interessenlagen begreifen, um gemeinsam Neues zu gestalten: „Wir müssen immer verstehen, wie unser Gegenüber tickt, um handlungsfähig zu sein und eine Win-Win-Situation für beide Parteien zu schaffen.“ Auch sollte sich jede Führungskraft mit eigenen Werten und energiespendenden Aktivitäten im Berufs- sowie Privatleben befassen: „Damit meine ich selbstverständlich auch die Familie. Sie gehört zum Leben dazu, hat ihren berechtigten Platz im Arbeitsalltag und darf kein Tabuthema sein." Auch hier seien Mut und Resilienz gefragt sowie das Verständnis dafür, dass sich Kinderbetreuungsfragen gleichermaßen für Männer und Frauen stellten.

Die Toolbox einer Managerin

Im Sommer 2020 traf sich das HESSENMETALL-Netzwerk Frauen in Führungspositionen zu einem **virtuellen Mini-Workshop**. Mehr als 20 Frauen aus Mitgliedsunternehmen von HESSENMETALL nahmen teil. Aufbauend auf den Themen der vorherigen Veranstaltungen fand ein auf die Veranstaltung zugeschnittenes und gekürztes interaktives Mini-Seminar mit Trainerin **Antje Weidling** statt.

Innere Bilder als Multifunktionswerkzeuge

„Sich mit seinen inneren Bildern zu befassen, ist ein Multifunktionswerkzeug, um unser Handlungsrepertoire auszuschöpfen und Stärken zu entfalten. Sich mit funktionalen Bildern auszustatten, ist hochwirksam, die Neurobiologie bestätigt das", erklärte Weidling. Um sich innere Bilder zunutze zu machen, empfahl sie, sich das entsprechende Symbol aufzumalen oder auszudrucken und an einem Ort zu platzieren, der sich häufig im eigenen Blickfeld befindet und die Methode so mental griffbereit zu haben, bis das Bild mit seiner Bedeutung auch im Inneren jederzeit abrufbar ist.

Teilhabe, die mir zusteht

Im vierten Online-Event des HESSENMETALL-Netzwerks Frauen in Führungspositionen wählten sich im November 2021 34 Mitglieder ein, um mit **Tanja Gönner**, damals Vorstandssprecherin der Deutschen Gesellschaft für Internationale Zusammenarbeit (GIZ) und heute Hauptgeschäftsführerin des BDI, als Ehrengast bei der Jahresabschlussveranstaltung ins Gespräch zu kommen. Tan-

ja Gönner stellte die Bedeutung von Networking heraus: „Man braucht vor allem immer jemanden, um sich auszutauschen, einen Rat einzuholen und sich gegenseitig zu stärken", bestätigte sie. „Netzwerke sind wichtig, um mit Personen in ähnlichen Positionen besprechen zu können, was einem auf der Seele brennt. Um schwierige Situationen mit Distanz zu bewerten und beispielsweise zu reflektieren, warum eine Person wie handelt – und zwar ohne dabei in die Falle zu tappen, sich provozieren zu lassen. Sondern ganz im Gegenteil, das Netzwerk als geschützten Rahmen zur Übung zu nutzen", berichtete Gönner.

Auf Nachfrage aus dem Plenum ging Tanja Gönner explizit auf das Thema Frauenquote ein: „Durch meine unterschiedlichen Positionen habe ich im Laufe von 30 Jahren meine Perspektive verändert und muss leider sagen, an wenigen Stellen hat sich die Anzahl an Frauen in Führungspositionen erhöht, trotz mehrerer Generationen an bestausgebildeten Frauen! Die Frauenquote reduziert mich, als Frau, nicht auf mein Geschlecht, sondern fordert die Teilhabe ein, die mir zusteht."

Ja, ich kann das

Laut Gönner ist die Frauenquote wichtig, um die verstärkte Beteiligung von gut ausgebildeten Frauen in allen Bereichen fest auf die Tagesordnung zu setzen, denn sie habe immer wieder erlebt, sowohl in der Politik als auch in der Wirtschaft, dass für die Besetzung von Führungspositionen schon im Vorfeld viel zu wenig Frauen angesprochen werden. „Und dann heißt es wieder, die Frauen wollen nicht!", erzählte sie und gab den Tipp: „Wenn es um den nächsten Karriereschritt geht, beantworten Sie die eigenen Fragen mit ‚Ja, ich kann das, ja ich will das und ja, mir wird das, was ich tue, Spaß machen'. Und wenn Sie in einer Führungsposition angekommen sind, helfen Sie anderen Frauen auf ihrem Weg weiter!"

You can't overcommunicate

Das HESSENMETALL-Netzwerk Frauen in Führungspositionen startete im März 2022 in das zweite Community- und Veranstaltungsjahr. Diesmal war bei einem virtuellen Lunch-Talk **Dr. Elke Frank**, Personalchefin und Vorstandsmitglied bei der Software AG, dabei, die über die sich wandelnde hybride Arbeitswelt und die Konsequenzen für Führungskräfte berichtete.

Der rote Faden im Gespräch war die Bedeutung von interner Kommunikation als zentraler Einflussfaktor für erfolgreiche Arbeitsabläufe: „Machen Sie Themen ansprechbar, indem Sie gezielt Raum und Zeit dafür anbieten, seien sie empathisch und hören Sie zu. You can't overcommunicate – schon gar nicht in diesen herausfordernden Zeiten". Nur so sei es möglich, Verständnis und Sichtbarkeit für unterschiedliche Perspektiven und Situationen zu schaffen, die den Arbeitsalltag maßgeblich beeinflussen. Um Arbeitsziele zu erreichen und -prozesse zu optimieren, sei es wichtig, den Austausch zwischen Mitarbeiterinnen und Mitarbeitern sowie ihren jeweiligen Vorgesetzten systematisch zu fördern und dafür explizite Termine zu schaffen, um sich auf Augenhöhe zu begegnen, für mehr Transparenz zu sorgen, Vertrauen zu schaffen und – insbesondere als Führungskraft – nahbar zu bleiben, auch virtuell.

Inspirierend war zudem Elke Franks Input zu Motivation im Arbeitsalltag und dazu, sich generell als Teil eines Unternehmens, als Arbeitnehmer eines attraktiven Arbeitgebers, zu verstehen sowie in einer hochdynamischen Welt immer wieder Neues dazulernen zu wollen – Stichwort: „Purpose". Man beobachte sowohl in der Forschung als auch in der Praxis, dass bedeutende gesellschaftliche Fragen und sinnstiftende Anreize in Unternehmen für Arbeitnehmerinnen und -nehmer immer wichtiger werden – und zwar über alle Generationen hinweg. „Wer weiß, für wen und für was er oder sie tätig ist, wo die Reise hingeht und weshalb, ist auch willens das Beste zu geben und sich kontinuierlich weiterzubilden, auch wenn es mal unbequem wird", bekräftigte Dr. Frank.

HMFF in Präsenz: Impulse zu Führungstechniken

Im Juni 2022 traf sich das HESSENMETALL Netzwerk Frauen in Führungspositionen erstmals in Präsenz. Im Bildungshaus Bad Nauheim waren die Mitglieder zu einem exklusiven Sommer-Event mit einem Workshop von Coach und Organisationsberaterin Antje Weidling sowie anschließendem Abendessen und Netzwerken eingeladen. Thema des Workshops war „Wann führe ich wen wie?".

Im September 2022 zu Besuch bei Arno Arnold: Mit Impulsen von Simone Weinmann-Mang und ihrer Tochter Isabelle Himbert

Zwischen klarer Linie und Flexibilität

Im Workshop setzten sich die Teilnehmerinnen mit situativem Führen sowie den dazugehörigen Parametern auseinander: „Verschiedene Individuen bringen zusätzlich noch unterschiedliche Aufgaben, Verantwortungen, Expertisen und Positionen mit sich", so Antje Weidling. Ihre Empfehlung: Balance zwischen einer klaren Linie und Flexibilität im Führungsstil. „Es ist essentiell, sich als Führungskraft immer wieder zu fragen, was Führung für mich bedeutet, wie man führen will, wer man in dieser Rolle sein will und wie man die Entscheidungen, die sich daraus ergeben, im Alltag umsetzt." Auch wurden gemeinsam Ideen zu Kriterien für passende Führungsstile und -ziele erarbeitet. Die Workshop-Leiterin stellte hilfreiche Modelle für diese Aufgabenstellungen vor und präsentierte praktische Übungen dazu.

Für Vielfalt und Diversity

Nach dem Workshop bot sich den Teilnehmerinnen die Gelegenheit, mit dem HESSENMETALL Hauptgeschäftsführer, Dirk Pollert, ins Gespräch zu kommen. Er informierte in einem kurzen Update über den Verband, betonte das enorme Potential von Diversität in der modernen Arbeitswelt und wies auf die Bedeutung von Vielfalt in der breitgefächerten Gremienarbeit von HESSENMETALL und der VhU hin. „Deswegen wende ich mich an dieser Stelle ausdrücklich an Frauen wie Sie, die bereits Führungskräfte oder auf dem Weg dorthin sind, um unsere wertvolle Arbeit noch stärker zu unterstützen und noch repräsentativer zu gestalten."

HALLO CHEFIN …

Isabelle Himbert ist Geschäftsführerin des Familienunternehmens Arno Arnold – und engagiert sich im Netzwerk für Frauen in Führungspositionen. Sie führt das Unternehmen zusammen mit ihrem Vater, Wolf Matthias Mang, und ihrem Ehemann Benedikt Himbert. 2020 übernahm Isabelle Himbert den ehrenamtlichen Vorsitz des Netzwerks. Auf ihre Initiative hin hatte es der Arbeitgeberverband ins Leben gerufen: „Wir wollen die Frauen in der hessischen M+E-Industrie sichtbarer machen, ihnen eine Plattform zum Erfahrungsaustausch anbieten und das notwendige Rüstzeug mitgeben, mit dem sie ihre Karriere verwirklichen können", sagt die Betriebswirtin. Bei den Teilnehmerinnen kommen die Veranstaltungen gut an. Die nächsten Events sind schon geplant. Und was wäre für das Netzwerk der größte Erfolg? Isabelle Himbert: „Dass unser Netzwerk in einigen Jahren überflüssig ist, weil Frauen in Führungspositionen in den M+E-Betrieben dann längst eine Selbstverständlichkeit sind."[16]

HESSENMETALL-Netzwerk Kommunikation: wortgewandte Stichwortgeber im Austausch

Schon viele Jahrzehnte haben wir den stetigen Dialog mit Kommunikationsverantwortlichen aus unseren Mitgliedsunternehmen gesucht und geführt – anfangs eher fokussiert auf die Unterstützung während laufender Tarifverhandlungen und unsere Mitmachaktionen zur Nachwuchsgewinnung. War es lange Zeit ein formales Gremientreffen, vier Mal im Jahr mit Tagesordnung, Protokoll und einer Beschränkung auf 20 Teilnehmer, haben wir vor einigen Jahren das Konzept vollständig umgestellt und uns für alle kommunikations-affinen Personen aus unserer Mitgliedschaft geöffnet. Heute ist der **M+E-Communicators' Club** ein informelles Treffen von Personen aus der Mitgliedschaft, die sich vier Mal im Jahr gerne über Formate, Kanäle, Themenspektren und vieles andere mehr austauschen. Und einmal im Jahr fokussieren wir uns in unserem **Kommunikationsgipfel** auf ein großes Thema, das wir aus allen Richtungen beleuchten und mit allen Erfahrungen versehen, um danach bei einem sommerlichen Grillfest gemeinsam zu feiern.

DIE KOMMUNIKATIONSGIPFEL VON HESSENMETALL

- Kommunikationsgipfel 2017: Contentmanagement schlägt Contentmarketing, weil der dialogische Weg weiter führt
- Kommunikationsgipfel 2018: Content is King, Context is God – weil die Kontextabhängigkeit die Form des Inhalts prägt
- Kommunikationsgipfel 2019: Framing braucht Gegen-Framing – nur widersprechen genügt nicht
- Kommunikationsgipfel 2021: Medienkonzentration und warum Unternehmen Medienhäuser werden müssen

Rainer Welzel, Vorsitzender des Communicator's Club, im Hauptberuf Personalleiter Siemens AG, Frankfurt und Stuttgart, und Vorstandsmitglied HESSENMETALL

7. Kommunikationsgipfel 2022: Führung durch Kommunikatoren – eine spannungsgeladene Gratwanderung

Der mittlerweile siebte Kommunikationsgipfel von HESSENMETALL adressierte Kommunikatorinnen und Kommunikatoren, die sich als PR-Handwerker, Stakeholder-Manager und Coaches der Führung verstehen, ganz direkt als Führungspersönlichkeiten. Denn Vorgesetzte, CEOs, Vorstände und Geschäftsführer oder Themenverantwortliche als Coach zu führen, ist ein Balanceakt. Wenige Menschen akzeptieren es, kritisiert zu werden, Chefs sind da keine Ausnahme. Der 7. HESSENMETALL-Kommunikationsgipfel ging der Frage „Führungsanspruch von Kommunikatoren – zwischen Anspruch und Wirklichkeit?" nach. Die Aufgabe der Kommunikations-Profis: dem Chef kommunikative Verbesserungspotentiale diplomatisch zu vermitteln.

Die Lösung: sich weniger als Lieferanten fertiger Lösungen, sondern mehr als Business-Partner für die Geschäftsentwicklungen zu verstehen. Diesen Ansatz empfahl jedenfalls Rainer Welzel, Vorsitzender des **M+E Communicators' Club**. Als Personalleiter bei Siemens zog er beim Kommunikationsgipfel 2022 den Vergleich zu Human Resources und stellte in seiner Begrüßung einige Parallelen heraus. Zumal in Zeiten des Fachkräftemangels gerade Personalchefs ausgesprochen kommunikativ sein sollten, um ihre Arbeitgebermarke im Employer Branding gebührend zum Ausdruck zu bringen. Im Kern gehe es für Personalmanager ebenso wie für Kommunikationsmanager darum, gemeinsam mit der Führungskraft die passende Lösung zu erarbeiten. „Wobei die letzte Entscheidung über die Kernbotschaft immer bei der Führungskraft liegen muss", so Welzel.

Gratwanderungen im Persönlichen

Wie und worin Kommunikatorinnen und Kommunikatoren ihre Chefs führen können oder sogar müssen, um ihnen zu helfen, das Unternehmen bestmöglich nach außen zu positionieren, beleuchtete **Dr. Ulrich Kirsch, Geschäftsführer Kommunikation von HESSENMETALL**, in seinem Impuls „Führen oder nicht. Das ist hier die Frage!"

Dr. Ulrich Kirsch, Geschäftsführer Kommunikation von HESSENMETALL, analysiert das Verhältnis von Coach und Coachee im Fim „The King's Speech"

Die Glaubwürdigkeit der Person herzustellen, die für das Unternehmen oder die Organisation steht und spricht, erfordert nicht nur die entsprechende hierarchische Legitimation, sondern vielmehr auch den Einsatz der ganzen Person. Und die Entfesselung der Energien für eine dynamische und kompetent wirkende Performance kommt ausschließlich aus der Person. Aus diesen Gründen ist der Zugang zu der zu coachenden Person und der damit verbundene Eingriff in deren Ego für die Freisetzung eines persönlichen Auftritts ein Muss – und Gegenstand des Coachings. Deshalb ist die Beziehung zwischen Führungskraft und coachendem Kommunikator – im Unterschied zum eher entspannten Verhältnis zwischen Führungskraft und Experten – nicht selten „spannungsgeladen".

Mit den anwesenden Kommunikatoren diskutierte Kirsch beispielhaft Szenen aus dem Film „The King's Speech" von Tom Hooper. Dieser beleuchtete vor allem die Beziehung zwischen der Führungskraft Prinz Albert, dem späteren König George VI., und dem Coach Lionel Logue. Als Kommunikationsspezialist führte dieser den späteren Monarchen durch kommunikative Krisen – wobei Krisen vorprogrammiert waren, weil der Coach für den Thronfolger zu persönlich wird oder der Coach als Sparringspartner auf Augenhöhe mitdenkt, dabei allerdings nicht merkt, dass er ein Thema zu früh anspricht. Und dennoch – so räumten auch die Teilnehmer ein – geht es in der Kommunikation ohne solche Grenzgänge nicht. Reines Sprech-Training führe nicht zu Akzeptanz.

Lücke zwischen Anspruch und Wirklichkeit

Die Lücke zwischen Führungsanspruch und Realität der Kommunikationsabteilungen beginnt sich zu schließen. Der Einfluss auf die Führung der eigenen Organisation nimmt zu, zeigte **Professor René Seidenglanz, Präsident der Quadriga Hochschule in Berlin**. Er stellte anhand einer Studie dar, dass in vier von fünf Fällen die Kommunikation in Organisationen schon direkt unter der Leitungsebene verortet ist – weit mehr als in früheren Jahren. 93 Prozent der befragten Kommunikatoren haben auch den Anspruch, dass Kommunikation als Führungsfunktion mit anderen Kernbereichen auf Augenhöhe oder ihnen gegenüber in bestimmten Themenfeldern hervorgehoben sein sollte. In der Realität, so Seidenglanz, sei dies aber nur bei 41 Prozent der Befragten tatsächlich der Fall. Die Lücke zwischen Anspruch und Wirklichkeit ist also immer noch groß.

In der Außensicht der Chefs rangiert die Bedeutung von PR/KOM nur im Mittelfeld, an 6. Stelle – hinter Vertrieb, Produktion, Finanzen, Marketing, Personal und vor Technik/IT, Einkauf und Recht.

Neben dem Einfluss seien Akzeptanz und Ressourcen erforderlich, um die Rolle als Kommunikator angemessen ausfüllen zu können. In beiden Bereichen hapert es in der Realität mitunter, weswegen auch die Fluktuationstendenz der Middle Manager groß sei. Sie suchen bei neuen Arbeitgebern leistungsfähige Strukturen, Corporate-Newsroom-Modelle, eine ganzheitliche, unterstützende Digitalisierung und eine angemessene Weiterentwicklung, Talentsicherung und -gewinnung. Umgekehrt vermissten die Chefs eine ausreichende Evaluation des Geschäftsbeitrags sowie gelegentlich ausreichende Themenkompetenz.

Von Arbeitgebermarke bis Purpose

Die Lücke zwischen Anspruch und Wirklichkeit wurde auch im anschließenden Austausch deutlich, in dem die Teilnehmerinnen und Teilnehmer unter anderem Zukunftsthemen wie Purpose und Arbeitgebermarke, die Herausforderung der Evaluation ihrer Arbeit sowie Schnittstellen und Abgrenzung von Kommunikation und Marketing diskutierten.

Bernhard Voß, Hyundai Deutschland, betonte, dass Kommunikation inzwischen sehr professionell evaluiert werden kann. Und dass diese Evaluation entscheidend für das Standing der Kommunikationsabteilung im Unternehmen sei. Messbarkeit werde durch viele gute Instrumente gewährleistet, die bei Hyundai durchaus auch Korrelationen zum Verkauf von Automobilen aufzeigten.

Albrecht und Sven Hallbauer, die Chefs von Samoa-Hallbauer, setzten den Schwerpunkt auf das Unternehmen als Wertegemeinschaft. Sie sei das Entscheidende, wenn die Mitarbeiterinnen und Mitarbeiter auch Botschafter des Unternehmens werden sollen. Und ganz praktisch sei es für den Mittelstand immer eine Herausforderung, wenn sie als „kleine Medienhäuser" die Betreuung der verschiedensten Kanäle von Website bis Social Media angemessen organisieren müssten.

Friedrich Avenarius, HESSENMETALL Rhein-Main-Taunus, zeichnete die Unterschiede zwischen einer Verbandsorganisation und einem Unternehmen nach: In Verbänden seien sowieso fast alle Mitarbeiterinnen und Mitarbeiter Botschafter, das Marketing gehe eher in der Verbandskommunikation auf. Und die Bedeutung von Kommunikation sei schon früh erkannt worden. Der erste Pressesprecher von HESSENMETALL sei schon 1951 eingestellt worden, weil der Beitrag zur Meinungsbildung im Wettbewerb um die Deutungshoheit mit der Gewerkschaft IG Metall von Anfang an wesentlicher Auftrag der Interessenvertretung für die Mitgliedsunternehmen gewesen sei.

Zusammengefasst war festzustellen, dass sich vieles verbessert habe, die spezielle Führungsrolle der Kommunikatoren als Coaches & Trainer sei akzeptierter geworden und vier Fünftel seien organisatorisch richtig eingebunden. Dennoch gebe es noch vielfach erhebliche Mängel in den vorhandenen Strukturen, der digitalen Ausstattung und den Kapazitäten sowie der Kompetenzsicherung, die eine angestrebte Führungsrolle noch nicht angemessen leben lassen. Einigkeit bestand auch darin, dass im Zuge der zunehmenden Polarisierung in der Gesellschaft, dem Vertrauensverlust gegenüber tradierten Institutionen und der damit einhergehenden erforderlichen Transparenz, Kommunikationsmanagement in Unternehmen an Relevanz gewinnen wird. Da die Kommunikations-Profis in der Pandemie einen allseits akzeptierten guten Job gemacht hätten, sei ihre Akzeptanz auch messbar weiter gestiegen.

HESSENMETALL-Arbeitskreis Nachhaltigkeit: Strategisches Nachhaltigkeitsmanagement praktisch gestalten

Nachhaltigkeit bedeutet, die Situation eines Unternehmens auf positive Zukunftsaussichten auszurichten, den langfristigen Fortbestand und Erfolg zu sichern und die Zufriedenheit von Kunden, Beschäftigten, Inhabern sowie Geschäftspartnern zu verbessern. Ein originäres Eigeninteresse von Unternehmen, wie sie auf dem Hessenforum 2022 zum Thema KI & Nachhaltigkeit vielfach ausgeführt haben. Und inzwischen schon integraler Strategiebestandteil in vielen M+E+IT-Unternehmen in Hessen, wie in Kapitel 3 nachzulesen.

Nun aber weitet die EU ab 2023 für viele Unternehmen den Nachhaltigkeits-Baustein von CSR zu einer Pflicht zu Nachhaltigkeitsberichten aus. Deshalb kommen zu den eigenen strategischen Überlegungen in den Unternehmen nun auch noch formale Pflichten hinzu.

In Zusammenarbeit mit seiner Denkfabrik ifaa hat HESSENMETALL den **Arbeitskreis Nachhaltigkeit** gegründet. Erklärtes Ziel ist es, Informationen direkt aus der Praxis an die teilnehmenden Unternehmen zu geben. Im Mittelpunkt stehen kleine und mittlere Unternehmen (KMU), die ein Nachhaltigkeitsmanagement einführen oder ein bereits vorhandenes verbessern möchten. Der Arbeitskreis begleitet sie auf diesem Weg und schafft eine Austauschplattform. So können sich Unternehmen vernetzen und sich bei praktischen Problemen nach Erfahrungen erkundigen und Hilfe zu Lösungsansätzen einholen.

CSR ist ein Unternehmenskonzept zur freiwilligen Übernahme gesellschaftlicher Verantwortung

Die am 6. Oktober 2010 vorgelegte „Nationale Strategie zur gesellschaftlichen Verantwortung von Unternehmen Corporate Social Responsibility – CSR, Aktionsplan CSR der Bundesregierung“ definiert:

CSR „steht für verantwortliches unternehmerisches Handeln im eigentlichen Kerngeschäft. CSR bezeichnet ein integriertes Unternehmenskonzept, das alle sozialen, ökologischen und ökonomischen Beiträge eines Unternehmens zur freiwilligen Übernahme gesellschaftlicher Verantwortung beinhaltet, die über die Einbeziehung gesetzlicher Bestimmungen hinausgehen und die Wechselbeziehungen mit den Stakeholdern einbeziehen“.

Mit den Zusatzbestimmungen wird dieser Inhalt zwar ein wenig eingekreist, aber der Kern gerade nicht bestimmt. „Im eigentlichen Kerngeschäft" bedeutet, CSR sollen nicht geschäftsfremde Wohltaten, Spenden und Sponsoring sein. „Integriertes Unternehmenskonzept" verweist auf die strategische Verankerung. Erfreulicherweise bezieht der nationale Aktionsplan alle drei Säulen der Nachhaltigkeit – das **Soziale**, das **Ökologische** und das **Ökonomische** – ein, während das Ökonomische beispielsweise in der CSR-Definition der EU-Kommission von 2002 völlig fehlt.

Der von der EU-Kommission 2021 angenommene CSR-Richtlinienvorschlag soll ab 2023 **die Pflicht zur Erstellung von Nachhaltigkeitsberichten auf alle großen Unternehmen mit mehr als 250 Beschäftigten** ausweiten. Nach einer Studie des Deutschen Rechnungslegungs Standards Comittee bedeutet dies eine um den Faktor 30 erhöhte Anzahl betroffener deutscher Unternehmen.

Auch wenn KMU auf den ersten Blick nicht direkt von der Berichtspflicht betroffen sind, wird die neue Richtlinie über Kunden, Kreditinstitute und Versicherungen indirekt Auswirkungen auf viele KMU haben. Denn um die eigene Berichtspflicht zu erfüllen, werden solche Berichte auch von den Geschäftspartnern gefordert.

Nachhaltigkeit bei HESSENMETALL

Der Arbeitskreis Nachhaltigkeit unterstützt ganz praktisch: 2021 fand die Workshop-Reihe Nachhaltigkeitsmanagement statt. An fünf Terminen standen verschiedene Herausforderungen im Fokus:

- Kick-Off Nachhaltigkeitsmanagement – Information
- Initiierung und Analyse Ausgangssituation
- Zielbildung und Planung
- Umsetzung, Bewertung und Verbesserung
- Arbeitskreis Nachhaltigkeit als Weiterentwicklung

So stand im Februar 2022 der Nachhaltigkeitsbericht gemäß CSR Directive (CSRD) auf der Agenda. Deswegen erläuterten Kurzvorträge die grundsätzlichen Anforderungen eines Nachhaltigkeitsberichtes, veranschaulicht durch Praxisbeispiele, anhand von Kennzahlen. Der Umweltbericht eines Beispiel-Unternehmens aus dem Geschäftsjahr 2020 machte deutlich, vor welch großen Herausforderungen die Unternehmen zukünftig stehen. Den Abschluss bildete ein Praxisvortrag von **Olaf Eisele (ifaa)** über die Durchführung einer Wesentlichkeits-

analyse verbunden mit der Frage: „Was ist nachhaltig und zielführend für Unternehmen". Die Fachexpertin, **Prof. Dr. Anette von Ahsen vom Lehrstuhl für Rechnungswesen, Controlling und Wirtschaftsprüfung der Technischen Universität Darmstadt**, gab Unternehmensentscheidern fünf Empfehlungen:

1. Überprüfen Sie, welche Kennzahlen überhaupt erfasst werden müssen,
2. Etablieren Sie eine offene Informationskultur im Unternehmen,
3. Legen Sie fest, wie die Kennzahlenausprägungen und die Schnittstellen zum Reporting gestaltet werden sollen,
4. Suchen Sie gezielt nach Kooperationspartnern (beispielsweise Teilnehmende dieses Arbeitskreises) und
5. Starten Sie schnellstmöglich.

Beispielhafte Statements von Unternehmensvertretern aus diesem Arbeitskreis:

„Im Internet findet man zwar viele Rahmeninformationen über Nachhaltigkeitsmanagement, aber die Details, die ich als Verantwortlicher für eine Umsetzung benötige, leider nicht. Deshalb nutze ich gerne den Arbeitskreis."
„Wir haben bereits ein gelebtes QS-System, ich benötige allerdings die Information, wie ich ein Nachhaltigkeitsmanagement in das Qualitätsmanagement-System integrieren kann, und zwar so einfach wie möglich."
„Dieser Arbeitskreis bietet eine hervorragende Plattform, um sich über das Themengebiet zu verständigen und somit aus den Erfahrungen der teilnehmenden Unternehmen zu lernen."

Ausblick

In der politisch-gesellschaftlichen Diskussion dominierte in den letzten Jahren häufig die Umweltsituation (Klimawandel) und die Technologiesituation (Digitalisierung). Die Corona-Pandemie und deren Auswirkung auf die wirtschaftliche und soziale Situation zeigen jedoch, dass diese genauso wichtig sind. Ziel muss also eine gleichberechtigte Sicherstellung und Verbesserung von ökologischer, ökonomischer, sozialer und technologischer Leistungsfähigkeit sein.

Der Schlüssel für mehr Nachhaltigkeit liegt in einem möglichst verschwendungsarmen und produktiven Umgang mit ökologischen, ökonomischen, sozialen und technologischen Ressourcen. Durch den Produktivitätsgedanken lassen sich die gleichwertigen Aspekte der Nachhaltigkeit verbinden und Zielkonflikte auflösen.

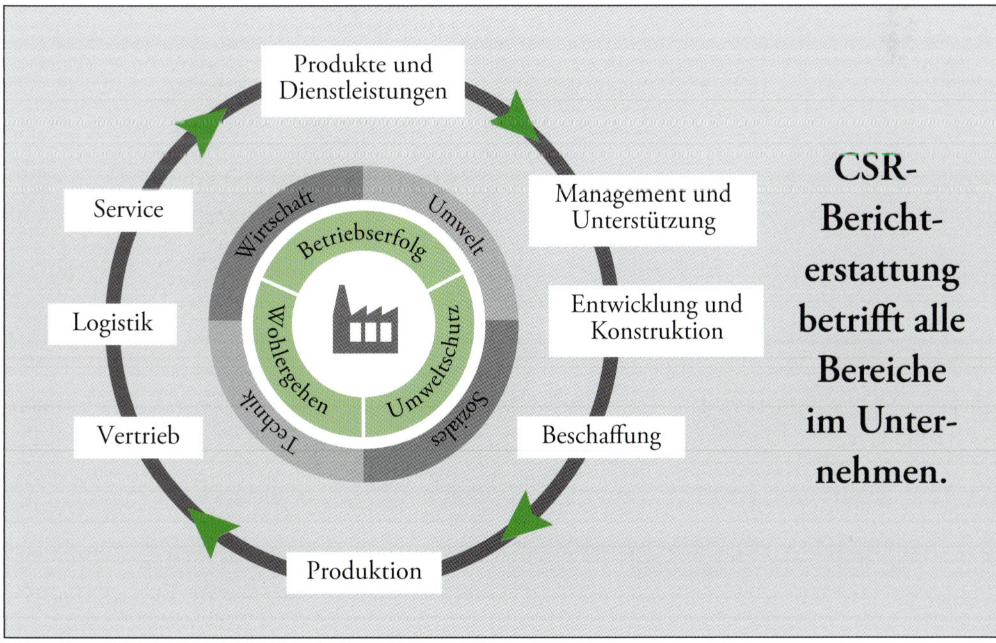

Quelle: Faktsheet ifaa: Nachhaltigkeit – Die Zukunft erfolgreich gestalten

„CSR-Berichterstattung erfordert eine offene Informationskultur im Unternehmen."

Professorin Anette von Ahsen, TU Darmstadt

LEITBILD HESSENMETALL-ARBEITSKREIS „NACHHALTIGKEIT"

Nachhaltigkeit auf betrieblicher Ebene zielt auf eine zukunftsorientierte Verbesserung der wirtschaftlichen, umweltbezogenen, sozialen und technologischen Leistungsfähigkeit von Unternehmen ab. Dafür definiert und entwickelt ein betriebliches Nachhaltigkeitsmanagement Leitbilder und Standards für eine nachhaltige Gestaltung und Verbesserung von Management, Organisation, Prozessen, Produkten und Dienstleistungen sowie Gebäuden und Anlagen.

Der Arbeitskreis „Nachhaltigkeit" versteht sich als:

- Plattform für den Informations- und Erfahrungsaustausch zwischen betrieblichen Führungskräfte und Experten
- „Hessische M+E-Initiative" für die Entwicklung guter Praxis und zukünftiger Möglichkeiten der nachhaltigen Unternehmensgestaltung sowie
- Vertretung betrieblicher Führungskräfte und Experten gegenüber Unternehmensleitung, Öffentlichkeit, Fachspezialisten, Politik und relevanten Gremien.

Unser Arbeitsfeld umfasst arbeits-, betriebs- und ingenieurwissenschaftliche Aufgaben des Managements und der Gestaltung einer ganzheitlichen Nachhaltigkeitsentwicklung von Unternehmen. Wir betrachten dabei nicht nur den Produktionsbereich, sondern alle Unternehmensbereiche und Gestaltungsfelder. Der Arbeitskreis setzt sich außerdem mit den Auswirkungen der Nachhaltigkeitstransformation auf die Aufgaben und Gestaltungsmöglichkeiten von Unternehmen sowie auf die Arbeit der Zukunft auseinander und formuliert somit ein Zukunftsbild für nachhaltige Unternehmen.

Unsere Mitglieder profitieren durch Erfahrungsaustausch und gegenseitige Unterstützung bei konkreten betrieblichen Fragestellungen und Aufgaben. Wir sammeln und beschreiben Beispiele guter Praxis und diskutieren, konzipieren und überprüfen praxisorientierte Ansätze, Methoden und Werkzeuge zur Nachhaltigkeitsverbesserung. Damit unterstützen wir die Übertragung, Umsetzung und Implementierung praxisbewährter Konzepte und Erkenntnisse innerhalb der teilnehmenden Unternehmen der hessischen Metall- und Elektroindustrie.

Wir verdeutlichen mit unserer Arbeit die Bedeutung einer nachhaltigen Unternehmensentwicklung für den unternehmerischen Erfolg und für den Erhalt und Ausbau des Wirtschaftsstandorts Hessen. Ebenso adressieren wir spezifische Unternehmensbedarfe gegenüber verbandlichen und gesellschaftlichen Akteuren, zum Beispiel Unterstützungs- und Qualifizierungsbedarfe.

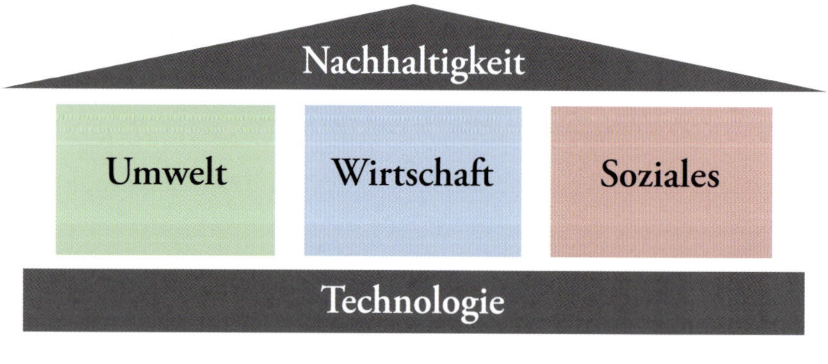

Quelle: Faktsheet ifaa: Nachhaltigkei – Die Zukunft erfolgreich gestalten

Nachhaltigkeit auf gesellschaftlicher (Makro-)Ebene

Neuland Automotive: Hessen als Chancenland für Vernetzung und Autonomes Fahren

Spätsommerforum 2022

Für das Spätsommerforum in Eppstein im Taunus gab die Studie „Die Automobilindustrie in Hessen. Aufbruch in Neuland" von IW Consult im Auftrag von HESSENMETALL den Start-Impuls. Ihr Ziel war die Ausarbeitung von Stellschrauben und Projektiden, um hessische Automobilunternehmen in der aktuellen Transformation zu unterstützen. 150 Gäste verfolgten die Vorträge von Hauptgeschäftsführer Dirk Pollert und Hanno Kempermann, Geschäftsführer IW Consult, sowie die Diskussion zwischen namhaften Akteuren der Autoindustrie:

Die Studie „Die Automobilindustrie in Hessen. Aufbruch in Neuland" gibt Aufschluss über die neuen Märkte in den Chancenfeldern Automatisierung, Vernetzung und Elektrifizierung. Von diesem Kuchen muss sich Hessen ein großes Stück abschneiden, indem es sich zum Chancenland für Automatisierung und Vernetzung entwickelt.

Dirk Pollert, HESSENMETALL Hauptgeschäftsführer

- Julia Reichert, Geschäftsführende Gesellschafterin RÖMHELD-Gruppe
- Jürgen Keller, Geschäftsführer Hyundai Motor Deutschland
- Prof.-Dr.-Ing. Frank H. Lehmann, Daimler Truck AG, Werkleiter Mercedes-Benz Werk Kassel
- Andreas Marx, Opel Deutschland-Chef

Das Spitzenevent bildete den Abschluss der Jubiläumsfeiern „75 Jahre HESSENMETALL – Dem unternehmerischen Erfolg verpflichtet".

„Wir haben drei mutmachende Aufbrüche in Neuland gesehen: die Entdeckung Amerikas, die Landung auf dem Mond und die Wiedervereinigung Deutschlands", startete Dirk Pollert, HESSENMETALL Hauptgeschäftsführer. „Wir haben dort jeweils eine Zukunft gesehen, die schon begonnen hat. Wir haben dort jeweils Vergangenheit erlebt, die fortwirkt, wie der ständige Wettbewerb um geopolitischen Einfluss. Und wir wissen, dass es entscheidend auf die Gegenwart ankommt, um signifikante Wettbewerbsvorsprünge durch große Innovationen zu erzielen."

Aufbruch – für die Automobilindustrie

Auch HESSENMETALL ist viele Male in Neuland aufgebrochen. „In diesem Jahr feiern wir unser 75-jähriges Bestehen – ein Dreivierteljahrhundert, in dem wir dem Unternehmenserfolg unserer Mitglieder verpflichtet sind." Ziel dieser Veranstaltung sei deshalb: „Wir wollen gemeinsam nachdenken, in welches Neuland das Automobilzulieferland Hessen aufbrechen muss, wenn es seine Chancen bestmöglich nutzen will. Dazu haben wir unsere Denkfabrik, die IW-Tochter IW Consult, mit einer Umfrage und Studie beauftragt."

Die Studie von IW Consult „Die Automobilindustrie in Hessen. Aufbruch in Neuland" im Auftrag von HESSENMETALL gibt Aufschluss über die neuen Märkte in den Chancenfeldern **Automatisierung**, **Vernetzung** und **Elektrifizierung**. „Diese Chancen-Märkte können um ein Marktvolumen von zusätzlich mehr als 560 Milliarden Euro bis 2040 weltweit und gut 180 Milliarden Euro pro Jahr in Deutschland wachsen, wenn Deutschland seine Marktanteile verteidigen kann. Von diesem Kuchen", forderte Dirk Pollert, „muss sich Hessen ein

großes Stück abschneiden, indem es sich zum Chancenland für Automatisierung und Vernetzung entwickelt."

Globalisierung neu gestalten

Deutschland ist heute nach China und den Vereinigten Staaten die drittgrößte Handelsnation der Welt. Im Jahr 2021 exportierte die deutsche Wirtschaft Waren und Dienstleistungen im Wert von knapp 48 Prozent des nationalen Bruttoinlandsprodukts. Die wichtigsten Exportgüter Deutschlands sind Autos mit 210 Milliarden Euro, Maschinen mit 196 Milliarden Euro und Chemieerzeugnisse mit 137 Milliarden Euro. Deutschland war und ist Exportweltmeister bei Autos, mit deutlichem Abstand vor Japan. Deutlich abgeschlagen folgen dann die USA, Kanada und Mexiko, Großbritannien und Südkorea. Im Maschinenbau – der deutschen Paradeindustrie schlechthin – hat China Deutschland 2020 bereits als Exportweltmeister abgelöst.

Das zeigt nach Pollert: „Wir haben als große Handelsnation riesige Chancen in allen Weltmärkten, ganz besonders in den traditionell starken Exportprodukten. Aber die Wettbewerber werden immer stärker. Deshalb müssen wir uns ebenfalls fit halten, engagiert trainieren, um mit an der Spitze zu bleiben. Wir haben zwar aktuell eine Gleichzeitigkeit zu bewältigender Risiken und großer Herausforderungen. Aber wir werden mit zupackender Zuversicht Globalisierung neu gestalten." Die Zukunftsvision Automotive Hessen 2040 werde dazu einen Beitrag leisten.

Neue Studie zur Automobilindustrie in Hessen: Von guten Voraussetzungen, vielen Herausforderungen und multiplen Chancen

„Die Automobilwirtschaft ist aktuell für einen erheblichen Teil des hohen Wohlstands in Hessen verantwortlich. Die Unternehmen erzielten im Jahr 2020 7,6 Prozent oder rund 20 Milliarden Euro der hessischen Bruttowertschöpfung. Entlang der gesamten Wertschöpfungskette waren etwa 241 000 Erwerbstätige – das sind 6,9 Prozent aller hessischen Erwerbstätigen – in diesem Bereich tätig", informierte Hanno Kempermann, Geschäftsführer IW Consult Köln. Diese Leistung wird durch Autohersteller und große Zulieferer wie VW, Daimler, Opel oder Continental mit Produktionsstätten in Hessen sowie viele kleine und mittelständische Automobilzulieferer erbracht. Hessen ist zudem überdurchschnittlich stark von kleineren Unternehmen geprägt.

Gute Ausgangsposition, große Marktpotenziale

Prognosen des IW gehen davon aus, dass bis 2040 die globalen Marktvolumina für Systeme der Vernetzung um 242 Milliarden Euro, für Systeme der Automatisierung um etwa 166 Milliarden Euro und für Traktionsbatterien um 152 Milliarden Euro steigen werden. Dies zeigt die massiven Chancen, die mit dem automobilen Wandel einhergehen. Während Elektrifizierung eher herstellergetrieben wächst, sind Automatisierung und Vernetzung eher Wachstumsfelder für Zulieferer. „Deswegen müssen hessische Automotive-Unternehmen in allen drei Chancenfeldern ihre Marktpotenziale suchen. Da Hessen aber vorrangig ein Autozulieferland ist, kann sich **Hessen zum Chancenland Automatisierung und Vernetzung** entwickeln".

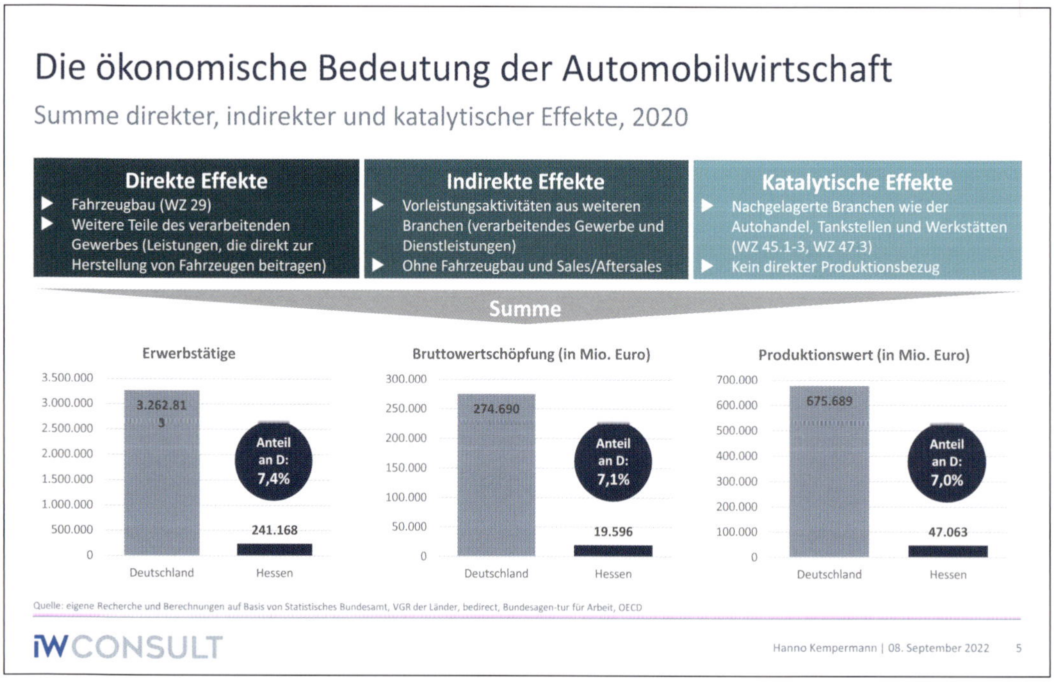

Chart aus dem Impulsvortrag zur Studie: „Die Automobilindustrie in Hessen. Aufbruch in Neuland

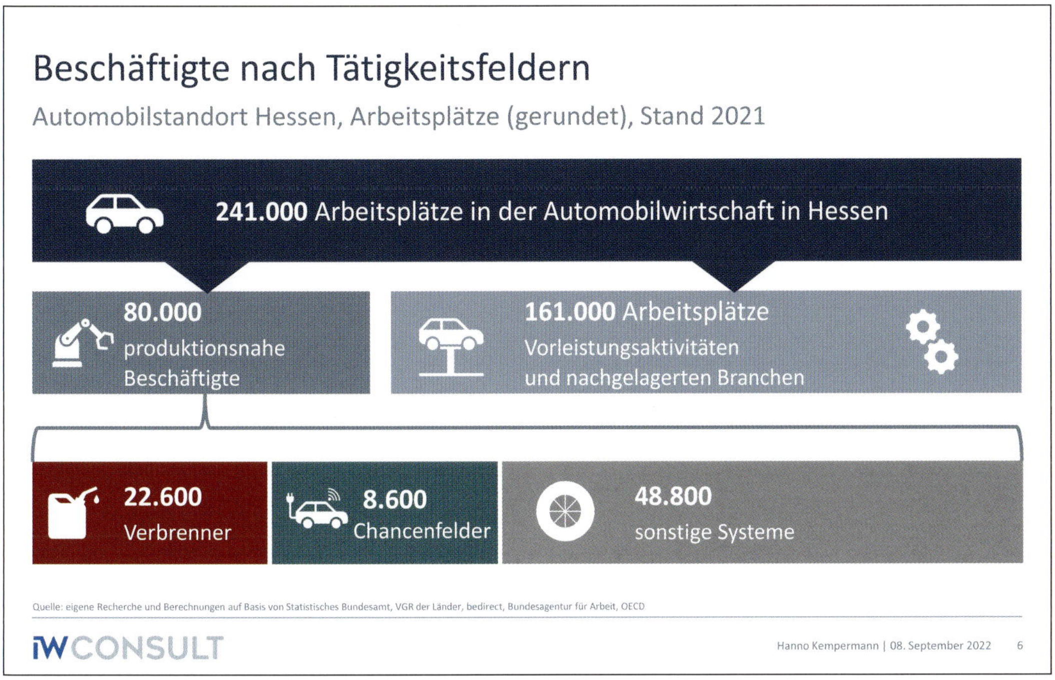

Chart aus dem Impulsvortrag zur Studie: „Die Automobilindustrie in Hessen. Aufbruch in Neuland

Voraussichtlich werden mit grünem Strom betriebene Pkw aufgrund ihres vergleichsweise hohen Wirkungsgrades den Markt ab 2035 dominieren. Verbrennungsmotoren dürfen ab 2035 nach aktuellem Stand nur noch dann neu zugelassen werden, wenn sie nachweislich mit synthetischen Kraftstoffen, den eFuels, betrieben werden. Diese Umstellung erfordert hohe Investitionen und beschleunigte Anpassungen beim Ausbau der erneuerbaren Energien und der Ladeinfrastruktur.

„Mit 22 600 Personen sind 0,9 Prozent aller Beschäftigten in Hessen in Unternehmen tätig, die sich dem traditionellen Verbrennungsmotor zuordnen lassen.“ Das VW-Getriebewerk in Baunatal nimmt dabei mit seiner Umstellung eine besondere Rolle ein. „Dagegen sind schon rund 8 600 Beschäftigte in Hessen in den Chancenfeldern der Elektrifizierung, Automatisierung und Vernetzung aktiv.“ Das sei, so Kempermann, „im deutschlandweiten Vergleich leicht überdurchschnittlich und signalisiert gute Startbedingungen.“

Unternehmen haben Strukturwandel angenommen

Gleichzeitig erwartet mehr als die Hälfte der befragten Unternehmen, die Teile für den traditionellen Antrieb herstellen, eine schrumpfende Umsatzentwicklung in den kommenden drei Jahren. Diese Herausforderung gehen sie aber proaktiv an: „Rund 90 Prozent geben an, dass sie in diesem Zeitraum neue Marktfelder erschließen werden. Vier von fünf dieser Unternehmen planen eine Neuerschließung des elektrifizierten Antriebs. Jeweils jedes dritte Unternehmen plant im Bereich Fahrzeugvernetzung oder im Bereich der Fahrzeugautomatisierung tätig zu werden.“ Es ist festzustellen: Trotz großer Herausforderungen durch die politisch gesetzten Änderungen der Rahmenbedingungen ist der Strukturwandel in den hessischen Unternehmen bereits in vollem und sehr strukturiertem Gange. Konkret könnten sich Zulieferer beispielsweise über Schnittstellen an die Betriebssysteme der OEM andocken oder eigene Algorithmen aus der digitalisierten Produktion für andere Unternehmen lizenzieren und so digitale Geschäftsmodelle verwirklichen.

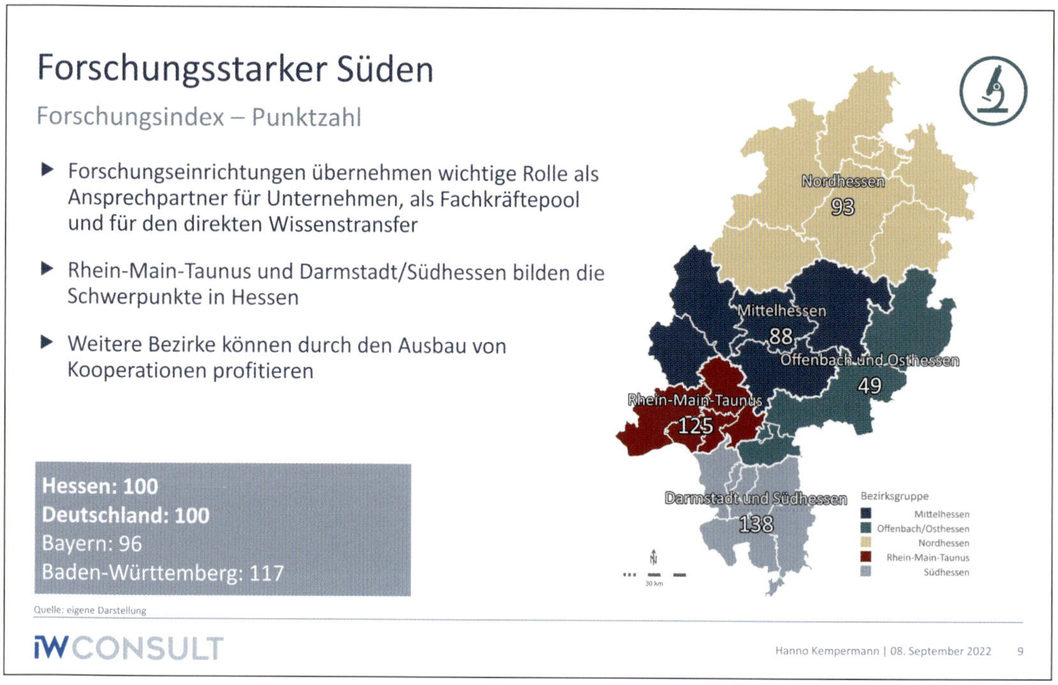

Chart aus dem Impulsvortrag zur Studie: „Die Automobilindustrie in Hessen. Aufbruch in Neuland

Um neue Marktfelder zu erschließen, sind entsprechend qualifizierte Fachkräfte nötig, insbesondere im Bereich der Informatik und IT-Systementwicklung. „Der demografische Wandel“, sagte Hanno Kempermann, „verschärft zusätzlich bestehende Fachkräfteengpässe, was von den hessischen Automobilunternehmen als eine zentrale Herausforderung gesehen und angepackt wird.“

Chart aus dem Impulsvortrag zur Studie: „Die Automobilindustrie in Hessen. Aufbruch in Neuland

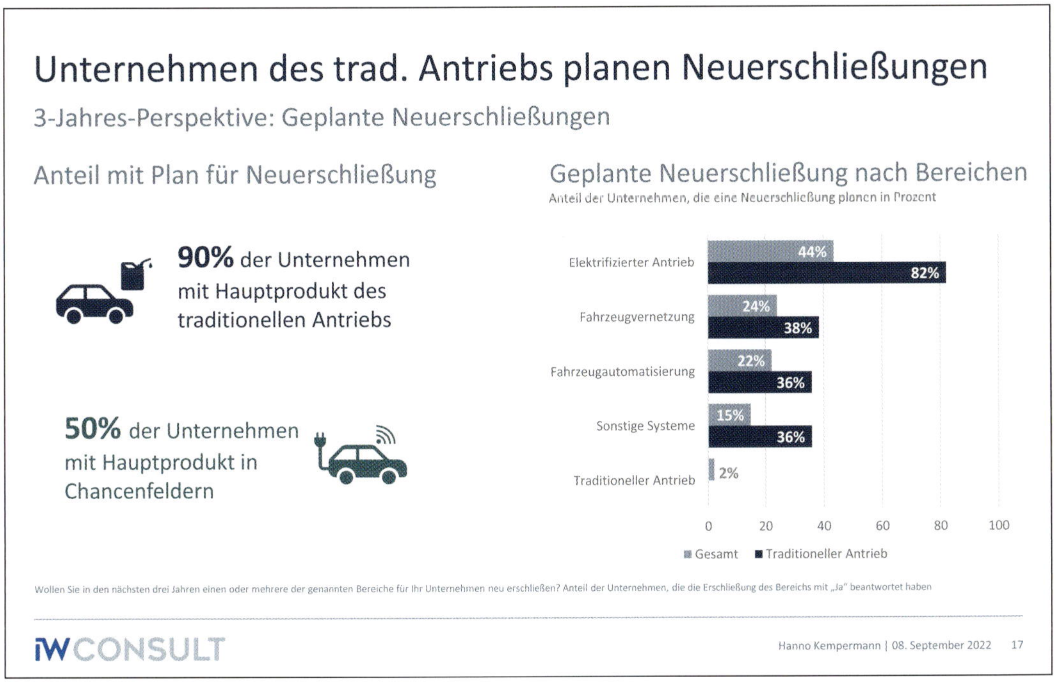

Chart aus dem Impulsvortrag zur Studie: „Die Automobilindustrie in Hessen. Aufbruch in Neuland

Gute Standortvoraussetzung bei Digitalisierung und Forschung

Forschung, Entwicklung und Innovation werden zunehmend in Netzwerken organisiert. „Diese gegenseitigen Innovationsimpulse stärken den Standort Hessen. In unterschiedlichsten Bereichen finden heute schon intensive Kooperationen statt – wie bei der Elektromobilität an der Uni Kassel, beim Licht mit der TU Darmstadt oder in der Cybersecurity mit der Hochschule Darmstadt. Unternehmen in Hessen finden exzellente Standortvoraussetzungen im Bereich der Forschung und Entwicklung in automobilen Chancenfeldern vor", so Kempermann.

Zudem sind die Unternehmen bereits Industrie-4.0-affiner als der deutsche Durchschnitt. Die Digitalisierung der Produktion führt aber auch dazu, dass Greenfield-Investitionen bedeutender werden. Denn neue Produktionsstätten „auf der grünen Wiese" bieten die besten Voraussetzungen, um die notwendigen digitalen Architekturen bestmöglich zu verwirklichen. Dies ist an bestehenden Standorten deutlich schwieriger. Kempermann hebt hervor: „Neue Produktionsstätten sind damit ein entscheidender Faktor, um die internationale Wettbewerbsfähigkeit der Unternehmen zu sichern. In ganz Westdeutschland sind allerdings Industrieflächen sehr rar. Umso wichtiger wäre es, dass Hessen hier in die Offensive geht."

Sieben Handlungsfelder

Insgesamt bestehen viele Chancen, dass sich der hessische Automobilstandort auch in Zukunft erfolgreich entwickeln wird. Dafür müssen allerdings wichtige Entscheidungen getroffen werden. Die Studie adressiert deshalb sieben Handlungsfelder, in denen jeweils mehrere Handlungsempfehlungen und Projektideen ausgearbeitet werden: Neben den Klassikern Fachkräfteengpässe lindern, Bürokratie abbauen und Infrastruktur verbessern sind es vor allem vier Aufgabenstellungen. Dazu gehören Industrieflächen entwickeln und beschleunigt genehmigen, das hessische Ökosystem für digitale Geschäftsmodelle weiter zu stärken, die Planungssicherheit beim Umbau hin zur Treibhausgasneutralität erhöhen und der Fokus auf

KMUs. Die Ergebnisse der Studie zeigen: So kann der Aufbruch ins Neuland Automobilindustrie gelingen.

Autoindustrie diskutiert

Höhepunkt des Spätsommerforums bildete die Diskussion zwischenverschiedenen Vertretern der hessischen Automobilindustrie: Julia Reichert, geschäftsführende Gesellschafterin vom Autozulieferer Roemheld, Jürgen Keller, Geschäftsführer Hyundai Motor Deutschland, Professor Frank H. Lehmann, Standortverantwortlicher des Mercedes-Benz Werkes in Kassel, und Andreas Marx, Deutschlandchef von Opel. Dabei zeigten sich Opel und Daimler Truck mit einer Doppelstrategie der Elektrifizierung durch Batterie und Brennstoffzelle. Daimler Truck und Hyundai Motor präsentierten erste Erfolge beim autonomen Fahren. Zulieferer Roemheld erläuterte seinen Zukunftskurs mit komplettem Strategie-Mix.

Opel ab 2028 komplett elektrisch

„Für Opel und Stellantis sind Elektrifizierung und Software inklusive Vernetzung die zentralen Themen – und auch das autonome Fahren gehört zu unseren Schwerpunkten. Unsere Elektrifizierungs- und Softwarestrategien werden unseren Wandel hin zu einem führenden nachhaltigen Mobilitäts-Technologieunternehmen unterstützen", erläuterte **Deutschlandchef Andreas Marx**. „Opel hat heute schon 12 elektrifizierte Fahrzeuge im Angebot und deckt damit die wichtigsten Marktsegmente hervorragend ab: vom Leichtkraftwagen Opel Rocks-e über die PKW-Flotte von Corsa über Astra und Grandland bis hin zu den leichten Nutzfahrzeugen Combo, Vivaro und Movano. Und schon 2024 werden wir in all unseren Baureihen mindestens eine elektrifizierte Variante im Angebot haben. Ab 2028 sind wir in Europa komplett elektrisch."

Zur Elektrostrategie gehören auch Fahrzeuge mit Wasserstoff-Brennstoffzelle. Besonders bei gewerblich eingesetzten leichten Nutzfahrzeugen sind kurze Stehzeiten im Alltagsbetrieb bares Geld wert. Hier werden Elektroautos mit Brennstoffzellen besonders gebraucht, da sie in drei Minuten mit Wasserstoff betankt werden können und sofort wieder eine hohe Reichweite bieten. Mit dem Vivaro-e Hydrogen hat Opel als erster Hersteller in Deutschland einen Brennstoffzellen-Transporter für B2B-Kunden auf dem Markt.

Marion Kuchenny

„Software hält die Autos frisch“, zeigte sich Marx überzeugt. Stellantis hat mit der Abteilung SoftwareX die Spezialisten im Haus. Bis 2024 sollen 4 500 Software-Ingenieurinnen und -Ingenieure beschäftigt und Talent-Hubs auf der ganzen Welt aufgebaut werden – auch in Rüsselsheim.

Daimler Truck: Kompetenzzentrum E-Antriebssysteme

„Daimler Truck verfolgt bei der Elektrifizierung eine Doppelstrategie: mit batterie- und wasserstoffbasierten Antrieben“, informiert **Professor Frank H. Lehmann, Standortverantwortlicher Mercedes-Benz Werk Kassel**. Auch beim autonomen Fahren fährt Daimler Truck zweigleisig und entwickelt aktuell die Technik für den amerikanischen Markt. So existiert wegen autonomous-ready Freightliner eCascadia eine Kooperation mit der Google-Tochterfirma Waymo. Testfahrten beginnen hier in Kürze auf der Route Dallas-Phoenix. Auch hat das Nutzfahrzeug-Unternehmen seit 2019 eine Mehrheitsbeteiligung an Torc-Robotics. Gemeinsam möchten beide Unternehmen autonome Lkw noch in diesem Jahrzehnt in den USA in Serie bringen. Seit der Übernahme der Mehrheitsbeteiligung an Torc haben die Unternehmen erhebliche Fortschritte beim autonomen Fahren erzielt. Typische Fahrszenarien wie Spurwechsel, aber auch weitere anspruchsvolle Verkehrssituationen auf Highways wurden über die letzten Jahre hinweg intensiv getestet.

„Das Mercedes-Benz Werk **Kassel ist das Kompetenzzentrum für konventionelle Achsen und elektrische Antriebssysteme** – und wird weiter aufgebaut“, so Lehmann weiter. Ein wesentlicher Baustein ist das **InnoLab für E-Antriebssysteme**. Dazu gehört der Aufbau einer neuen Anlauffabrik, mit der E-Antriebssysteme von der Kleinserie bis hin zur Serienproduktion entwickelt werden. Seit Oktober 2021 fertigt der Standort Kassel e-Achsen. Nach dem erfolgreichen Serienstart des eActros im vergangenen Jahr fährt nun auch der eEconic seit Serienstart im Juli 2022 mit einer e-Achse aus Kassel. Zudem folgen weitere elektrisch angetriebene Lkw: eCascadia und eM2 für den nordamerikanischen Markt. „Für uns bedeutet das, dass wir unsere e-Achsen-Produktion sukzessive weiter hochfahren und unsere Achskompetenz weiter ausbauen. Und in Kombination mit unseren konventionellen Achsen – die uns noch viele Jahre begleiten werden – sind wir für die Zukunft sehr gut aufgestellt.“ Mit den Eckpunkten zur Ausrichtung der Aggregate-Werke hat Daimler Truck gemeinsam mit dem Betriebsrat für alle Standorte zusätzliche Investitionen geplant. Davon wird auch das Werk Kassel profitieren.

Hyundai: Ziel ist Weltmarktanteil bei E-Mobilen von 7 Prozent

Hyundai Motor investiert kontinuierlich in das Chancenfeld Elektrifizierung – und treibt den Vertrieb von Fahrzeugen mit alternativen Antrieben, insbesondere Elektrofahrzeugen, weiter

voran. Derzeit ist Hyundai sehr stark bei dem Verkauf von Fahrzeugen mit alternativen Antrieben unterwegs und ist stabil Nummer drei bei den Zulassungen von batterieelektrischen Modellen hinter VW und Tesla. „Hier sehen wir aktuell das größte Wachstumspotenzial, nicht nur in Deutschland, sondern weltweit. Die Hyundai Motor Group ist der drittgrößte Automobilkonzern weltweit und plant, den jährlichen weltweiten Absatz von batterieelektrischen Fahrzeugen auf 1,87 Millionen Einheiten zu steigern und bis 2030 einen Weltmarktanteil von 7 Prozent am globalen BEV-Markt zu erreichen“, erklärte **Jürgen Keller**, Geschäftsführer Hyundai Motor Deutschland.

Die südkoreanische Marke hat sich selbst verpflichtet, bei Produkten und in der gesamten weltweiten Geschäftstätigkeit bis 2045 klimaneutral zu werden. Die Strategie beinhaltet den Ausbau umweltfreundlicher Mobilitätsprodukte, neue Technologien und Investitionen in Energielösungen. Der Verkauf emissionsfreier Fahrzeuge wird in den kommenden Jahren erhöht werden – bereits ab 2035 sollen in Europa keine Fahrzeuge mit Verbrennungsmotoren mehr angeboten werden. Teil der Hyundai Elektromobilität sind auch Fahrzeuge mit Brennstoffzellen-Technologie. So war Hyundai Motor bereits 2013 der erste Hersteller, der einen solchen Pkw in Großserie in die Märkte eingeführt hat. Seit 2020 vertreibt Hyundai den Lkw Xcient mit Brennstoffzellen-Elektroantrieb – zunächst in der Schweiz, aktuell auch in Deutschland. Um die Elektromobilität weiter voranzubringen, ist ein zügiger Ausbau der Ladeinfrastruktur erforderlich. Hier sind alle Beteiligten gefragt und gefordert.

Für Hyundai Motor stehen Autonomes Fahren und Urban Air Mobility weit oben auf der Agenda. In Seoul sind bereits die ersten batterieelektrisch betriebenen IONIQ 5 mit selbst entwickelter autonomer Fahrtechnologie der Stufe 4 für einen RoboRide-Vermittlungsdienst unterwegs. „Die Marke Hyundai ist mit innovativen Technologien und neuen Mobilitätskonzepten auf dem Weg in die Zukunft.

Beim Wandel vom reinen Automobilhersteller zu einem Anbieter intelligenter Mobilitätslösungen ist in einem ersten Schritt die Produktentwicklung maßgebend", sagt Jürgen Keller. „Kurzfristiges Ziel ist es, die Elektrifizierung mit den neuen Produkten der Hyundai Submarke IONIQ weiter voranzutreiben."

Hyundai ist in Deutschland der größte Arbeitgeber unter den Automobilimporteuren, mit Schwerpunkt Hessen. Insgesamt sind bei den Hyundai Tochtergesellschaften über 2150 Mitarbeiter beschäftigt. Zu den Standorten in Hessen gehören unter anderem die Europazentrale und Hyundai Motor Deutschland in Offenbach, das Hyundai Motor Europe Technical Center und das Design Center in Rüsselsheim, Hyundai Capital in Frankfurt sowie Hyundai Mobis für Ersatzteile in Eschborn. „Hyundai Motor Deutschland ist die Vertriebsgesellschaft für Hyundai Pkw in Deutschland. Die Zahl der Mitarbeiter ist in den vergangenen Jahren stetig gewachsen – auf aktuell rund 250. Auch wir suchen für weiteres Wachstum geeignete Fachkräfte, die derzeit jedoch schwer zu finden sind", so Keller.

Roemheld: mit Marktsicherungs-Mix auf Zukunftskurs

„In 20 Jahren ist unser Unternehmen mit einem wesentlichen Teil des Umsatzes nicht mehr im heutigen Segment aktiv – und entweder im Prozess des Nachfolge-Übergangs an meine Kinder oder verkauft", sagte Julia Reichert, geschäftsführende Gesellschafterin der Roemheld-Gruppe mit Hauptsitz in Laubach. Geplant ist bis dahin ein Strategie-Mix zur Marktsicherung in der Transformation, weitere Produktentwicklung im Automotive-Bereich, vor allem zusätzlich zur Fixierung von Motoren und der Karosserie, und Marktdurchdringung auf den Chancenfeldern Elektrifizierung, Vernetzung und Autonomes Fahren. Weiterhin will Roemheld neue regionale Märkte, insbesondere auch in Amerika, erschließen und eine Marktdifferenzierung durch neue Produkte auch im Nicht-Automotive-Bereich, beispielsweise bei E-Bikes, erreichen. „Passend, da wir 50 Prozent unseres Geschäfts jenseits des Automotive-Bereichs haben. Auch sind die einzelnen Schwerpunkte zeitlich unterschiedlich und variieren von Produktfamilie zu Produktfamilie", so Julia Reichert weiter.

Die Roemheld-Gruppe geht zurück auf die 1707 gegründete Gießerei Friedrichshütte, die 1870 Julius Römheld pachtete. Inzwischen bildet Roemheld zusammen mit den Spanntechnik-Spezialisten Hilma und Stark eine Firmengruppe, die ein umfassendes Produktprogramm auf dem Gebiet der Spanntechnik für Fertigungs- und Montageprozesse anbietet. Die Gruppe hat 470 Beschäftigte, davon 320 in Laubach.

Entwicklungsoptionen sieht Julia Reichert für ihr Unternehmen in der Automatisierung von Produktions- und Montageprozessen einschließlich der Prüfvorgänge, in der Umrüstung von Produktionsstätten auf Elektrifizierung und der Datenaufnahme bei diesen Prozessen. Investitionen plant die Gruppe für die bestehenden Produktionsstätten. Hierbei spielt die Frage der Erzeugung, des Verbrauchs sowie der Bereitstellung von Energie eine zentrale Rolle. „Wir wollen uns soweit es geht selbst mit Energie versorgen", so Reichert. „Planungssicherheit wird es künftig nicht mehr so wie früher geben. Deshalb müssen wir in unserer Planung immer Platz für Veränderungen haben".

Der Führungskreis: Umsetzungsstarkes und vernetztes Hauptamt

Dirk **Widuch**, Geschäftsführer Bezirksgruppe Darmstadt & Südhessen

Joachim **Jungbluth**, Geschäftsführer Bezirksgruppe Offenbach und Osthessen, rechts

Sascha **Drechsel**, Geschäftsführer Bezirksgruppe Mittelhessen

Friedrich **Avenarius**, Geschäftsführer Bezirksgruppe Rhein-Main-Taunus, links

Jürgen **Kümpel**, Geschäftsführer Bezirksgruppe Nordhessen, links

Peter **Hampel**, Stellvertretender Hauptgeschäftsführer, rechts

Dr. Ulrich **Kirsch**, Geschäftsführer Kommunikation & Presse, rechts

Sebastian-Frederick **Kühnel**, Geschäftsführer Bildung, Digitales und Technologietransfer

Prof. Dr. Franz-Josef **Rose**, Leiter Recht

Dr. Stefan **Hoehl**, VhU-Geschäftsführer Arbeitsmarkt- und Sozialpolitik, rechts

Dr. Clemens **Christmann**, Stellvertretender Hauptgeschäftsführer

Thomas **Wagner**, Leiter Verwaltung, Personal, Finanzen

Nikolaus **Schade**, Leiter Arbeitswissenschaft

MEILENSTEINE 2021 BIS 2023

2021 » Das neue Leitbild als Weg in die Zukunft

11. Mai 2021: Der Vorstand beschließt das neue Leitbild. Es präzisiert das gewandelte Selbstverständnis:

„Gestartet als Arbeitgeberverband, schrittweise erweitert zu einer umfassenden Serviceorganisation und auf dem Weg zu einer Netzwerk-Plattform Arbeit 4.0."

Es formuliert die Wachstumsstrategie: Das Branchenspektrum wurde um die Informationstechnologie erweitert – zur Verschmelzung mit und besseren Bewältigung der digitalen Transformation. Zusätzlich liegt ein Schwerpunkt auf der Akquise von Startups.

Es legt die Eckpfeiler der Wertegemeinschaft fest: soziale Marktwirtschaft, erfolgreiche Arbeit, Lösungen für Klimaschutz, Generationengerechtigkeit und das Etablieren einer partizipativen Gemeinschaft, die „das beste Wissen der Mitgliedschaft" untereinander teilt, nicht mehr nur Experten-Organisation.

» Gedankenspiele für die Zukunft/Das Netzwerk wächst

2023 » Das nächste Vierteljahrhundert: Erfolg durch permanente Weiterentwicklung

Das Netzwerk der Hochschulkooperationen wächst um eine weitere auf dann fünf Partnerschaften an. HESSENMETALL ist als Austauschplattform für Innovationen, Technologietransfer und Förderung etabliert.

2023: HESSENMETALL begrüßt das 700. Mitgliedsunternehmen.

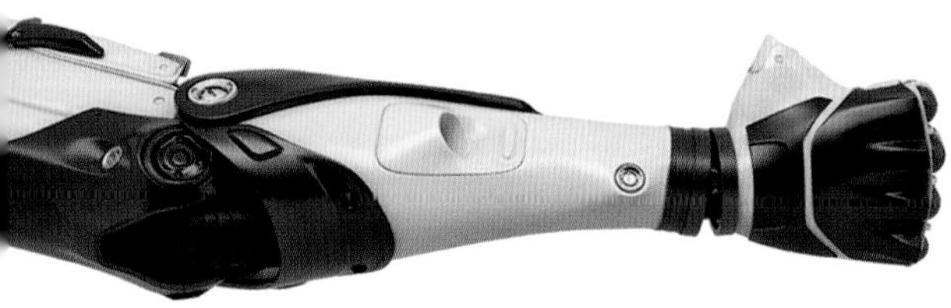

2024: Lösungen finden

HESSENMETALL bietet ein umfangreiches Weiterbildungspaket zur Bewältigung der digitalen Transformation und schafft für seine Mitgliedsunternehmen mit einem zielgruppengerechten Angebotsgenerator Transparenz bei den vielfältigen Qualifizierungsangeboten des Verbands und seiner zugehörigen Institutionen.

2027: HESSENMETALL begrüßt das 800. Mitgliedsunternehmen.

2030: Rollenmodell Führung

HESSENMETALL hilft den Mitgliedern beim Change des Rollenmodells Führung. Die Leitung entkoppelt sich mehr und mehr von Hierarchien. Kontrollettis werden nicht mehr gebraucht: Product Owner und Projektmanager übernehmen die Führung. Zeitsouveränität, Vertrauensarbeitszeit, Eigenverantwortung und Erfolgsorientierung sind die Stellschrauben für den Arbeitserfolg.

2032: Die Arbeitgeber-Arbeitnehmer-Beziehungen verändern sich dadurch in Richtung Mitunternehmerschaft von Beschäftigten. Die automatischen Differenzierungs- und Variabilisierungs-Anteile werden weiter nach klaren Kennziffervorgaben in den Tarifverträgen ausgeweitet und bilden die Heterogenität der Unternehmen in den zehn Branchen angemessener ab.

2035: HESSENMETALL begrüßt das 1 000. Mitgliedsunternehmen.

2037: Klimaneutralität und KI werden Standard
Vollautonome Fahrzeuge stehen hinter einem smarten und klimaneutralen Haus der Wirtschaft Hessen bereit. Die Entkopplung von Wachstum und Treibhausgasemissionen gelingt immer besser. Die Exportanteile der hessischen M+E+IT-Industrie in diesem Segment wachsen stark an.

2040: Neue Ziele

HESSENMETALL ist Verband 4.0 und setzt sich neue Ziele.

HESSENMETALL hat seine Mitgliedsunternehmen erfolgreich durch den Strukturwandel der Digitalisierung begleitet.

Die Digitaltechnologien von 3-D-Druck über Mensch-Maschine-Interaktionen, Internet der Dinge und KI sind Standard in den flächendeckend smarten Fabriken der hessischen M+E+IT-Industrie.

2047 — **» Industrie 5.0:** Neuland nächste **industrielle Revolution**

Neue Herausforderungen zeichnen sich ab. Der Verband beginnt einmal mehr damit, sich neu zu erfinden.

ANHANG

Anmerkungen

1 Charts Tarifpolitischer Ausschuss und Mitgliederrat. 14. 06. 2022 – Folien Seiten 8–12, 14

2 Tarifautonomie und Tarifgeltung, Höpfner, Lesch, Schneider, Vogel, Duncker & Humblot, 508 Seiten, 2021

3 IW-Analysen Nr. 148

4 Interview: „Ich war der ständige Vertreter in Thüringen …" Interview mit Volker Fasbender, Hauptgeschäftsführer von HESSENMETALL, Verband der Metall- und Elektro-Unternehmen Hessen e. V. – S. 15–17, Buch 25 Jahre VMET Verband der Metall- und Elektroindustrie in Thüringen, 2015.

5 Süddeutsche Zeitung: Die untauglichen Rezepte der IG Metall – vom 29. Juni 1990

6 Die Wiedervereinigung der Tarifpolitik – Der Aufbau der Verbände der Metall- und Elektroindustrie und die ersten freien Tarifverhandlungen in der DDR – Bauermeister, Fasbender, Fleischer, Klischan, 2014

7 Kapitel: Das Jahr 1990 – Im Zeichen der Wiedervereinigung, S. 7–72, Band 2, Der lange Weg zur Tarifpartnerschaft, Kölner Universitätsverlag, 2015

8 Prof. Dr.-Ing. habil. Sascha Stowasser, ifaa-Institut für angewandte Arbeitswissenschaft

9 Broschüre Neuausrichtung der betrieblichen Organisation auf ein Produktionssystem, ifaa-Gesamtmetall

10 Grob, Hafner: Planungsleitlinien Arbeitsstrukturierung, 1982

11 Professor Dr. Sascha Stowasser | www.arbeitswissenschaft.net | Positionspapier ifaa: 11 Thesen zur Arbeitszeit der Zukunft | Ifaa-Studie: Anreiz- und Vergütungssysteme in der Metall- und Elektroindustrie 2 | Gesamtmetall ifaa: Neuausrichtung der betrieblichen Organisation auf ein Produktionssystem | Ifaa Betriebspraxis & Arbeitsforschung 232, 2018 | Ifaa Resilienzkompaß | Ifaa: Kompetenzen für die Arbeitswelt der Zukunft | REFA. Alles eine Frage der Kultur | Arbeitswelt der Zukunft, PuR 6/18 | BDA: Arbeitsforschung 2021+: Welche Forschungsfragen bewegen die Arbeitgeber und wie sieht die Arbeitswelt der Zukunft aus?

12 Betriebs-Berater BB2017,1 Foto, Magazin S. 1; S. 41

13 Interview HM Magazin_Der Geist ist aus der Flasche_ Dirk Pollert_.docx – Kontrolletis haben keine Zukunft, FAZ, 21. 8. 21

14 aktiv x; 2021

15 Geschäftsbericht 2021, S. 48–53 | Magazin 4, S. 46–51 | Magazin 5, S. 60–63

16 aktiv 23. 10. 21

Fotorechte

Umschlag: Blue Planet Studio_stock.adobe.com; akg-images

Kapitel 1 – Warum „Rückblicke in die Zukunft der Arbeit"? Ein Ausblick!

S. 8: phonlamaiphoto – stock.adobe.com | S. 13: Jens Braune del Angel (2019) | 2022, Seite 4 und 5.) | S. 22 Gerd Scheffler | S. 23: Gerd Scheffler (2022) | S. 30: commons.wikimedia.org | S. 31: HESSENMETALL | S. 32: HESSENMETALL | S. 33 alle Bilder: Gerd Scheffler | S. 34: alle Bilder: Gerd Scheffler

Kapitel 2 – Der Ursprung: Tarifpartei Arbeitgeberverband

S. 36 Gesamtmetall | S. 37: beide Bilder: Gerd Scheffler | S. 38 Przemyslaw Koch – stock.adobe.com | S. 41: HESSENMETALL | S. 43 Gesamtmetall: 125 Jahre Gesamtmetall:Perspektiven aus Tradition, Band 1 1890-1990. Kölner Universitätsverlag; akg-images | S. 46-49: Jens Braune del Angel | S. 50: Christoph Boeckheler | S. 62: Zentralverband der Deutschen Elektro- und Informationstechnischen Handwerke (ZVEH) | S. 63: STREIK: Arbeitgeberverband der hessischen Metallindustrie e. V. (1987): „Flagge zeigen" – 40 Jahre HESSEN METALL, S. 22. | S. 64: alle Gerd Scheffler

Kapitel 3 – Changes: Mit geteilten Erfahrungen die Transformation meistern

S. 72: Jens Braune del Angel | S. 73: Gerd Scheffler | S. 74: Gerd Scheffler | S. 75: Gerd Scheffler | S. 78: ©klss777 – stock.adobe.com | S. 82: Gerd Scheffler | S. 83: beide Bilder: Gerd Scheffler | S. 86: Gerd Scheffler | S. 87: beide Bilder: Gerd Scheffler | S. 90: beide Bilder: Gerd Scheffler | S. 91: Gerd Scheffler | S. 97: Gerd Scheffler | S. 98: Gerd Scheffler | S. 101: Gerd Scheffler | S. 102: Gerd Scheffler | S. 103: Gerd Scheffler | S. 104: Gerd Scheffler | S. 105: Gerd Scheffler | S. 106: HESSENMETALL

Kapitel 4 – Die Zukunft der Arbeitswelt gestalten

S. 108 ifaa | S. 109 Gerd Scheffler | S. 113: akg-images, Pugun & Photo Studio_stock.adobe.com, panuwat_stock.adobe.com | S. 114: ifaa | S. 126: Alexander Heimann | S. 128: Bildungswerk der Hessischen Wirtschaft e. V. | S. 129: Gerd Scheffler | S. 132/133: alle Bilder: Gerd Scheffler | S. 134: beide Bilder: Gerd Scheffler | S. 136: oberes Bild: Jens Braune del Angel | S. 136: unteres Bild: Gerd Scheffler | S. 137: Gerd Scheffler | S. 138: Bild links – oben: goodluz – stock.adobe.com; Bild links – unten: Aunging – stock.adobe.com; Bild rechts: Ausbildungskongress | S. 139 Gerd Scheffler | S. 140: Gerd Scheffler | S. 141-143: alle Bilder: Gerd Scheffler

Kapitel 5 – Innovationsaustausch durch geteiltes Wissen

S. 148-158: alle Bilder: Gerd Scheffler | S. 160: Collage: © Sergey Nivens / © johnason / © Onur / stock.adobe.com | S. 160/161: alle weiteren Bilder: Gerd Scheffler | S. 162: Bild links: Tilman Lochmüller / lochmüller. MEDIA; Bild rechts: Boldly Go Industries | S. 163: Gerd Scheffler | S. 164: oberes Bild: Elena Holovin www.VIDEOSTUDIOAVS.com; unteres Bild: COMPREDICT | S. 165: Bild: IT-Seal | S. 166: linkes Foto: SFM Systems; rechtes Foto: HCP Sense | S. 167: Tvarit | S. 168: linkes Bild. MAPA Tech, rechtes Bild: 3Dimetrik | S. 169: linkes Bild: Eoda; rechtes Bild: Hahn Projects | S. 170: teamnext | Media Hub | S. 171: Andreas Pohlmann | S. 172/173: alle Bilder: Gerd Scheffler | S. 174: Dr. Bettina Volkens | S. 175 Jana Legler | S. 176: Software AG | S. 177: oberes Bild: HESSENMETALL; unteres Bild: Gerd Scheffler | S. 178-180: Gerd Scheffler | S. 182: Olaf Eisele im ersten Bild: ifaa | unteres Bild: Anette von Ahsen | S. 185-197: alle Bilder: Gerd Scheffler | S. 198–199: https://www.hessenmetall.de/rueckblicke-in-die-zukunft.html (HESSENMETALL Microsite)